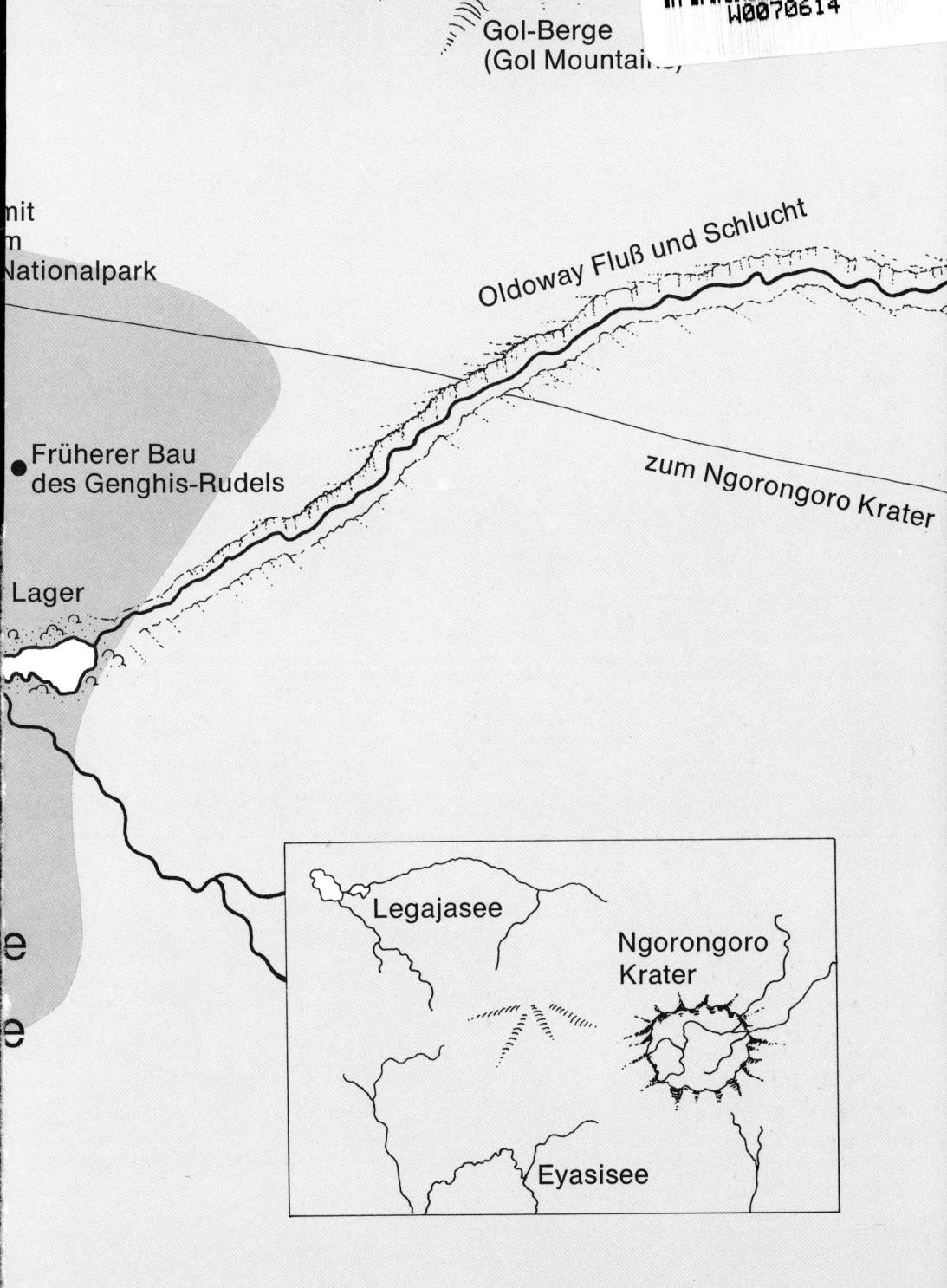

Gol-Berge
(Gol Mountains)

mit
m
Nationalpark

Oldoway Fluß und Schlucht

zum Ngorongoro Krater

● Früherer Bau
des Genghis-Rudels

Lager

e

e

Legajasee

Ngorongoro
Krater

Eyasisee

Hugo und Jane van Lawick-Goodall

Unschuldige Mörder

Bei den Raubrudeln
in der Serengeti

Mit 103 Aufnahmen
von Hugo van Lawick-Goodall

Übersetzt von
Margaret Carroux

Rowohlt

Übertragen nach der bei William Collins Sons & Co. Ltd., London,
1970 unter dem Titel *Innocent Killers* erschienenen Originalausgabe
Umschlagentwurf von Werner Rebhuhn
(unter Verwendung eines Fotos von Hugo van Lawick-Goodall)

1.-20. Tausend August 1972
© Rowohlt Verlag GmbH, Reinbek bei Hamburg, 1972
Innocent Killers © Hugo and Jane van Lawick-Goodall 1970
Alle deutschen Rechte vorbehalten · Gesetzt aus der Times-Antiqua (Filmsatz)
Gesamtherstellung: Mohndruck, Gütersloh
Das Werkdruckpapier lieferte die Fa. Schleipen
Das Kunstdruckpapier lieferte die Koninklijke Nederlandsche Papierfabriek N. V.
Printed in Germany · ISBN 3 498 02416 7

Unseren Müttern gewidmet

Inhaltsverzeichnis

Vorwort von Dr. L. S. B. Leakey
9
Jagdgründe (Jane van Lawick-Goodall)
11
Wildhunde (Hugo van Lawick-Goodall)
47
Goldschakale (Hugo van Lawick-Goodall)
105
Tüpfelhyänen (Jane van Lawick-Goodall)
151
Epilog und Ausblick
215
Danksagungen
221
Bibliographie
223
Namen- und Sachregister
227

Vorwort

Durch ihre hervorragenden Feldstudien über wilde Schimpansen im Gombe Stream Park, Tansania, ist Jane van Lawick-Goodall weltweit bekannt geworden. Ihr Mann Hugo, ein prominenter Tierfotograf, ist ebenso bekannt, da er die prächtigen Schimpansenbilder für Janes Artikel und Bücher aufgenommen und ihre Fernseh- und sonstigen Filme über die Schimpansen gedreht hat.

In diesem neuen Buch treten beide in leicht veränderten Rollen auf. Hugo hat von Jane die Methoden der Verhaltensforschung an Tieren gelernt, als er mit ihr über die Schimpansen arbeitete, und hat nun zwei höchst interessante Kapitel beigesteuert – eins über Wildhunde (auch Buschhunde, Hetzhunde, Hyänenhunde, Cape Hunting Dogs genannt) und eins über Goldschakale. Jane hat derweil ihre Aufmerksamkeit den Tüpfel- oder Fleckenhyänen *(Crocuta crocuta)* zugewandt.

Der Uneingeweihte wird sich fragen, was bei diesen drei Spezies eigentlich noch an Neuem und Interessantem gefunden werden kann, nachdem alle drei schon früher von anderen Forschern studiert worden sind. Aber Jane und Hugo beobachten das Verhalten von Tieren auf ungewöhnliche Weise und betreiben ihre Feldforschung mit einer schier unübertrefflichen Geduld und Ausdauer. Hinzu kommt noch Hugos außergewöhnliche Begabung für Tierfotografie in freier Wildbahn. Und so nimmt es nicht wunder, daß ihr gemeinsames Werk die meisten anderen Tierbücher vergleichsweise oberflächlich erscheinen läßt.

Das vorliegende Buch richtet sich ebenso an das allgemeine Lesepublikum wie an den Tierfreund. Für die Fachleute auf diesem Gebiet werden außerdem mehr ins Detail gehende Berichte über die neuesten Arbeiten der Verfasser in wissenschaftlichen Organen veröffentlicht werden.

Angesichts einer solchen Fülle völlig neuer Erkenntnisse über die drei beschriebenen Spezies und derart hervorragender Bilder wird kaum jemand der Versuchung widerstehen können, das Buch zu kaufen, während Ethologen und Verhaltensforscher es als eine Art Horsd'œuvre zu den wissenschaftlichen Berichten brauchen, die im weiteren Verlauf der Untersuchung folgen werden.

In dem vorliegenden Band sind die Hyänen durch die gefleckten Spezies, *Crocuta crocuta*, vertreten, die Schakale durch den sogenannten Gemeinen oder Goldschakal *(Thos aureus)*; dagegen gibt es natürlich nur eine Wildhundart, den Hyänenhund *(Lycaon pictus)*.

Während der Verleger sich vorstellt, daß ein zweiter Band von Löwen, Leoparden und Geparden handeln soll, vermute ich, daß das Publikum einen dritten über dasselbe Thema verlangen wird, der die anderen Hyänenspezies berücksichtigt, die seltenere Streifenhyäne, die sich ganz und gar von der *Crocuta crocuta* unterscheidet, und die anderen Schakalarten, von denen jede ein sehr interessantes, eigenes Verhaltensmuster aufweist.

Wahrscheinlich sollte auch der Erdwolf *(Proteles cristatus)* behandelt werden, der seltener zu sehen ist, weil er des Nachts auf die Jagd geht, der aber nicht eigentlich selten ist. Wenn überhaupt jemand eine wirklich wertvolle Untersuchung über diese Spezies zuwege bringen kann, dann Jane und Hugo.

Inzwischen wird der erste Band, davon bin ich überzeugt, mit seinen neuen Erkenntnissen und den prächtigen Bildern dem allgemeinen Lesepublikum und den Wissenschaftlern gleichermaßen großes Vergnügen bereiten.

L. S. B. Leakey

Jagdgründe
bei Tag und bei Nacht

Jane van Lawick-Goodall

Fünfzig Meter von uns entfernt fegte ein Gnubulle vorbei, ein dunkler Schatten vor dem fahlen, mondbeschienenen Gras der afrikanischen Steppe. Hinter ihm her hetzten fünf Hyänen, und der Abstand zwischen dem Gejagten und den Jägern verringerte sich ständig. Plötzlich packte die vorderste Hyäne mit der Schnauze den Schwanz des Gnus, und eine Minute später schnellten die vier anderen in die Höhe und schnappten nach den Flanken und Beinen des Opfers. Der Gnubulle warf sich plötzlich herum und stellte sich seinen Peinigern. Die gebogenen Hörner sausten durch die Dunkelheit, er schmiß den Kopf hin und her. Aber nun tauchten aus der Nacht noch mehr Hyänen auf, und nach zwei Minuten lag das Gnu am Boden, fast unsichtbar unter zehn oder mehr knurrenden Gestalten, die um sein Fleisch kämpften.

Hugo fuhr den Wagen dichter heran. Als er die Schweinwerfer einschaltete, blickten einige der Jäger von ihrem Mahl auf, ihre Augen glitzerten, ihre Hälse und Gesichter waren rot von Blut. Zwanzig Minuten später zeugte nur noch ein dunkler, zertrampelter Fleck auf dem Boden von diesem Kampf im Mondschein.

Es war die erste Hyänenjagd, die Hugo und ich beobachteten, und wir waren entsetzt, als wir mit eigenen Augen sahen, wie sie ihre Beute lebendig verschlangen. Seit jener Nacht haben wir wieder und immer wieder dasselbe blutrünstige Schauspiel gesehen, denn auch Hyänenhunde, die gemeinhin als Wildhunde bekannt sind, und Schakale reißen ebenfalls dem noch lebenden Beutetier den Leib auf. Es ist uns immer noch gräßlich, dabei zuzuschauen, und obwohl einem die Zeit länger vorkommt, ist das Opfer gewöhnlich nach ein paar Minuten tot und steht zweifellos unter der Einwirkung eines so starken Schocks, daß es nicht viel Schmerz verspüren kann. Tatsächlich brauchen Löwen, Leoparden und Geparde, die in dem Ruf stehen, «anständige» Mörder zu sein, oft zehn Minuten oder mehr, um ihre Opfer zu erwürgen, und wie können wir uns ein Urteil darüber anmaßen, welche Todesart die schmerzhaftere ist? Und so stimmen wir nicht in den Chor derjenigen ein, die Hyänen und Wildhunde für tükkische Bestien halten, die rücksichtslos ausgerottet werden sollten; denn sie töten, um sich zu ernähren und auf die einzige Art und Weise leben zu können, zu der die Evolution sie befähigt hat.

Tatsächlich ist sich nur der Mensch, wenn er tötet, völlig der Leiden bewußt, die er hervorruft; deshalb kann sich nur der Mensch der absichtlichen Quälerei schuldig machen. Wenn man die Geschichte der Menschheit zurückverfolgt, ist sie eine grausige Kette von sogenannten unmenschlichen Taten von Menschen, und es scheint wirklich zum Erbgut des Menschen zu gehören, andere zu quälen, Menschen und Tiere gleichermaßen zu quälen. Offenbar ist der Mensch immer irgendwie fasziniert von Leiden und Tod.

Vielleicht ist es kein Zufall, daß sich so viele Beobachtungen der mordenden Tiere in Afrika, der Karnivoren, auf ihr räuberisches Verhalten beziehen, insbesondere auf ihre Methoden des Tötens. Indes sind Hugo und ich an mehr als nur daran interessiert. Wir beschlossen, sie zu studieren, nicht weil sie töten, sondern weil sie intelligente Tiere mit einem faszinierenden sozialen Leben sind. Schon jahrelang hatten wir sie beobachtet und über sie gesprochen, ehe wir der Erforschung ihres Verhaltens unsere ganze Aufmerksamkeit und Kraft widmeten.

Hugo war eigentlich deshalb Fotograf geworden, weil er erkannte, daß ihm dieser Beruf ermöglichen würde, mit Tieren zu arbeiten. Als er seine erste Aufnahme machte, verstand er noch nichts von Kameras. Er und zwei Freunde besuchten einen Naturschutzpark in Holland und stießen dabei auf eine Herde scheuer Wildschafe, die aus dem Ausland eingeführt worden waren. Die drei Jungen wollten alle eine Aufnahme haben. Hugos Gefährten verstanden etwas von Kameras, aber Hugo wußte am meisten über Tiere. Einer seiner Freunde drückte ihm eine Kamera in die Hand und sagte, Blende und Entfernung seien schon eingestellt, und wenn er zu einem bestimmten Baum kriechen könne, dann brauche er nur noch auf den Auslöser zu drücken. Hugo nahm die Kamera und bekam sein Bild. Seitdem hat er seine Begabung weiterentwickelt und versucht, Tiere bei ihrem Tun zu fotografieren: spielende und kämpfende Tiere, jagende und gejagte, sich gegenseitig putzende und sich umwerbende, Tiere, die ihre Jungen füttern und verteidigen.

Genau wie Hugo begann ich meine Arbeit, die Erforschung des Verhaltens der Tiere, auf höchst unprofessionelle Weise. Dr. L. S. B. Leakey, der bekannte Paläontologe, der so manchen Hinweis auf die Ursprünge des Menschen ans Tageslicht gebracht hat, bot mir 1960 die Gelegenheit, das Verhalten einer Gruppe wilder Schimpansen im Gombe-Reservat (dem heutigen Gombe-Nationalpark) zu studieren. Ich nahm diese Chance gern wahr, obwohl ich damals keine andere Qualifikation hatte, als daß ich mich zeit meines Lebens für wilde Tiere, und besonders für die afrikanischen, interessiert hatte. Seit ich acht Jahre alt war, hatte ich naturgeschichtliche Bücher gelesen und mir Notizen über das Verhalten von Vögeln, Säugetieren und Insekten in meiner südenglischen Heimat gemacht. Zu guter Letzt konnte ich dann in Afrika so viele neue Erkenntnisse über die Schimpansen sammeln, daß ich, obwohl ich nie das Magisterexamen abgelegt hatte, an der Universität Cambridge zur Promotion zugelassen wurde.

Am Gombe-Strom, bei den Schimpansen, haben Hugo und ich uns kennengelernt. Ich war mir bald darüber klar, daß Hugo kein gewöhnlicher Tierfotograf war, sondern ein Mann, der Tiere liebte und verstand, eine verwandte Seele. Leakey hatte uns beide lange gekannt, ehe wir uns begegneten. Es war für uns keine Überraschung, als wir später erfuhren, daß er, bevor Hugo an den Gombe kam, an meine Mutter geschrieben hatte, er habe einen jungen Mann gefunden, der nicht nur Janes Schimpansen fotografieren könne, sondern auch einen sehr guten Ehemann für sie abgeben würde!

Nachdem wir geheiratet hatten, arbeiteten wir noch ein Jahr am Gombe-Strom. Mit großzügiger Unterstützung seitens der National Geographic Society, die das ganze Projekt von Anfang an finanziert hatte, sammelte Hugo unschätzbares wissenschaftliches Filmmaterial über das Verhalten von Schimpansen. Danach war es der amerikanischen Geographischen Gesellschaft nicht mehr möglich, einen Berufsfotografen im Schimpansenlager voll zu beschäftigen, und sie übertrug ihm die Aufgabe, in den verschiedenen ostafrikanischen Nationalparks und Wildreservaten Tiere zu fotografieren.

Hugo und ich wollten unbedingt zusammen bleiben; ebenso unbedingt wollten wir, daß die Forschungsarbeit über das Verhalten der Schimpansen fortgesetzt werden sollte. Wir trafen alle Vorkehrungen, daß ein Forscherteam unter unserer Oberleitung am Gombe-Strom weiterarbeiten konnte, und versuchten, jedes Jahr ein paar Monate selbst mit den Schimpansen zu arbeiten. Heute ist das Gombe Stream Research Centre eines der wenigen Institute in der Welt, die sich mit Langzeituntersuchungen des sozialen Verhaltens einer einzigen Gruppe wilder Tiere befassen.

Als ich mit Hugo für seine fotografischen Aufträge zu reisen begann, wurde mir immer klarer, wie wichtig es für mich sein würde, andere Tiere und nicht nur Schimpansen zu studieren. Je mehr Tiere ich in der Serengeti und in den anderen Nationalparks beobachtete, um so beziehungsreicher konnte ich das, was ich vom Verhalten der Schimpansen wußte, in einen größeren Zusammenhang einordnen. Zu Beginn dieser unserer Lebensphase machten wir zum Beispiel die aufregende Entdeckung, daß, abgesehen vom Menschen, der kleine weiße Schmutzgeier eines der wenigen in Freiheit lebenden Geschöpfe ist, die Werkzeuge gebrauchen. Am Gombe hatte es sich bei einigen meiner interessantesten Beobachtungen um die große Vielfalt von Zwecken gedreht, für die wilde Schimpansen Gegenstände als Werkzeuge gebrauchen – Gräser und Stöckchen, um Termiten und Ameisen zu «angeln», zerknüllte Blätter als Schwämme, um Wasser aufzutunken, das sie mit den Lippen nicht erreichen konnten, Blätter, um sich Schmutz vom Körper abzuwischen, Steine und Stöcke als Wurfgeschosse gegen Paviane und Menschen. Und kaum hatten wir den Gombe verlassen, da entdeckten wir schon einen neuen Werkzeugbenutzer.

Wir fuhren mit dem Landrover über ein Gelände, das schwarz war von den Nachwirkungen eines Steppenbrandes. An manchen Stellen schwelten noch umgestürzte Bäume, von denen kleine Rauchkringel in die Mittagshitze aufstiegen. Wir hatten die Gegend für uns, denn die meisten Touristen waren gerade beim Mittagessen. Plötzlich entdeckte Hugo einige Geier, die in der Ferne vom Himmel herabstießen, und rasch fuhren wir hinüber, um zu sehen, was vor sich ging. Wir fanden ein verlassenes Straußennest. Etwa fünfzehn Eier lagen verstreut auf dem Boden, umgeben von einer Schar sich balgender Geier. Vermutlich hatte der Brand den brütenden Vogel vom Nest vertrieben, aber wie durch ein Wunder waren die Eier kaum angesengt. Eine Hyäne rannte fort, als wir ankamen, und wir nahmen an, daß sie das Ei aufgebrochen hatte, um das sich die Geier balgten. Doch während wir zuschauten, sahen wir, wie einer der beiden Schmutzgeier, die darunter waren, einen Stein in den Schnabel nahm und zu einem nahe gelegenen Ei ging. Dann hob er den Kopf und warf mit einer kräftigen Abwärtsbewegung den Stein auf die dicke, weiße Eierschale. Wir hörten den Aufschlag. Dann nahm er den Stein von neuem auf und warf ihn wieder und wieder auf die Eierschale, bis sie zersprang und ihr Inhalt sich auf den Boden ergoß.

In den nächsten fünfzehn Minuten beobachteten wir, wie die beiden Schmutzgeier ein Ei nach dem anderen öffneten und immer wieder von den größeren Geierspezies vertrieben wurden, ehe sie mehr als nur einen Schnabelvoll Ei zu sich nehmen konnten. Wir konnten nicht miteinander sprechen, denn Hugo machte Aufnahmen, und ich hielt wie wild das Verhalten auf meinem Tonbandgerät fest. Nachher, als es den beiden Werkzeugbenutzern gelungen war, genügend Ei zu erwischen, und als sie weggeflogen waren, blieben wir noch da und beobachteten die anderen Geier. Obwohl sie immer von neuem an den wenigen übriggebliebenen Eiern zerrten und pickten, vermochten sie kein einziges zu öffnen; schließlich gaben sie auf und flogen fort.

Ehe wir diese Beobachtung machten, war nur von vier in Freiheit lebenden Tieren bekannt, daß sie häufig Gegenstände als Werkzeuge verwenden. Zwei davon waren Säugetiere, der Schimpanse und der kalifornische Seeotter. Der Seeotter nimmt Schalentiere in die Pfoten und schlägt sie an einem Stein auf, den er vom Meeresboden heraufholt und sich auf die Brust legt, wobei er auf dem Rücken schwimmt. Die beiden anderen waren Vögel, der Galapagos-Spechtfink, der mit einem Kaktusstachel im Schnabel aus Ritzen in der Baumrinde Insekten herausholt, und der Seidenlaubenvogel, der ein Stück Borke verwendet, wenn er während der Paarungszeit seine Laube mit Holzkohle anmalt.

Hugo und ich haben in verschiedenen Gegenden eine Reihe von Tests mit Schmutzgeiern gemacht und festgestellt, daß sie überall Steine werfen konnten. Wir beobachteten sie auch bei kleineren Eiern und fanden heraus, daß sie diese nicht mit Steinen aufschlugen, sondern die Eier selbst hochhoben und auf den Boden warfen. Wir sind überzeugt, daß sich aus diesem Verhaltensmuster die Technik des Steinewerfens entwickelt hat.

Da uns das Verhalten der Werkzeugbenutzer interessierte, fragten wir uns, ob wohl noch irgendwelche anderen Tiere, deren Mundöffnungen zu klein sind, um die Schale eines Straußeneies zu zerbrechen, mit der Situation fertig werden könnten. Von den Tieren, die wir getestet haben, vermochte bisher nur die Streifenmanguste das Problem zu lösen. Auch haben wir die Mangusten noch nicht in freier Wildbahn testen können – vielleicht hat unser Geruch an den Eiern sie vertrieben. Die beiden zahmen Tiere, die beide ganz jung gefangen worden waren, versuchten zuerst, das Ei zwischen ihren Beinen hindurch gegen einen Felsen zu werfen (wie sie kleine Eier normalerweise öffnen), und warfen dann, ebenfalls zwischen ihren Beinen durch, Steine auf die Straußeneier. Genau wie der Schmutzgeier wandte die Manguste ein ihr bereits zu Gebote stehendes Verhaltensmuster an.

Unsere neue Beobachtung bei Schmutzgeiern war für uns nur ein Hinweis darauf, wie wenig über das Verhalten vieler wilder Tiere in Afrika damals bekannt war. In Ostafrika blüht inzwischen die Erforschung des Verhaltens von Tieren, und immer mehr Untersuchungen über verschiedene Arten sind in Angriff genommen worden. Viele dieser Studien beziehen sich allerdings auf die Ökologie des betreffenden Tiers und erfassen eine große Zahl von Tieren in weiten Bereichen. Das Serengeti Research Institute in Serona im Serengeti-Nationalpark ist – dank den Bemühungen von John Owen, dem Direktor der Tanzania National Parks – für diese Art Forschung ins Leben gerufen worden. Die gemeinsam erarbeiteten Ergebnisse der dort tätigen Wissenschaftler werden in ein paar Jahren ein unschätzbares Bild der gesamten Ökologie dieses berühmtesten aller ostafrikanischen Naturschutzgebiete bieten.

Das Hauptinteresse von Hugo und mir gilt indes heute wie auch früher vor allem dem sozialen Verhalten einzelner Tiere einer Gattung. Um brauchbare Daten und gute Fotografien von sozialen Interaktionen und von den verschiedenen Aspekten des Lebens einzelner Tiere zu erhalten, muß viel Zeit darauf verwandt werden, eine Familie oder eine Gruppe zu beobachten. Der erste Schritt ist natürlich der Versuch, sie an die Gegenwart menschlicher Beobachter zu gewöhnen – was nicht immer so einfach ist, wie es scheinen mag. Denn damit es gelingt, ist es manchmal nötig, sich über die Gefühle der Tiere, die man beobachtet, klarzuwerden. Ich hatte das schon am Gombe-Strom gelernt, weil die Tatsache, daß die Schimpansen meine Anwesenheit akzeptiert hatten, nicht bedeutete, daß sie es unbedingt hinnehmen würden, wenn ich ihnen längere Zeit folgte. Nach ein oder zwei Stunden, je nach dem Individuum, konnte es sein, daß der Schimpanse plötzlich schneller lief und sich dann über die Schulter nach mir umsah. Das war das Zeichen für mich, ihn sich selbst zu überlassen.

Ein Forscher lieferte uns ein vorzügliches Beispiel dafür, was geschehen kann, wenn man es zu weit treibt, nachdem sich ein Tier eben erst mit der Anwesenheit von Menschen abgefunden hat. Die Tiere, die er beobachtete, waren ihm gegenüber sehr tolerant, als er seine Studien aufnahm, und nach ein paar Wochen konnte er sie aus einer Entfernung von ein paar Metern beobachten. Allzu sicher geworden, blieb er jedesmal stundenlang bei ihnen und folgte ihnen immer, wenn sie von einem Ort zum anderen zogen. Allmählich wurden die Tiere ängstlich, und zwei Monate später ließen sie ihn überhaupt nicht mehr an sich heran. Es dauerte drei oder vier Monate der Geduld, bis der Forscher ihnen wieder so nahe kommen konnte wie in der zweiten Woche der Untersuchung.

Hugo und ich verbrachten einige Monate mit der Beobachtung von Großohrfüchsen, kleinen, zierlichen, rehbraunen Geschöpfen mit dunklen Ohren, dunklen Läufen und dunklen Schnauzen- und Schwanzspitzen. Manchmal lassen diese Füchse es zuerst zu, daß sich ein Auto ihrem Bau nähert, aber es ist wichtig, sie nicht gleich zu lange Zeit zu beobachten. Wenn man das tut, rollen sie sich einfach zusammen und schlafen. Die meisten Menschen werden das für einen Hinweis darauf ansehen, daß sich die Füchse völlig ungeniert fühlen, aber in Wirklichkeit bedeutet es, daß sie unruhig und unter Stress sind. Das Verhalten läßt sich mit dem legendären Strauß vergleichen, der den Kopf in den Sand steckt, und tatsächlich ist das in der Tierwelt nichts Ungewöhnliches. Ein junger gefangener Schimpanse wird sich bei einem Test, den er, in einer fremden Umgebung und wenn er verschreckt ist, nicht ausführen kann, vielleicht einfach zusammenrollen und auf dem nackten Boden schlafen. Gavin Maxwell äußert sich in seinem Buch ‹*Ring of Bright Water*› zu diesem Phänomen. Wenn sein zahmer Otter gezwungen wurde, Auto zu fahren, was er haßte, dann pflegte er nach ein paar Augenblicken höchster Erregung «sich zu einer prallen Kugel zusammenzurollen und sich von der abscheulichen Umwelt völlig abzukapseln». Derselbe Autor beobachtete bei anderen Gelegenheiten einen Polarfuchs, einen Dachs und eine Hausmaus, die alle in tiefen Schlaf, fast in ein Koma, versanken, wenn sie gefangen wurden. Es gibt tatsächlich Fälle, daß Soldaten im Krieg in gefährlichen Situationen, zum Beispiel unter Beschuß, einfach einschlafen. Unter anderen Bedingungen, aber ebenso als Fluchtreaktion, pflegte ich mich, wenn ich am Gombe ohne Mantel von Gewittern überrascht wurde und der starke Wind von den Berggipfeln die normalerweise tropische Umgebung eisigkalt werden ließ, zusammenzurollen und beinahe zu schlafen.

Hugo und ich lernten die einzelnen Mitglieder einer Familie von Großohrfüchsen recht gut kennen. Es waren drei ausgewachsene Tiere im Bau, zwei von ihnen Weibchen, und fünf Junge. Die Füchse sahen sich alle sehr ähnlich, aber schließlich fand ich heraus, daß man sie an der Gestalt der Schnauzenfarbflecken unterscheiden könne, und bald waren wir uns darüber klar, daß die fünf Jungen Nachkommen der beiden Weibchen waren. Nachdem sie bei der einen Mutter getrunken hatten, stürzten sie alle hinüber und tranken bei der anderen. Als die Jungen größer wurden, begleiteten sie nach und nach die Alten auf immer ausgedehnteren Beutezügen nach Insekten. Eines Tages sahen wir die ganze Familie, Alte wie Junge, mit einem ausgewachsenen Thompson-Gazellenbock spielen. Wie der Blitz schossen die Füchse auf ihn zu und rannten dann dauernd um ihn herum, bildeten einen Kreis um ihn, machten kehrt und rannten wieder in der anderen Richtung. Mit ihren aufgestellten oder hinter ihnen herwogenden Ruten erinnerten sie uns an einen Schwarm schnellschwimmender Fische. Die Gazelle schien bei dem Spiel aus vollem Herzen mitzumachen, denn sie wirbelte umher, schüttelte ihre spitzen Hörner und pirouettierte, wenn sie sich im Kreis drehte, um erst den einen und dann den anderen Teil der um sie herumrennenden Füchse anzusehen. Ein paarmal rannte sie zum Spaß auf einen der Füchse zu, der dann davonflitzte, aber gleich wieder umdrehte und von neuem um sie herumraste. Später sahen wir die Füchse auch mit anderen Gazellen spielen, aber niemals wieder mit einer, die mit solcher Begeisterung mitgemacht hätte wie dieser erste Bock.

Thompson-Gazellen, deren es in der Serengeti Tausende gibt, gehören zu unseren Lieblingstieren im Busch. Diese Gazelle, knapp über sechzig Zentimeter hoch, ist ein schönes Tier, oben rötlich golden und unten weiß mit einem kräftigen schwarzen Streifen auf beiden Seiten des Körpers. Wenn diese Gazellen stehenbleiben und grasen, wedeln sie ununterbrochen mit ihren kurzen Schwänzen, und die ausgewachsenen Jungtiere unterbrechen dauernd das Fressen, um miteinander zu spielen, jagen mit unglaublicher Geschwindigkeit in weiten Kreisen herum und gehen, wenn es Böcke sind, auch manchmal mit ihren zierlichen, leicht gebogenen Hörnern aufeinander los. Uns schien es immer, als ob sie sogar mit den Autos spielten, denn erst rennen sie mit derselben Geschwindigkeit neben dem Wagen her, dann nehmen sie plötzlich ihre ganze Kraft zusammen und springen vor ihm über den Weg.

Wenn ein ausgewachsener Gazellenbock mit aller Schnelligkeit, die er aufbringen kann, ein flirtendes Weibchen einzuholen versucht, dann scheinen beide buchstäblich über den Boden zu fliegen, und ihre plötzlichen Richtungswechsel gehen so geschwind vor sich, daß man oft noch einen Augenblick den ursprünglichen Kurs mit den Augen verfolgt. Es scheint, als müßten sie schneller sein als das schnellste Raubtier. Dennoch sind sie ein begehrtes Opfer von Wildhunden und Geparden auf der offenen Steppe, und wenn sie zwischen Bäumen und Büschen grasen, schleichen sich Löwen und Leoparden mit Erfolg an sie heran. In der Wurfzeit der Gazellen sind die Verluste unter den trächtigen Weibchen außerordentlich hoch, besonders unter den gerade werfenden Weibchen und ihren Jungen.

In seinen ersten Lebenstagen wird ein Thompson-Gazellenkitz versuchen, der Entdeckung dadurch zu entgehen, daß es, fest an den Boden gepreßt, liegenbleibt, während die Mutter fortläuft und später zurückkommt. Das Fell des Jungtiers ist viel dunkler als das der ausgewachsenen Gazellen, und die Tarnung ist vortrefflich – oft hätten wir fast ein Kitz überfahren, so gut ist seine Färbung der Steppe angepaßt. Dennoch müssen unzählige dieser bezaubernden Kitze, die mich an Miniatur-Bambis erinnern, kurz nach der Geburt sterben. Leoparden, Geparde, Wildhunde, Hyänen und Schakale sind die Hauptgefahr für sie, aber selbst ein Löwe wird einen solchen Frühstückshappen nicht verschmähen, wenn er gerade vorbeikommt, und auch Paviane, größere Raubvögel, Servale und Karakale, die ostafrikanischen Luchse, die so groß sind wie Schakale, stellen ihnen nach.

Die Gazellenmutter wird diese kleineren Raubtiere immer wieder verjagen, um ihr Junges zu verteidigen. Wir beobachteten, wie ein Weibchen ein Pavianmännchen, das ihr Kitz gepackt hatte, mindestens zweihundert Meter verfolgte, bis der Pavian auf einen Baum springen konnte und damit außerhalb ihrer Reichweite war. Eine andere Mutter griff einen riesigen Kampfadler jedesmal an, wenn er auf ihr regloses Kitz herunterstieß, bis der Vogel es schließlich aufgab und davonflog. Ein andermal sahen wir, wie ein Weibchen einen langbeinigen Sekretär vertrieb, hinter ihm herlief, als er niedrig über den Boden flog, und ihn dann angriff, als er landete, so daß er wieder auffliegen mußte. Oft werden kleinere Raubvögel, die zu dicht bei einem Kitz landen, weggejagt, als ob der Anblick eines gebogenen Schnabels oder von Klauen, die ihrem Kitz zu nahe kommen, den Verteidigungsmechanismus der Mutter auslöse.

Es erscheint seltsam, daß das Thompson-Gazellenweibchen sich in dem Evolutionsprozeß befindet, seine Hörner zu verlieren. Darum sieht man so oft ein Weibchen mit gekreuzten Hörnern oder einem Horn, das nach vorn oder hinten steht, und bei manchen fehlt ein Horn oder sogar beide. Allerdings haben wir nie gesehen, daß ein Raubtier durch die Hörner einer Gazellenmutter verletzt wurde, aber Schakale und Raubvögel haben Respekt vor diesen scharfen kleinen Spießen, und es ist schwer vorstellbar, welcher Anpassungswert in ihrem allmählichen Verlust liegen kann.

Auch das Gnu ist immer eines meiner Lieblingstiere gewesen. Mit seinem langgezogenen, schmalen Gesicht und der Krone aus nach oben gebogenen Hörnern, dem weißlichen Bart vom Kinn bis zur Brust und der schlaffen, schwarzen Mähne sieht es wie ein Clown aus, und so benimmt es sich auch oft. Ich werde es nie leid, den Scheinkämpfen der Bullen vor Beginn der jährlichen kurzen Brunstzeit zuzusehen. Manchmal kann man einen solchen Kampf einfach dadurch herbeiführen, daß man an zwei friedlich nebeneinander grasenden Bullen vorbeifährt. Wenn man näher kommt, springen sie plötzlich herum, so daß sie sich gegenüberstehen, die Köpfe schütteln und vielleicht mit einem Vorderfuß auf dem Boden scharren. Einer oder beide lassen sich auf die Knie nieder und fegen erst mit dem einen und dann mit dem anderen Horn durch den Staub, wonach sie gewöhnlich wieder aufstehen, einander betrachten und ganz friedlich aussehen, bis sie, als sei es auf ein vorher abgemachtes Zeichen hin, aufeinander losstürzen, in die Knie gehen und ihre Hörner geräuschvoll aneinanderschlagen. Der Kampf mag bald zu Ende sein oder auch länger dauern, wobei der Stärkere auf den Knien vorwärts rutscht und der Verlierer zurückweicht, bis er es nicht mehr aushält, aufspringt und wegrennt. Manchmal trottet der Sieger hinter ihm drein, macht mit steif gestreckten Beinen lange Schritte und scheint dann zwischen zwei Schritten fast in der Luft zu schweben.

Wenn ein Gnu besonders guter Stimmung ist, kann es ohne ersichtlichen Grund plötzlich zu galoppieren anfangen, sich durch die Herde hindurchdrängeln, dabei den Kopf hochwerfen und mit den Hinterbeinen ausschlagen. Oft setzt ihm dann ein anderer Bulle nach, und das kann mit einem Scheinkampf enden. Aber am ergötzlichsten ist es, einen dieser Bullen zu beobachten, wenn er um seinen «Gegner» herumpirouettiert, hochspringt und sich grotesk in der Luft dreht wie ein Clown, der einen Ballettänzer imitiert.

In der Brunstzeit kämpfen die Bullen ernsthafter, jeder versucht, dem anderen den Hals herumzudrehen und ihn aus dem Gleichgewicht zu bringen. Aber wir haben niemals gesehen, daß einer der Kämpfer nach einer solchen Schlacht eine schlimmere Verletzung hatte als eine leichte Hautwunde am Kopf oder Hals.

Eine der Tragödien in der Welt der Gnus ist, daß in der Wurfzeit – in der Serengeti gewöhnlich von Dezember bis Februar – so viele Kälber in den großen Herden verlorengehen. Es braucht nur ein Raubtier einem Kalb oder einem ausgewachsenen Gnu nachzusetzen, schon rennt die ganze Herde weg. Übrigens können zu schnell fahrende Touristenwagen oder zu niedrig fliegende Flugzeuge dieselbe Wirkung haben. Und wenn sich die Lage dann wieder beruhigt hat, kann man fast sicher mehrere herumwandernde Kälber sehen, die nach ihren Müttern suchen. Manche haben Glück und finden sie, aber andere haben Pech, besonders bei den riesigen Herden, die alljährlich über die Serengeti-Steppe trecken. Wenn Minuten und dann Stunden vergehen, wird das Blöken eines verlassenen Kalbs nachdrücklicher, und immer wieder geht es zu verschiedenen Muttertieren, drückt ihnen die Nase in die Leistengegend und versucht zu trinken. Aber es geschieht selten, daß eine Gnukuh ein fremdes Kalb annimmt, selbst wenn sie ihr eigenes verloren hat und ihre Euter von Milch strotzen. Am nächsten Tag wird das Blöken des verwaisten Kalbs schwächer, und am dritten oder vierten legt es sich zum Sterben hin – wenn es seinen Feinden überhaupt so lange hat entgehen können.

Nicht selten sieht man ein verlassenes Kalb in einiger Entfernung von der Herde herumwandern, und ein solches Jungtier versucht oft, sich an

fast alles, was sich bewegt, anzuschließen. Hugo und ich sahen einmal ein
Kalb, das sich immer wieder vier Hyänen näherte. Jedesmal, wenn es auf
etwa dreißig Meter herangekommen war, begannen die Hyänen auf es zu-
zulaufen, und dann rannte das Kalb aus irgendeinem Instinkt heraus ein
Stück weg. Die Hyänen waren offenbar nicht hungrig, denn wenn das Kalb
wegrannte, verfolgten sie es nicht. Und dann drehte sich das Kalb um und
ging wieder auf sie zu. Es war eine nervenaufreibende Situation, und wir
fuhren ein wenig näher heran. Das Kalb bemerkte unseren fahrenden
Wagen und kam laut blökend auf uns zu. Als wir weiterfuhren, folgte es
uns. Das ist tatsächlich eine recht alltägliche Situation – ich wünschte immer, es würde möglich sein, ein großes Waisenhaus für diese verlassenen
Jungtiere einzurichten, denn es kommt einem so herzlos vor, wenn man
einfach wegfährt und sie ihrem Schicksal überläßt.

Damals waren Hugo und ich uns nicht darüber klar, wie höchst unwahrscheinlich es ist, daß eine Pflegemutter das Kalb annimmt, und beschlossen daher zu versuchen, es zu seiner Herde zurückzubringen. Aber es waren drei Herden zu sehen, eine etwa fünfhundert Meter südlich, die beiden
anderen etwas weiter weg im Norden und Osten. Welche sollten wir wäh-
len? Schließlich entschieden wir uns für die südliche Herde und fuhren auf
sie zu. Das Kalb folgte uns, und bald waren wir nur noch etwa fünfzig
Meter entfernt. Als das Jungtier die anderen Gnus sah, lief es blökend zu
ihnen. Die Herde sah zu uns herüber, als ob sie uns beobachte, und plötzlich kam eine Kuh laut rufend auf uns zu. Das Kalb galoppierte zu ihr, sie
beschnüffelten sich einen Augenblick, dann wandte sich die Kuh um, gefolgt von dem Kalb, und war in der sich ständig im Kreis bewegenden
Herde verschwunden. Hatten wir das unglaubliche Glück gehabt, daß wir
der rechtmäßigen Mutter ihr verlorenes Kalb zurückgebracht hatten?
Oder waren wir Zeuge einer der seltenen Adoptionen gewesen? Wir werden es nie erfahren, aber das Verhalten der Kuh deutete darauf hin, daß
sie tatsächlich die Mutter war, und wir fuhren befriedigt von dannen.

Kurz danach ereignete sich allerdings ein Vorfall, der ganz anders en-
dete. Wir fuhren am Seronera-Fluß entlang, als wir nach einer scharfen
Kurve plötzlich auf eine Zebrastute stießen, die gerade gefohlt hatte. Als
sie uns sah, rappelte sie sich mühsam auf und rannte fort, während das
Fohlen noch auf dem Boden zappelte. Rasch fuhr Hugo ungefähr hundert
Meter rückwärts. Wir sahen, wie es dem Fohlen gelang, taumelnd aufzu-

stehen und sich von dem Amnionsack zu befreien. Doch die Stute, die sich einer kleinen Gruppe von Zebras angeschlossen hatte, etwa sechzig Meter entfernt, machte keine Anstalten zurückzukommen. Wir fuhren noch ein Stück weiter weg bis zu einem Punkt, von dem aus wir das Fohlen gerade noch sehen konnten. Nach etwa zehn Minuten drehte sich die Mutter um und ging einfach fort. Wir waren verblüfft über ihr Verhalten und sind es noch heute. Vielleicht war es ihr erstes Fohlen, und wir hatten sie gestört, ehe sie das Fruchtwasser auflecken konnte, was nach Ansicht einiger Wissenschaftler ein wichtiger Schritt ist, um die Bindung der Mutter an ihr Junges zu begründen.

In der Hoffnung, daß die Mutter zurückkommen würde, fuhren wir weg, aber als wir nach vier Stunden wiederkamen, war das Fohlen immer noch allein. Es hatte einen umgestürzten Baum «angenommen» und versuchte immerzu, an einem kleinen Vorsprung unter dem Stamm zu saugen. Wir sahen viele Zebras vorbeigehen, doch das Fohlen verließ seine Baum-«Mutter» nicht, um sich einem von ihnen anzuschließen. Als es dunkel wurde und wir wegfuhren, versuchte es immer noch zu saugen, und ich muß gestehen, daß weder Hugo noch ich in jener Nacht viel schliefen. Am nächsten Morgen wurde das Fohlen von zwei männlichen Löwen gefressen, und wir konnten nur hoffen, daß sein Tod kurz und schmerzlos gewesen war.

Unter normalen Umständen wird ein Zebra in eine festverbundene Familiengemeinschaft hineingeboren, die aus einem Hengst mit seinen Stuten und einigen ihrer Nachkommen besteht. Im Gegensatz zum Gazellenbock oder Gnubullen wird ein Zebrahengst energisch versuchen, seine Gruppe gegen Raubtiere wie Hyänen und Wildhunde zu verteidigen. Wenn eine Familiengemeinschaft angegriffen wird, besonders nachts, schließen sich ihr übrigens andere Gruppen an, bis zweihundert oder mehr Zebras zu einer großen Herde vereinigt sind, wobei viele Hengste in der Nachhut bleiben und den Raubtieren heftige Tritte versetzen und sie beißen. Das bedeutet, daß das auserwählte Opfer, gewöhnlich eine Stute oder ein Fohlen, in vielen Fällen mit dem Leben davonkommt.

Auch in einer anderen Hinsicht lassen die Zebras eine gut ausgearbeitete soziale Koordination erkennen, die allen Gruppenmitgliedern ermöglicht, wenigstens einen Teil der Nacht fest zu schlafen. Hans Klingel und seine Frau, die sieben Jahre lang Zebras studierten, fanden heraus, daß sich die Angehörigen einer oder mehrerer Familien dicht beieinander hinlegen. Während die Mehrzahl schläft, stehen einige von ihnen Wache und warnen ihre schlafenden Gefährten, wenn sich ein Raubtier zeigt. Wir beobachteten eine solche Gruppe in einer mondhellen Nacht und waren beeindruckt von der offenkundigen Wachsamkeit der Posten und dem anscheinend geruhsamen Schlaf der anderen. Es fiel uns wiederum auf, eine wie wirkungsvolle Tarnung die Streifen der Zebras im Mondschein sind. Bei Tage ist das Zebra auf der offenen Steppe deutlich zu sehen, aber in der Morgen- oder Abenddämmerung oder bei Mondschein wird es fast unsichtbar – ganz im Gegensatz zu dem im Dämmerlicht auffälligen schwarzen Körper des Gnus.

Möglicherweise findet man deshalb, weil die Zebras nachts so fest schlafen, manchmal auch am Tage eins, das daliegt und tief schläft. So tief sogar, daß wir in zwei Fällen annahmen, sie seien tot, denn die übrige Herde war geräuschvoll davongaloppiert und hatte sie reglos auf dem Boden liegen lassen. Erst als wir auf ein paar Meter herangekommen waren, rappelten sich die Zebras plötzlich auf, sahen sich erschreckt um und rannten hinter ihren Gefährten her. Bei Tage, wenn das Schlafen eher eine individuelle und keine Gruppentätigkeit ist, haben wir keine Wachtposten gesehen; und vielleicht ist ein besonderes, von den Wachtposten gegebenes Zeichen nötig, um ein Zebra leicht aus einem tiefen Schlaf aufzuwekken.

Im Laufe dieser zwei Jahre wuchs Hugos und mein Interesse an den Fleischfressern, den Karnivoren, ständig. Wir wollten etwas über die Jagdtechniken erfahren, weil ich festgestellt hatte, daß die Schimpansen, jedenfalls im Gebiet des Gombe-Stroms, erfolgreiche Jäger waren und ziemlich große Säugetiere wie junge Buschböcke und Affen erlegten. Und wir interessierten uns für die Aasfresser, die Hyäne und den Schakal, weil viele Wissenschaftler glauben, der prähistorische Mensch sei ein Aasvertilger gewesen, ehe er Jäger wurde. Die Schimpansen am Gombe-Strom rühren nur Fleisch von einem Tier an, das ein Mitglied der Gruppe getötet hat, und wenn sich diese Affen aufs Jagen verlegen, sind sie oft überaus erfolgreich. Da nun das ganze Panorama von Raubtier, Beutetier und Aasfresser vor uns lag, versuchten Hugo und ich uns auszumalen, ob der prähistorische Mensch, dessen Verhalten dem der Schimpansen in mancher Beziehung sehr wohl ähnlich gewesen sein könnte, sich durch den

Genuß von Aas am Leben erhalten hat. Aus mehreren Gründen fiel es uns schwer, das zu glauben.

Lassen Sie mich einige der Probleme umreißen, denen sich Hyänen und Schakale bei ihrer Tätigkeit als Unratbeseitiger gegenübersehen. Nahrung, die aufgesammelt werden kann, besteht aus den Kadavern von Tieren, die eines natürlichen Todes gestorben sind, aus den Überbleibseln der Beute von Karnivoren oder aus Abfall und dergleichen in der Nähe menschlicher Siedlungen. Eins der Probleme der Aasfresser besteht darin, solche Nahrung zu finden, und dabei kann ihm das Sehvermögen, das Gehör oder der Geruchssinn helfen. Ein zweites Problem ergibt sich, wenn derjenige, der die Beute erlegt hat, noch bei der Mahlzeit ist und es sich darum handelt, einen Anteil zu bekommen, ohne verletzt zu werden. Ein drittes besteht darin, rasch hinzukommen, ehe zu viele andere Aas-Interessenten auf dem Schauplatz erscheinen. Und hier muß ich erwähnen, daß das Vertilgen von Aas keineswegs auf Hyänen und Schakale beschränkt ist. Löwen, Leoparden, Geparde und Wildhunde fressen ebenso bereitwillig wie viele der kleineren Karnivoren Kadaver oder versuchen, sich die Beute kleinerer Raubtiere anzueignen.

Die Hyäne ist in mancher Hinsicht gut ausgestattet für die Rolle als Aasvertilger. Sie hat enorm kräftige Zähne und Kiefer und vermag, wenn nur noch wenig von dem Beutetier übrig ist, wie es so häufig vorkommt, außerordentlich große Knochen und zähes Fell zu kauen und zu verdauen. Außerdem hat sie sehr gute Ohren und kann aus großer Entfernung Geräusche genau lokalisieren, die andere Karnivoren erzeugen, wenn sie sich um eine Beute balgen. Sie kann mit einer Geschwindigkeit von 50 Stundenkilometern oder mehr rennen und ist sehr ausdauernd. Sie ist auch geduldig; eine Gruppe Hyänen wird acht Stunden oder noch länger in der Nähe herumlungern, wenn ein Löwe tötet, obwohl sie doch aus der Erfahrung wissen muß, daß von dem Kadaver nicht mehr viel übrig sein kann, wenn sich das Raubtier schließlich davonmacht.

Auch der Schakal hat ein gutes Gehör, doch seine nützlichste Eigenschaft ist seine Schnelligkeit, die ihm ermöglicht, hinzuflitzen und einem Löwen oder anderen Raubtier vor der Nase Fleischstücke wegzustibitzen ohne große Gefahr, dabei geschnappt zu werden. Indes sind weder die Hyäne noch der Schakal reine Aasvertilger, außer in manchen Gegenden, wo Menschen in der Nähe wohnen und die wilden Tiere ausgerottet sind;

dort mag es sein, daß eine Hyäne fast ausschließlich von Abfall und dergleichen lebt. Im Krater und in der Serengeti ist die Hyäne ein echter Jäger
und tötet selbst, und der Schakal verbringt einen größeren Teil seiner Zeit
mit der Jagd auf Insekten und Nagetiere als mit dem Vertilgen von
Aas.

Nur die geflügelten Aasfresser, die Geier, Marabus und einige der
Adler, können als wirklich erfolgreiche Gesundheitspolizisten angesehen
werden. Sie vermögen nicht nur weite Entfernungen mit relativ geringer
Anstrengung in der Luft zurückzulegen, sondern sind hoch am Himmel
auch sozusagen auf dem Ausguck und können mit ihrem scharfen Blick
weite Strecken des umgebenden Landes erfassen. Sobald sie ein totes Tier
oder ein Raubtier über seiner Beute entdeckt haben, erreichen sie die
Stelle im Fluge viel schneller als jedes vierbeinige Säugetier. Tatsächlich
werden viele auf der Erde lebende Tiere dadurch auf eine neue Nahrungs-
quelle aufmerksam, daß sie die Bewegung der Geier am Himmel genau
beobachten.

Nun wollen wir uns die Frage vorlegen, ob der frühe Mensch die Rolle
eines Aasvertilgers gespielt hat. Er mag imstande gewesen sein, ziemlich
schnell zu rennen, obwohl das nicht sicher ist, weil er den aufrechten Gang
noch nicht lange übernommen hatte. Zweifellos hatte er ein gutes Durchhaltevermögen, doch selbst wenn sein Gehör gewiß viel schärfer war als
das des heutigen Menschen, zumindest des «zivilisierten» Menschen, ist
es höchst unwahrscheinlich, daß es ebenso gut war wie das der Schakale
oder Hyänen. Natürlich wird der frühe Mensch imstande gewesen sein, am
Himmel nach den aufschlußreichen Bewegungen der Geier Ausschau zu
halten und zusammen mit den anderen Aasvertilgern dorthin zu laufen,
wo ein Wild getötet wurde. Hätte er dort lediglich Geier oder vielleicht
ein paar Geparde oder Hyänen vorgefunden – oder auch einen einzelnen
Löwen –, wäre es ihm vielleicht möglich gewesen, sie von ihrem Mahl zu
vertreiben und sich die Beute anzueignen. Doch in jener grauen Vorzeit,
als der Mensch ein Fleischesser wurde, bestanden seine Waffen vermutlich
nur aus Steinen, wie sie die Schimpansen noch heute werfen. Es ist unwahrscheinlich, daß eine kleine Gruppe Menschen (und es wird angenommen, daß sie in kleinen Gruppen zu jagen pflegten) ein Rudel Löwen oder
eine große Horde Hyänen von ihrer Beute hätte vertreiben können. Wenn
der Mensch damals – wie die Hyäne heute – hätte warten müssen, bis der

Jäger selbst mit dem erlegten Wild fertig war, dann hätte er zwar die Knochen aufschlagen und das Mark schlürfen können, aber hätte er das Fell oder den Knochen selbst verdauen können, wie es die Hyäne kann? Das bleibt unwahrscheinlich.

Schließlich sollte der Primatenursprung des Menschen berücksichtigt werden. Der Schimpanse ist, wie ich erwähnt habe, ein Fleischfresser – zu manchen Zeiten des Jahres vertilgt er sogar ziemlich große Mengen Fleisch –, aber wir haben nie gesehen, daß er Aas frißt. Auch Paviane fressen vielfach Fleisch und versuchen sogar gelegentlich, den Schimpansen ein Stück wegzunehmen. Aber wenn sie wirklich Aas fressen, dann kann es nur selten sein. Wir haben es unzählige Male erlebt, daß in Reichweite verschiedener Pavianhorden Wild gerissen wurde, und niemals waren die Paviane unter den wartenden Aasvertilgern. Überdies sind Primaten, mit sehr wenigen Ausnahmen, ausgesprochene Tagjäger und fürchten sich, nach Einbruch der Dunkelheit umherzuwandern. Indes wird ein hoher Prozentsatz Wild nachts erlegt, und dann ziehen Hyänen und Schakale den größten Nutzen aus der Aasvertilgung – während die primitiven Menschen zu dieser Zeit wohl zweifellos eng zusammengedrängt in tiefem Schlaf gelegen haben.

Ich will nicht behaupten, daß der frühe Mensch niemals Aas vertilgt hat. Der Mensch ist ein Opportunist und war es zweifellos immer. Um ihrer neuerlichen Vorliebe für Fleisch zu frönen, werden sich die Steinzeitmenschen wohl an der Aasvertilgung beteiligt haben, wenn es sich lohnte und die Risiken nicht zu groß waren. Wir halten es jedoch für wahrscheinlicher, daß der Mensch ebenso wie der Schimpanse und der Pavian seine Vorliebe für Fleisch entdeckte, als er selbst kleine Tiere jagte. Während der Wurfzeit sind Kälber und Kitze eine leichte Beute, wenn es der Jäger fertigbringt, die Mütter zu überlisten. Wir haben so schwer verletzte Tiere gesehen, daß es einer Gruppe früher Menschen nicht sehr schwergefallen sein dürfte, sie zu erlegen.

Diese Frage war es, die anfänglich unsere Aufmerksamkeit auf das Verhalten der größeren Kanivoren gelenkt hatte. Bald waren wir indes mehr von den Tieren selbst gefesselt, von ihren individuellen Charakteren, ihrer offenkundigen Intelligenz. Wir stellten fest, daß es oft möglich war, einzelne Tiere nicht nur nach dem Muster ihrer Färbung wiederzuerkennen, sondern auch nach den Eigentümlichkeiten ihres Verhaltens.

Wir haben den Tieren, die wir beobachteten, immer Namen gegeben, sobald wir sicher waren, daß wir sie kannten. Manche Wissenschaftler sind der Meinung, es sei korrekter, Tiere mit Nummern zu bezeichnen; da wir uns hauptsächlich mit den Unterschieden zwischen Individuen befassen, fanden wir Namen befriedigender und nicht weniger wissenschaftlich. Ich hatte es genauso gemacht, als ich sechs Jahre früher die Schimpansen zu studieren begann.

Als Hugo seine Langzeituntersuchung dieser Karnivoren plante, war ich mir nicht darüber klar, daß ich bei dem Unterfangen ernstlich beteiligt sein würde. Ich hatte angenommen, daß meine eigene Arbeit, nämlich meine Daten über das Verhalten der Schimpansen zu analysieren und aufzuschreiben, sowie die Versorgung unseres kürzlich geborenen Sohnes, Hugo junior, weit und breit als Grublin bekannt, meine ganze Zeit in Anspruch nehmen würden. Dennoch hat Hugo mich wohl von Anfang an gut genug gekannt, um zu wissen, daß ich zu guter Letzt mitmachen würde. Unsere Partnerschaft ist so, daß wir alles im Leben gemeinsam tun, vom Bücherschreiben bis zum Windelnwechseln.

Es brauchte nicht viel, um mich davon zu überzeugen, daß Hyänen so faszinierend sind, daß sie nur von den Schimpansen übertroffen werden – sie sind die geborenen Clowns, höchst individualistisch, und leben in einer überaus komplexen und wohlgeordneten Gesellschaft. Doch vermochte ich mir in dieser ersten Zeit nicht vorzustellen, daß ich sie wirklich würde studieren können, da ich doch mit einem Baby belastet war. Tatsächlich *war* es auch nicht einfach, als Grublin klein war. Aber zum Glück sind die Hyänen nachts am aktivsten, und so konnte ich sie im hellen Mondschein der afrikanischen Nächte viele Stunden beobachten, während Grublin auf dem großen Bett in unserem Volkswagenbus friedlich hinter mir schlief.

Ich erinnere mich noch deutlich des Tages, an dem wir im Ngorongoro-Krater in Tansania ankamen, um diese Arbeit zu beginnen. Am Tag zuvor waren wir von unserem Haus dicht bei Nairobi aufgebrochen und hatten nachts auf der Serengeti-Steppe kampiert. Am Morgen machten wir uns auf zum letzten Abschnitt der Dreihundert-Meilen-Fahrt. Als wir im ersten Gang die steilen Hänge des Ngorongoro hinauffuhren, wurde es immer kälter, und schließlich fuhren wir durch dichte Wolken, die niedrig über dem Berg hingen. Als wir den Rand des Kraters – oder der *Caldera*, wie er eigentlich genannt werden müßte – erreichten, hielten wir an, um unserem neun Monate alten Sohn zu trinken zu geben. Kaum hatte Hugo den Motor abgestellt, da wurden wir ein Teil der gespenstischen Welt, durch die wir gefahren waren. Der weiße, leicht dahinziehende Wolkendunst hüllte den Wagen ein, und alles, was wir sehen konnten, waren ein paar verschleierte Umrisse von Bäumen und die hohen, nassen Gräser neben dem Weg. Auf beiden Seiten fielen, wie wir wußten, die dicht bewaldeten Hänge ab – auf der einen Seite zu der meilenweiten, hügeligen Serengeti-Steppe, auf der anderen Seite zum tiefen Kraterbecken. Die Großartigkeit der wilden Landschaft, die unter uns lag, war hinter dem Nebel völlig verborgen; wären wir nur durchreisende Touristen gewesen, wir hätten diesen phantastischen Anblick niemals zu sehen bekommen. Ebensowenig hätten wir, wenn unser Leben einen anderen Verlauf genommen hätte, die ausgeprägten Persönlichkeiten von Mrs. Brown, der alten Hyänenmutter, von Jason, dem Goldschakal, oder Genghis, dem Führer des Wildhundrudels, kennengelernt. Dennoch waren sie, ebenso wie die Aussicht, dort in der Tiefe unter den Wolkenmassen, führten ihr Leben, schliefen und spielten, jagten und mordeten, paarten sich und brachten neue Artgenossen zur Welt.

Als wir später zum Grund des Kraters hinunterfuhren, ließen wir die Wolken, die sich um den Rand ballten, hinter uns, und in dem dünner werdenden Nebel tauchte die grüne Ebene unter uns auf. Von der Höhe aus schien es, wie es immer scheint, als ob es auf den hundert Quadratmeilen des Kratergrundes gar kein Tierleben gebe. Nichts könnte weniger wahr sein. Die dunklen Massen der Gnuherden und die verstreuten schwarzen Flecke einzelner Nashörner waren die ersten, die sich deutlich von dem Hintergrund der Steppe abhoben; dann erkannten wir Gruppen von Zebras und schließlich die fahlen, sandfarbenen Herden der Grant- und Thompson-Gazellen. Der kleine Natronsee unter uns war umsäumt von dem Blaßrosa der Flamingos, die an den seichten Stellen Nahrung suchten, und in dem Lerai-Wald hinter dem See gab es, wie wir wußten, Elefanten und Büffel, Meerkatzen und Affen. Auf dem höheren Gras des welligen Hügellandes am anderen Ende des Kraters weideten gewiß noch mehr Elefanten und Büffel und große Herden von Elenantilopen, den größten Antilopen Afrikas. Hugo und ich wollten Karnivoren studieren, und dort unten lebten viele Karnivorenarten. In dem eigentlichen Kraterbecken waren verschiedene Löwenrudel seßhaft, einige der männlichen trugen die prächtigen schwarzen Mähnen, derentwegen die Löwen der Serengeti so berühmt sind. Die Tüpfelhyäne ist im Krater so reichlich vertreten wie nur irgendwo in Afrika – bis vor ein paar Jahren pflegten die Wildhüter sogar jährlich fünfzig oder mehr zu schießen, um ihre Zahl klein zu halten. Heute werden sie von den Menschen nicht mehr belästigt, und möglicherweise haben wegen der sich daraus ergebenden Zunahme ihrer Population die kleineren Wildhunde und die Geparde, die man früher auf der Kratersteppe fand, ihre Jagdgründe größtenteils woandershin verlegt.

Alle drei Arten der afrikanischen Schakale sind im Kraterbecken zu finden, der asiatische oder Goldschakal, der Silberrücken- oder Schabrakkenschakal und der selten beobachtete Seitenstreifenschakal. Der Großohrfuchs, der kleiner als der europäische Rotfuchs ist und in Wirklichkeit gar kein Fuchs, ist in der Steppe reichlich vertreten, und der ungemein hübsche Serval, ein Mitglied der Katzenfamilie in Schakalgröße, besucht oft die Langgrassteppe an den Flüssen und in den Bergen. Der Leopard bewohnt die bewaldeten Hänge und ist gelegentlich auch im Kraterbecken selbst zu sehen. Und dann gibt es noch eine Reihe kleinerer Karnivoren in den Wäldern und auf der Steppe: die ostafrikanische Wildkatze, die Zibetkatze, die zierliche Genette mit ihrem langen, gestreiften Schwanz und verschiedene Arten Mangusten.

Wir fuhren langsam zu der Blockhütte auf unserem Campingplatz auf der anderen Seite der Kraterebene. Überall war das Gras üppig, und wir kamen buchstäblich an Tausenden von Gnus vorbei. Als wir an den Herden vorbeifuhren, wurde unser Sohn immer aufgeregter und wäre fast aus dem Fenster gesprungen, um dichter an die Tiere heranzukommen. Dann und wann spitzte ein Schakal die Ohren und beobachtete unseren herankommenden Wagen, ehe er aufsprang und ein Stückchen vom Weg weglief. Einmal hievte sich eine fette, plumpe Hyäne aus dem morastigen Graben neben dem Weg heraus und trottete davon, wobei sie nach Hyänenart über die Schulter zurückschaute.

Die Hütte war unser «Zuhause», sobald wir den Fuß über die Schwelle gesetzt hatten. Sie stand im Schatten eines riesigen Feigenbaums, war immer kühl und umgeben von dämmerigem grünem Licht, dem Zwitschern und Zirpen der Vögel und dem ununterbrochenen Plätschern eines schlammigen Bächleins. Dieser Bach, der etwas großspurig Munge-Fluß genannt wird, hat seine Quelle jenseits des Kraterrandes, und nachdem er sich durch das hügelige Land hinter der Hütte geschlängelt hat, fließt er glucksend zwischen den Wurzeln der Feigenbäume hindurch, die seinen Lauf anzeigen, bis er in den Kratersee mündet. Von der Hütte hat man einen weiten Blick, umrahmt von den niedrig hängenden Zweigen des Feigenbaums, über mehrere Meilen Grassteppe bis zum See und dem Lerai-Wald, hinter dem die Kraterwände aufsteigen und die übrige Welt ausschließen. Die Hütte selbst ist ein einfacher Holzbau mit einem Raum und den notwendigsten Möbeln ausgestattet – Tische, Regale, ein Schrank und ein breites Bett. Der Boden ist aus Stein, mit Binsenmatten bedeckt, die Fenster sind klein, die Decke niedrig. Die Hütte war für einen Forscher gebaut worden, der die Gnuherden des Kraters studierte, und jetzt wird sie von der Ngorongoro Conservation Unit anderen Wissenschaftlern überlassen, die im Krater arbeiten wollen.

Ein paar Meter von der Hütte entfernt steht noch ein winziger Verschlag mit Bambuswänden, der eigentlich als Küche vorgesehen ist, aber unsere beiden afrikanischen Diener kochen größtenteils draußen auf einem offenen Holzfeuer.

Während unseres Aufenthalts am Krater diente die Hütte hauptsächlich als sicheres Kinderzimmer für Grublin. Hugo und ich schliefen dort mit ihm, und zum Arbeiten, Essen und so weiter schlugen wir eine Reihe Zelte auf. Tagsüber spielte Grublin in der Hütte, und einer von uns war ständig bei ihm, und wenn wir alle im «Eßzimmer»-Zelt saßen, das auf die Ebene blickte, kam er auch herüber und krabbelte zwischen uns herum.

«Ihr werdet doch nicht etwa ein Baby mit in die Wildnis nehmen?» hatten manche unserer Freunde nach Grublins Geburt gefragt. «Jetzt werdet ihr euren Lebensstil ein bißchen ändern müssen, nicht wahr?» hatten andere lachend gemeint. Aber Hugo und ich hatten schon vor der Geburt des Kindes beschlossen, daß seine Ankunft, wenn es sich irgend machen ließ, unser gemeinsames Leben nicht ändern sollte. Hugo ist Tierfotograf und Naturforscher und muß deshalb immer wieder längere Zeit im Busch leben; wir beide sind der Meinung, daß Mann und Frau, wenn möglich, zusammen sein sollten. Als wir im Krater ankamen, hatte Grublin schon fünf seiner neun Lebensmonate mit uns im Busch verbracht, und es wäre schwierig gewesen, einen gesünderen und glücklicheren Säugling zu finden.

Natürlich hatten wir Vorsichtsmaßregeln getroffen. Wir hatten ein Funksprechgerät mitgenommen und konnten Nairobi jederzeit anrufen. Wenn Grublin oder auch einer von uns krank werden oder einen schweren Unfall haben sollte, hätten wir also entweder den ärztlichen Flugnotdienst verständigen oder uns ein leichtes Charterflugzeug bestellen können, damit es uns ins Krankenhaus bringt. Solange wir im Krater waren, ließen wir Grublin nie allein, außer wenn er ungefährdet in der Hütte fest schlief, und wir hatten im Eßzimmerzelt und im Arbeitszelt eine Baby-Alarmanlage eingerichtet, so daß einer von uns es bestimmt hören würde, sobald er aufwachte. Als zusätzliche Sicherungsmaßnahme hatten wir die Hütte mit einem Maschendrahtzaun umgeben, damit Grublin in dem unwahrscheinlichen Fall, daß wir einmal nicht auf ihn achteten, nicht weit entwischen konnte.

Während dieses Aufenthalts waren die Feigenbäume ungefähr zwei Monate lang mit roten Früchten überladen, und einmal am Tag kam eine Horde Paviane, um hoch über der Hütte zu schmausen. Dann mußten wir sehr vorsichtig sein und Grublin drinnen lassen, denn die großen Männchen waren unverschämte Burschen, saßen oft auf dem Boden herum, fraßen herabgefallene Früchte und achteten kaum auf unsere Anwesenheit. Einmal war unser hünenhafter afrikanischer Koch Moro vom Luo-Stamm mit knapper Not davongekommen, als ein Pavianmännchen, das sich in den unteren Zweigen des Baums mit einem anderen gebalgt hatte, herunterstürzte und um ein Haar auf ihn gefallen wäre. Wäre das passiert, hätte die Wucht des Aufpralls Moro töten können, und selbst wenn das nicht der Fall gewesen wäre, hätte der Pavian, erschreckt durch die Berührung mit einem Menschen, ihn anfallen können. Der Pavian hat gewaltige Eckzähne und kann ebensoviel Schaden anrichten wie ein Leopard. Natürlich gab es noch andere Unannehmlichkeiten, nicht gefährliche, aber unerfreuliche und übelriechende, denen jeder ausgesetzt war, der sich unbedacht unter dem Baum aufhielt, wenn die Paviane oben futterten.

Am weitaus gefährlichsten im Munge-Camp war die Möglichkeit, daß sich wilde Tiere nähern konnten, ohne daß wir es infolge der dichten Vegetation am Flußufer bemerkten. Eines Morgens sah Hugo zum Beispiel einen männlichen Löwen, der in dem fünf Meter hohen Unterholz

1 Auffahrt zum Ngorongoro-Kraterrand, um neue Vorräte zu holen

2 Jane unterbricht ihre Hyänen-Beob-
achtungen, um Grublin zu füttern

3 Die meisten Nashörner im Ngorongoro sind sehr friedlich

4 *Eine Zebrastute weist einen Hengst ab*

5 *Zwei Thompson-Gazellenböcke bei einem Territorialkampf*

6 *Im Februar werden die Gnukälber geboren*

7 *Großohrfüchse verbringen viel Zeit damit, sich gegenseitig zu putzen*

8 *Ehe er sprechen konnte, lernte Grublin, Tierlaute nachzunahmen, zum Beispiel von Gnus*

9/10/11 *Schmutzgeier brechen Straußeneier auf, indem sie Steine darauf werfen*

12/13 *Später testeten wir zwei zahme Streifenmangusten und stellten fest, daß auch sie Steine werfen*

14 *Ein Weißköpfiger Geier geht nieder*

15 *Im Ngorongoro-Krater, wo es reichlich Wasser gibt, kommt der Heilige Ibis zahlreich vor*

16 *Ebenso wie der Geier ist der Afrikanische Marabu ein Aasvertilger* ▶

17 *Ein Zebrafohlen schaut zwischen den Hinterbeinen seiner Mutter hindurch*

18 *Trinkwasser mußten wir über eine Entfernung von 50 Meilen herbeischaffen* ▶

19 *Der Ratel oder Honigdachs ist eines der aggressivsten Tiere Afrikas*

20 *Ein Serval springt über das hohe Gras nach einer Ratte*

21 *Junge Geparde beim Spiel*

in der Nähe des Eßzimmerzelts umherstreifte. Wir fuhren mit dem Landrover hin, um ihn damit zum Weitergehen zu bewegen – und entdeckten
sechs Löwinnen, die sich da zusammen mit dem Löwen ausruhten. Eine
von ihnen war nur etwa neun Meter von dem 44-Gallonen-Benzinfaß
entfernt, aus dem Hugo und Moro gerade den Landrover getankt hatten.
Wir versuchten, sie zu vertreiben, aber sie zogen sich nur immer weiter
an den Bach zurück, wohin wir ihnen mit dem Wagen nicht folgen konnten. Den Rest des Tages mußten Grublin und ich in der Hütte bleiben,
während Hugo draußen auf der Steppe war und Moro und sein Gehilfe
Thomas es vorzogen, hoch oben im Feigenbaum zu bleiben und Wache
zu halten, bis Hugo am Abend zurückkam. Am nächsten Morgen waren
die Löwen verschwunden und kamen auch nicht wieder.

Es gab noch einen Zwischenfall, bei dem Hugo mit knapper Not davon-
kam. Etwa fünfzehn Meter hinter der Hütte liegt eine kleine Urwaldla-
trine oder «Choo». Sie besteht lediglich aus einer Grube mit einem Holz-
gestell darüber als Sitz und ist umgeben von einer runden, baufälligen
Bretterwand mit Gras davor und einer Öffnung am anderen Ende, die als
Eingang dient. Auf der einen Seite des schmalen Pfades, der zum Choo
führt, ist hohes Gestrüpp. Hugo ging fröhlich den Pfad entlang und wollte
gerade in den Eingang einbiegen, als er, fast im Unterbewußtsein, durch
die wacklige Wand etwas Gelbes schimmern sah. Er blieb einen Augenblick stehen, und das mag ihm das Leben gerettet haben. Mit einem oh-
renbetäubenden Brüllen und einem berstenden und krachenden
Geräusch brach auf der anderen Seite ein großes Tier durch die Wand
durch und bahnte sich einen Weg durch das Gestrüpp. Hugo rannte den
Pfad zurück und erreichte sicher die Hütte; als er hinausschaute, sah er
eine Löwin dastehen, die, das Maul zu einem Fauchen leicht geöffnet, sich
umschaute und wütend mit dem Schwanz schlug. Sie muß drinnen im Choo
gelegen haben; wir sahen später Löcher im Boden, wo die morschen Holz-
bretter unter ihren Pranken zersplittert waren, als sie absprang, um durch
die Wand zu brechen. Warum war sie dagewesen? Es wurde uns bald klar,
als Hugo die Reste des von ihr erlegten Tiers entdeckte, die sie gerade unterhalb des Choos auf einem Baumstumpf am Bachufer ausgebreitet
hatte. Wir schleppten die Überbleibsel weg, denn der Gedanke, daß sich
hier eine Löwin herumtrieb, sagte uns nicht sehr zu. Am Abend beobachteten Grublin und ich und die beiden Afrikaner, wie die Jägerin zu-

rückkam, um ihre Beute aufzufressen. Etwa zehn Minuten lang suchte sie, schlug mit dem Schwanz, schlich dann langsam an der Hütte vorbei und zog ab, um sich anderswo ein Abendessen zu besorgen.

Aber derlei dramatische Zwischenfälle sind selten bei dem Leben auf Safari. Die Gefahren sind nicht größer als jene, denen sich die Menschen in zivilisierteren Ländern tagtäglich gegenübersehen, wenn sie auf belebten Straßen Auto fahren. Vorausgesetzt, daß wir uns niemals in trügerischer Sicherheit wiegen und ständig vor dem möglichen Angriff eines Tiers auf der Hut sind, glauben wir, daß Grublin auf Safari ebenso sicher ist, als wenn er in einer englischen Stadt aufwachsen würde. Wir haben niemals Grund gehabt, unseren Entschluß zu bereuen, daß wir unseren Sohn in den Busch mitgenommen haben und er auf diese Weise an einigen unserer Erlebnisse bei unserer Arbeit mit wilden Tieren teilhatte.

Während unserer ersten Monate im Ngorongoro kam Hugos Mutter, bei uns allen als Moeza bekannt, um eine Zeitlang bei uns zu bleiben. Sie war uns dadurch eine enorme Hilfe, daß sie sich um Grublin kümmerte. Auch Hugo mangelte es nicht an Beistand, denn damals hatten wir drei Forscher bei uns, die sich bereit erklärt hatten, uns eine Weile zu helfen: Parker und Ben Gray und Patti Moehleman. Sie haben Hunderte von Stunden damit verbracht, die Goldschakalfamilie zu beobachten, die Hugo erforschte.

Diese Studie begann unter einem ungünstigen Vorzeichen, weil das Gras der Kratersteppe, das zu dieser Jahreszeit normalerweise niedrig ist, stellenweise 30 Zentimeter hoch war. Der Schakal ist nicht größer als ein europäischer Rotfuchs, und dieses hohe Gras hätte das Fotografieren und sogar die Beobachtung erschwert. Wie durch ein Wunder hatte Hugo Glück und fand einen Bau in einem Gebiet, wo das Gras viel niedriger war als an den meisten Stellen. Allerdings standen da ein paar lange Halme, aber sie wurden eines Tages in der Mittagshitze beseitigt, als die vier Welpen unten in ihrem Bau schliefen und Jason und Jewel, ihre Eltern, auf der Jagd waren.

Ursprünglich hatten wir vorgehabt, etwa drei Monate im Krater zu bleiben, dann eine Weile in die Serengeti zu gehen, um unsere Arbeit an den Wildhunden in Angriff zu nehmen, und dann im September zum Ngorongoro zurückzukommen, die Arbeit über die Schakale fortzusetzen und die Hyänen intensiv zu beobachten. Aber Afrika ist noch so naturabhängig, daß auch die bestdurchdachten Pläne über den Haufen geworfen werden. Diesmal war es der Regen, der unseren Aufenthalt im Krater auf fast sechs Monate verlängerte. In der kurzen Regenzeit von November bis Januar hatte es ungewöhnlich heftig geregnet, und in der langen Regenzeit, die bis Mai oder April dauert, sogar noch mehr. Ende März war der Munge-Fluß mehrmals über die Ufer getreten, und der Wasserspiegel des Sees war beachtlich gestiegen. Ein großer Teil der Kratersteppe war überschwemmt, und die Sonne glitzerte auf den Fluten; es war ganz unmöglich, unser Lager zu verlegen.

Hugo, Parker und Ben (unser dritter wissenschaftlicher Mitarbeiter hatte uns mittlerweile verlassen) hatten oft große Schwierigkeiten, überhaupt zu dem Schakal-Bau hinzukommen, und verbrachten viele Stunden damit, den Wagen aus einem verschlammten Schlagloch nach dem anderen auszubuddeln. Fast einen Monat waren wir tatsächlich völlig von der Außenwelt abgeschnitten, denn beide Wege zum Kraterrand waren überschwemmt. Im Notfall wären wir herausgekommen – aber nur zu Fuß und unter Zurücklassung unserer gesamten Ausrüstung.

Wenn die Regenfälle erst einmal aufgehört haben, dauert es nicht lange, bis die tropische Sonne das Gras getrocknet hat, besonders das üppige kurze Gras der Kratersteppe. Dann kommen viele Pflanzenfresser her, um in dem hügeligen Gebiet im östlichen Kraterbecken zu grasen. Die ersten, die sich auf die Wanderschaft machen, sind gewöhnlich die Zebraherden, denn sie sind in der Lage, langes Gras zu fressen. Ihnen folgen die Gnus, und wenn sie das Gras noch kürzer gefressen haben, kommen die Thompson- und Grant-Gazellenherden.

Die Tiere des Kraters sind keineswegs auf das Becken beschränkt. Oft sind ganze Herden auf der Wanderschaft und ziehen in langen Reihen auf vielbenutzten Tierpfaden die steilen Hänge des Kraterrandes hinauf. Die Landschaft jenseits des Kraters umfaßt dichte Wälder, Bergketten und offene Grassteppen, und sie ist dünn besiedelt von Nomadengruppen des Massai-Stammes. Das sind prachtvolle Menschen von schlanker hoher Statur mit fein geschnittenen Gesichtern, einer hell kupferfarbenen Haut und einer Stammesüberlieferung, die die verweichlichenden Einflüsse der westlichen Zivilisation verachtet. Sie durchstreifen die Steppen und Gebirgshänge, wie es ihre Vorfahren seit Generationen getan haben, und lassen ihre Rinder-, Schaf- und Ziegenherden zusammen mit den wilden

Tieren weiden. Die Massai stehen in dem Ruf traditioneller Furchtlosig-
keit, der wohlverdient ist. In den alten Zeiten, ehe es gesetzlich verboten
wurde, konnte ein Massai-Jüngling nicht darauf hoffen zu heiraten, ehe
er nicht an einer Löwenjagd teilgenommen hatte, nur mit Speer und Schild
bewaffnet. Während die Anhänger des Naturschutzgedankens diesen alten Brauch verurteilen müssen, wird jeder, der einen Löwen hat angreifen
sehen, die fast unglaubliche Tapferkeit der jungen Männer bewundern,
die diesen Kampf auf sich nehmen.

Hugo und ich haben uns mit einer Reihe von Massai-Kriegern ange-
freundet, und wir bewundern den Stamm sehr. Sie sind nicht nur furchtlos,
sondern auch freundlich, großzügig und gütig und liebevoll gegen ihre
Kinder. Viele von ihnen besitzen eine Fülle von Kenntnissen über das
Land und die wilden Tiere, wie zu erwarten bei einem Volk, das so natur-
verbunden lebt, und wir versäumen nie, in eins der Dörfer oder *manyattas*
zu fahren, wenn wir in der Nähe auf der Suche nach seltenen Tieren sind.
Schon oft haben sie uns unschätzbare Hinweise gegeben.

Nordwestlich des Ngorongoro erstreckt sich über Hunderte von Quadratmeilen die Kurzgrassteppe, durchschnitten von der zwanzig Meilen
langen Oldowayschlucht, die durch die Ausgrabungen von Leakey und
seiner Frau berühmt wurde. Dort wurde der *Zinjanthropus* (mit dem
Spitznamen Nußknackermensch) gefunden, und später zusammen mit
seinen Steinwerkzeugen und den Überresten der von ihm gejagten Tiere
der fossile *Homo habilis*. Hier entdeckte Leakey auch die Fundamente der
zweifellos frühesten gemauerten Hütten, die der Mensch baute. Jenseits
der Oldowayschlucht setzt sich die Steppe fort, und meilenweit ist kaum
ein Baum zu sehen. In der Nähe des Eingangs zu dem berühmten Serengeti-Nationalpark weicht das kurze Gras allmählich dem längeren, da sich
die Bodenzusammensetzung ändert, doch die Steppe erstreckt sich noch
bis zum Seronera-Fluß, der sich, etwa sechzig Meilen vom Ngorongoro
entfernt, zwischen den Akazien des Seronera-Tals hindurchschlängelt.

Die Südgrenze des Serengeti-Nationalparks bildet eine S-förmige
Schleife, um den kleinen Natronsee, den Legaja-See, in den Park einzu-
schließen. Hier errichteten wir unser zweites «Zuhause» im Busch, ein
Zeltlager unter den schattigen Akazien mit Blick auf das Wasser. Der See
ist auch als Ndutu bekannt. Auf massai haben beide Namen eine ähnliche
und sehr reizende Bedeutung und besagen, daß es ein friedlicher Ort sei,

Gott geweiht, der nicht durch den Lärm von Menschen entheiligt werden dürfe. Wie ein einziges Wort so viel ausdrücken kann, vermag ich mir nicht vorzustellen, aber so wurde es uns erklärt.

Der See ist umsäumt von einem schmalen Gürtel aus Akazien und Dornengestrüpp, hinter dem sich die windgepeitschte Steppe meilenweit erstreckt. Als wir an diesem neuen Lagerplatz ankamen, um uns intensiv mit den Wildhunden zu beschäftigen, war es Februar, und die Steppe war übersät mit Gnus und wandernden Zebras. Nirgends auf der Welt kann man heutzutage solche wimmelnden Mengen wilder Tiere sehen wie auf der Serengeti-Steppe während des alljährlichen Trecks der Herden über das frischgrüne Land. Die Migration beginnt mit der Regenzeit; die Herden, die über das ganze Buschland nördlich und westlich des Parks in Gebieten verstreut waren, in denen es ständig Wasser gibt, sammeln sich dann und ziehen grasend in langen, geschlossenen Kolonnen zu der Kurzgrassteppe, wo sie bis zum Ende der Regenzeit bleiben, um ihre Jungen zur Welt zu bringen und zu weiden. Wenn das Oberflächenwasser dann versiegt, wandern sie wieder zurück in das Buschland und zerstreuen sich. Insgesamt sind alljährlich mehr als eine Million Pflanzenfresser an der Migration beteiligt, davon die Hälfte Thompson- und Grant-Gazellen, etwa 350 000 Gnus und etwa 180 000 Zebras.

Ein paar Wochen lang, während die Herden in der Nähe unseres Lagers blieben, war unser Leben ständig musikalisch untermalt von dem sanften Schreien und Muhen der Gnus und den wild ausbrechenden Zebrarufen, die wie überstürzte und hysterische Versionen von Eselsschreien klingen. Die Herrlichkeit und Freiheit dieser Hunderte von Meilen unberührten Landes, die Sonnenaufgänge und -untergänge über der Steppe, die schwarz aussah durch die Tausende von Tieren, das Brüllen der Löwen und das unheimliche Heulen der Hyänen des Nachts, all das sind Dinge, die ich mein Lebtag nicht vergessen werde.

Für die Karnivoren, die in der Steppe leben, kündigt der Beginn der Migration eine Zeit des Überflusses an. Und während einige Löwen, Geparde, Hyänen und Schakale ihr eigenes, deutlich markiertes Revier selten, wenn überhaupt jemals verlassen, so nehmen andere derselben Spezies die Gelegenheit, Fettlebe zu machen, die ihnen die Migration bietet, wahr und folgen den Herden wenigstens auf einem Teil ihres alljährlichen Trecks. Oft brauchen die Fleischfresser während der Migration nicht einmal selbst zu jagen. Es gibt so viele Gnus und Zebras, daß natürliche Todesfälle gang und gäbe sind, und wenn die Geier vom Himmel herabstoßen, verraten sie rasch, wo eine solche, leicht zu ergatternde Mahlzeit zu finden ist. Wenn der frühe Mensch solchen Wanderungen folgte, dann hat er sich gewiß eine Zeitlang von nicht selbst erlegten Tieren ernähren können.

Doch sogar inmitten des Überflusses kann ein Raubtier verhungern. Ich werde nie die verkrüppelte Löwin vergessen, die wir nur ein paar Meter von unserem Lager entfernt unter einem Baum fanden. Sie war so dünn, daß man nur schwer glauben konnte, daß sie noch lebte, doch als wir näher heranfuhren, hob sie mühsam den Kopf und blickte uns aus riesigen, eingesunkenen Augen an. Als die Sonne sank und durch die Blätter auf sie schien, stand sie sogar auf und begab sich, halb hüpfend, halb ihre verkrüppelten Hinterbeine hinter sich herschleifend, in den Schatten. Es war offensichtlich, daß sie nicht wieder gesund werden würde, und das Barmherzigste wäre gewesen, ihrem Leiden ein Ende zu bereiten. Doch wir waren im Nationalpark, wo strenge Vorschriften darüber herrschen, daß man in den natürlichen Lauf der Dinge nicht eingreifen darf. Wir fuhren also fort und überließen sie ihrem Schicksal.

In dieser Nacht stellten wir die Wagen noch dichter an unsere Zelte, denn der Gedanke an eine hungrige und kranke Löwin so nahe beim Lager war beängstigend. Am Morgen konnten wir sie nicht finden, obwohl wir fast eine Stunde zwischen den Akazien und Dornbüschen hin und her gefahren waren. Den ganzen Tag und auch am nächsten war Grublin in Steinwurfweite von einem der Wagen, und unsere afrikanischen Helfer paßten ständig auf. Am dritten Tag fand Hugo die Geier, die den Kadaver der Löwin zerfleischten. Sie hatte einen vollen Kreis um unser Lager beschrieben und sich irgendwie noch etwa dreihundert Meter weit in den Busch geschleppt.

Normalerweise bleiben die wandernden Tiere bis Ende Mai oder Anfang Juni im Legaja-Gebiet. In dem Jahr, als wir da waren, fiel die lange Regenzeit aus, es gab nicht genug Oberflächenwasser für die Herden, und schon Anfang März zogen sie eilig fort. Ebenso wie die Überschwemmung im Jahr zuvor unsere Pläne durchkreuzt hatte, wurden sie nun durch die drohende Dürre über den Haufen geworfen. Drei Jahre hintereinander hatte Hugo im März und April Wildhunde mit Welpen in der Nähe des Legaja-Sees gefunden. Aber als wir im Februar unser Lager dort aufschlugen eigens zu dem Zweck, Wildhunde zu studieren, war kein Bau da. Das erschwerte Hugos Untersuchung beträchtlich, denn sofern diese Hunde nicht gezwungen sind, an einem Ort zu bleiben, weil sie für ihre neugeborenen Jungen sorgen müssen, durchstreifen sie einen riesigen Bereich und bleiben selten mehr als ein paar Tage hintereinander in einem Gebiet. Während die auf der Wanderschaft befindlichen Thompson- und Grant-Gazellen, die den Gnu- und Zebraherden folgten, auf den Ebenen um den Legaja-See grasten, konnten Hugo und seine beiden neuen Forschungsassistenten, Jean-Jacques Mermod und Roger Polk, eine Reihe verschiedener Rudel dieser nomadischen Jäger beobachten. Sobald ein Rudel ausfindig gemacht worden war, blieben die drei abwechselnd bei den Hunden, bis sie sie verloren, wenn das Rudel in mondlosen Nächten weiterzog.

Im April folgten die Gazellen den übrigen wandernden Tieren, und danach wurde selten ein Rudel Hunde gesehen, obwohl Hugo, Jack und Roger mit ihren drei Wagen ausschwärmten und täglich ein Gebiet von insgesamt etwa fünfhundert Quadratmeilen absuchten. Außerdem wurden sie durch unseren Freund George Dove unterstützt. Er unterhält ein Safari-Zeltlager am Legaja-See und hatte all seinen Fahrern gesagt, daß wir Hunde suchen. Wurde ein Rudel gesichtet, schickte George sofort jemanden herüber, um Hugo zu verständigen.

Trotz aller Enttäuschungen und Verdrießlichkeiten gelang es Hugo indes, einige faszinierende und völlig neue Erkenntnisse über Wildhunde zu erlangen, und im großen und ganzen war unser Lagerleben sehr erfreulich. Besonders für Grublin. Er war damals ein äußerst lebhafter Zweijähriger, und als zusätzliche Sicherheitsmaßnahme hatten wir einen dritten Afrikaner mit auf Safari genommen. Moro, Thomas und Alec hatten abwechselnd ein wachsames Auge auf unseren Sohn, so daß es Grublin nie an Freunden fehlte. Sein größtes Vergnügen war es damals, seine Version von Fußball zu spielen, und es war ein herrlicher Anblick, ihn bei einem Match mit Moro und Alec zu beobachten, die beide über eins neunzig sind.

Grublin war immer aufgeregt, wenn Tiere dicht am Lager vorbeizogen, was sie oft taten, besonders wenn sie um den See herumwanderten. Einmal mußten wir sogar alle ins Auto springen, als zwei Löwen, die einem

Gnukalb nachjagten, zwischen unseren Zelten hindurchstürmten. Und selbst als die wandernden Tiere weitergezogen waren, konnten wir immer noch jeden Morgen unsere seßhafte Gruppe von acht Giraffen sehen und die kleine Gazellenherde, die sich nie sehr weit von unseren Zelten entfernte. Manchmal wanderte auch ein alter Nashornbulle vorüber. Abends, wenn Grublin vor dem Zelt sein Nachtmahl verzehrte, flogen große Schwärme anmutiger Flamingos vorbei, die sich vom roten oder goldenen Himmel abhoben und ihre seltsamen kreischenden Rufe ausstießen, während sie zu ihrer Abendmahlzeit an den See flogen.

Oft nahmen wir Grublin im Wagen mit, wenn wir Tiere beobachteten, aber obwohl er es sehr gern hatte, fürchtete ich immer, wir könnten irgendeinem scheuen Geschöpf begegnen, das Hugo fotografieren wollte, etwa einem Karakal, einem Honigdachs oder der selten zu sehenden Streifenhyäne, die alle am Legaja-See ziemlich häufig sind. Dann mußte ich all meine Erfindungsgabe aufbieten, damit Grublin still blieb und nicht im entscheidenden Augenblick einen schrillen Schrei ausstieß, und so konnte ich selbst mir das Tier kaum ansehen. Ich war sehr dankbar, als meine Mutter sich erbot, die Verantwortung für unseren Sohn zu übernehmen, und damit Hugo und mir die seltenen Gelegenheiten gab, zusammen loszufahren.

Eines Abends, ziemlich lange vor Sonnenuntergang, besuchte eine Streifenhyäne unser Lager. Diese Tiere sind am Legaja-See nicht ungewöhnlich, aber sie sind selten zu sehen, und über ihr Verhalten ist praktisch nichts bekannt. An diesem Abend wanderte die Hyäne, ein bemerkenswert hübsches Exemplar mit dunklen, wellenförmigen Streifen auf cremefarbenem Untergrund, am Küchenzelt vorbei und blieb stehen, um hineinzuschauen. Ich badete Grublin gerade, aber als Moro mich leise rief, wickelte ich meinen Sohn in ein Handtuch und eilte hinaus. Plötzlich spitzte die Hyäne die Ohren und begann zu rennen. Sie verschwand hinter dem Grat des Hangs, der zum See hinunterführt; wir fuhren ihr mit dem Wagen nach und kamen gerade rechtzeitig, um zu sehen, wie sie hinter einem Serval herjagte, der eben einen Hasen gefangen hatte. Die kleine anmutige Katze lief schnell, und nach ein paar Metern gab die Hyäne es auf, blieb einen Augenblick stehen, warf den zuschauenden Menschen einen Blick zu und wanderte weiter. Bei einer anderen Gelegenheit folgten Hugo und ich einer Streifenhyäne auf einem ihrer nächtlichen Raubzüge. Sie schenkte unserem Wagen wenig Aufmerksamkeit, während sie am Boden schnüffelnd dahinging und ab und zu stehenblieb, um ein Grasbüschel mit ihrem Duft zu markieren. Wir beobachteten, wie sie einen Steenbok jagte – eine kleine Antilope, kaum größer als ein Dikdik; aber ihre Beute entkam ihr. Bald verschwand die Hyäne in dichtem Gebüsch, und wir konnten ihr nicht länger folgen.

Manchmal fuhren wir alle im Dunkeln spazieren. Grublin kam mit und hielt gern Ausschau nach den Augen der Nachttiere, die im Scheinwerferlicht glitzerten. Er war sehr begeistert von den aufleuchtenden Augen der auf Bäumen lebenden Galagos, die wie rote Christbaumlichter schimmerten, wenn die behenden kleinen Halbaffen in den Zweigen der Bäume umhersprangen. Auch über die Springhasen freute er sich, deren glänzende Augen in der Dunkelheit Bogenlinien beschreiben, wenn die Tiere wie Miniatur-Känguruhs einherhüpfen.

Im Krater hatten wir Verdruß mit Ratten gehabt, die all unsere Besitztümer annagten. Am Legaja-See war es der Pinselschwanz-Bilch, der uns plagte. Doch obwohl der Schaden, den die einen wie die anderen an unseren Kleidern und Papieren anrichteten, ungefähr gleich groß war, fiel es uns irgendwie leichter, diesen zierlichen, auf Bäumen lebenden Nagetieren mit ihren großen Augen und langen, flaumigen Schwänzen zu verzeihen. Eines Morgens nahm ich ein Marmeladenglas zur Hand, um Grublin einen Frühstückstoast zu streichen, und da kauerte auf einer dünnen Marmeladenschicht auf dem Boden des Glases einer von diesen Bösewichtern. Grublin und ich legten das Glas auf die Seite, und es war lustig, den Bilch hinauslaufen zu sehen: sein Schwanz war nicht mehr flaumig, sondern klumpig und klebrig. Nachdem er sich saubergeleckt hatte, wird er sich vermutlich für den Rest seines Lebens von Erdbeermarmelade fernhalten.

Im Juni mußten Hugo und ich nach Europa fliegen, und als Hugo nach zehn Tagen nach Afrika zurückkam, während ich noch einige Tagungen wahrzunehmen hatte, wollte er unser Lager vom Legaja-See verlegen. Doch George Dove empfing ihn mit der Nachricht, er habe ein Rudel Wildhunde mit einem Bau gefunden und glaube, daß sie Welpen hätten. Das hatten sie wirklich, und nachdem Hugo schon alle Hoffnung aufgegeben hatte, Näheres über diesen Aspekt ihres Verhaltens in Erfahrung zu bringen, bekam er schließlich doch seine Chance.

Als ich im August mit Grublin zurückkehrte, war ich entsetzt, wie aus-
gedörrt und vertrocknet die Steppe war, obwohl es nicht anders zu erwarten gewesen war, da abgesehen von ein paar Gewittern seit Februar kaum
ein Tropfen Regen gefallen war. Überall war der Boden mit vertrockneten
Ähren oder verschrumpelten Büscheln gelblichgrauen Grases bedeckt.
Der Staub war ein ständiger Albtraum, er setzte sich uns in die Nase, den
Mund und die Lunge und bedeckte alles mit einem grauen Film, drang in
die sorgfältigst abgedichteten Kameragehäuse ein und lag kniehoch auf
den ausgetretenen Pfaden zwischen unseren Wohnzelten. Dennoch kann
auch Staub erstaunlich schön sein, wenn Gazellen über die Ebene jagen,
schwarze Schatten in einem Staubschleier, der im Licht der untergehenden
Sonne rotgolden wird.

Mit der Zeit wurde die Steppe immer wüstenähnlicher, und für uns war
es ein täglich größer werdendes Wunder, daß so viele verschiedene Tiere
am Leben bleiben konnten. Auf unseren Fahrten sahen wir fast immer
Giraffen und Gazellen, Warzenschweine und Strauße, Hyänen und Schakale und eine Vielzahl kleinerer Tiere. Und auch die Hunde waren da und
fanden genug Beute, um sich und ihre Welpen zu ernähren. Schließlich
gingen aber auch die Hunde fort und nahmen ihre Nomadenwanderungen
wieder auf, und so brachen denn auch wir nach zweijähriger konzentrier-
ter Feldarbeit unsere Zelte ab und kehrten für eine längere Zeit als gewöhnlich in unser Haus bei Nairobi zurück. Eine Weile führte Grublin das
normale Leben eines kleinen Jungen, spielte im Garten, ging vormittags
in den Kindergarten und schlief des Nachts in einem Kinderbett. Vielleicht
hat er die weiten, offenen Räume nicht einmal vermißt, wo er einen so
großen Teil seines kurzen Lebens verbracht hatte. Aber Hugo und ich
wünschten uns, als wir unsere Fotografien und unsere Gedanken ordne-
ten, wieder zurück an den Krater oder in unsere Zelte am Legaja-See,
wieder zurück zu den Tieren, die wir so gut kennengelernt hatten.

Jedes der Tiere, die wir studierten, enthüllte seinen eigenen, individuellen Charakter und war ganz anders als sein Bruder, Vater oder Nach-
bar. Für manche Tierfreunde wird das nicht überraschend sein. Ein Hun-
debesitzer wird gewöhnlich gleich bestätigen, daß jeder Hund eine völlig
andere Individualität hat. Ich kenne eine Frau, die ihr Leben lang immer
wieder Cockerspaniels gehabt hat. Diese Hunde stammten nicht nur aus
demselben Zwinger und waren von derselben Person dressiert worden,

sondern waren auch im selben Haus aufgewachsen. Jeder, behauptete die Dame voller Stolz, unterschied sich völlig von den anderen. Dasselbe sagen manche Leute nicht nur von Hunden, sondern auch von Katzen, Pferden und sogar Schweinen, Schafen und Kühen. Dennoch hat seltsamerweise der Besitzer eines domestizierten wilden Tiers oft eine andere Einstellung und ist irgendwie überzeugt, sein Liebling habe seinen Charakter durch die enge Verbindung mit dem Menschen erlangt. Während er vielleicht sehr wohl erkennt, daß zwei junge Füchse, die er aufgezogen hat, zwei ganz verschiedene Persönlichkeiten haben werden, scheint er nicht zugeben zu wollen, daß dieselben Tiere, wenn sie in Freiheit leben, ebenfalls eine ausgeprägte Individualität haben können. Dadurch, daß seine Tiere ein Teil der Familie werden, werden sie anders als ihre Artgenossen, die in Freiheit leben. Das ist wohl der Grund, vermute ich, warum viele Jäger, die zahme Tiere haben, keine Gewissensbisse verspüren, wenn sie wilde Tiere derselben Art schießen.

Eins der Ziele, die wir mit diesem Buch anstreben, ist, nachzuweisen, daß ein Tier ebensoviel Charakter hat, wenn es wild und in Freiheit lebt, wie wenn es zahm ist und von Menschen aufgezogen wird. Natürlich erfordert es sehr viel mehr Zeit, den Charakter eines in Freiheit lebenden Tiers richtig zu beurteilen, weil es keine Interaktion zwischen dem Beobachter und dem Tier geben kann, und viele Menschen gründen ihre Einschätzung des Charakters eines Tiers auf die Art und Weise, wie es auf sie persönlich reagiert. Bei unserer Arbeit gelangt man zu einer solchen Beurteilung erst nach langwährenden Beobachtungen und Aufzeichnungen. Als Hugo Black Angel, die Wildhündin, zuerst sah, erkannte er sie daran, daß ihr die Hälfte ihres Schwanzes abhanden gekommen war. Erst als er wochenlang mit dem Rudel zusammen gewesen war, lernte er Black Angel als Individuum kennen, das sich von den anderen Wildhunden ebenso unterschied wie der jetzige Cockerspaniel meiner Freundin von ihren früheren.

Dieses Buch über afrikanische Raubtiere handelt von drei der bösartigsten Spezies, die wenig Verständnis finden; dennoch ist es höchst faszinierend, diese drei Arten zu beobachten. Es überrascht uns nicht, daß die meisten Menschen entsetzt sind bei dem Gedanken an Tiere, die ihre Beute lebendig verschlingen, doch haben wir nicht versucht, diesen Aspekt ihres Verhaltens zu beschönigen. Vielmehr haben wir uns um eine möglichst umfassende Darstellung bemüht in der Hoffnung, daß ein bes-

seres Verständnis dieser Geschöpfe und ein Einblick in ihre weniger bekannten, aber interessanten und oft charmanten Eigenschaften sie in
einem besseren Licht erscheinen lassen werden. Ein Vorfall läßt erkennen, daß wir vielleicht nicht zu optimistisch sind, wenn wir diese Hoffnung
hegen. Ein Freund von uns, der den größten Teil seines Lebens als Farmer
in Ostafrika verbrachte, besuchte uns in der Serengeti. Hugo konnte ihm
das Rudel Wildhunde zeigen, zu dem Black Angel gehörte und das gerade
Welpen hatte. Eines Abends, als wir zur Ndutu Tented Lodge gefahren
waren, um in der Bar etwas zu trinken, hörte ich zufällig eine Bemerkung,
die unser Gast zu einem Bekannten machte. «Na, eins ist gewiß. Ich werde
nie wieder einen Wildhund schießen. Ich weiß zu viel von ihnen.» Das war
eins der herzerfrischendsten Dinge, die ich seit Jahren gehört
hatte.

Indes mag es lange dauern, bis die Vorurteile der Menschen abgebaut
sind. Sogar in Europa haben die Leute die seltsamsten falschen Vorstel-
lungen von Tieren: daß Igel Kuhmilch stehlen; daß Fledermäuse sich den
Frauen in die Haare setzen; daß Schäferhunde immer kleinen Kindern gegenüber unzuverlässig sind. Das einzige Mal, daß ich mich in meiner
Kindheit, soweit ich mich erinnern kann, einer alten Dame gegenüber
ruppig benahm, war, als ich während köstlicher Ferien auf dem Lande auf
einer Wiese stand und ein Schwein streichelte. Es war eins mit sattelförmi-
ger Rückenzeichnung in Schwarz und Rosa, und ich hatte ihm tagelang
Apfelstückchen und Kartoffelschalen anbieten müssen, ehe es sich von mir
anfassen ließ. Die alte Dame rief mich gebieterisch an den Zaun, nur um
mir zu sagen, ich dürfe niemals Schweine anfassen, denn von ihren Borsten
bekomme man unaussprechlich entsetzliche Krankheiten, und aus demselben Grunde dürfe ich ihren Atem nicht einatmen.

Es ist also kaum verwunderlich, wenn so wenig bekannte Geschöpfe wie
die Helden unseres Buches in schlechtem Ruf stehen. Vor kurzem erst,
als wir von Nairobi in die Serengeti fuhren, wurde uns die weit verbreitete
Ansicht über die Hyänen deutlich gemacht. Wir hatten einen jungen Engländer im Wagen, der gebeten hatte, mitgenommen zu werden. Hugo sah
ein totes Tier auf der Straße liegen, und wir starrten nach vorn, um zu sehen, was es war.

«Ach, bloß so eine widerliche Hyäne», sagte unser Reisegefährte.
«Nicht schade drum.»

Und ehe Hugo und ich etwas erwidern konnten, piepste ein ziemlich bekümmertes Stimmchen neben mir:

«Arme Hyäne ganz kaputt. Ist wie Mammis Hyänen. Was ist mit ihr passiert?»

Grublin war von klein auf mit wilden Tieren aufgewachsen. Fotografien von Hyänen in unseren Ordnern sind nicht einfach Hyänen für ihn. Er kann die einzelnen Tiere zwar nicht unterscheiden, denn das erfordert wochenlange Ausbildung und Übung, aber er weiß, daß sie verschiedene Namen haben, und manchmal fragt er, wie die einzelnen heißen. Sicherlich wird sich bei ihm im wahrsten Sinne des Wortes ein Verständnis für Tiere entwickeln. Und weil immer mehr Erkenntnisse über das Verhalten wilder Tiere erlangt werden und die Tierbücher immer zutreffender und sachlich richtiger werden und immer weniger auf Phantasie und Übertreibung beruhen, besteht Hoffnung, daß die heutige junge Generation vor vielen Irrtümern und Mißverständnissen über die Tiere bewahrt bleibt, die seit zahllosen Generationen vorgeherrscht haben.

Unsere Forschungen über das Verhalten der Karnivoren werden sich gewiß gelohnt haben, wenn wir durch Weitergabe unseres Wissens etwas von unserer Achtung und Vorliebe für diese unschuldigen Mörder bei anderen erwecken können.

Wildhunde
Nomaden der Steppe

Wildhunde
Nomaden der Steppe

Hugo van Lawick-Goodall

Etwa fünf Meilen vom Legaja-See entfernt trotteten elf Wildhunde im Gänsemarsch dahin. Wie üblich hatte Genghis, der alte Rüde, die Führung. Die Kurzgrassteppe ringsum war trocken und dürr, und nur wenige und weit verstreute kleine Gruppen von Gazellen grasten dort. Es war im August, in der Mitte der langen Trockenzeit. Plötzlich änderte Genghis seinen Kurs ein wenig und hielt langsam auf einen einzelnen Thompson-Gazellenbock zu. Das Rudel folgte ihm. Als die Hunde etwa zweihundert Meter von ihrer Beute entfernt waren, begann die Gazelle zu laufen. Zuerst sprang sie dahin in der seltsamen, steifbeinigen Haltung, die als «Stotting» bekannt ist, doch als die Hunde auf sie zuzurennen begannen, gab sie diese Gangart auf, fiel in einen schnellen Galopp und flitzte über das trockene Gras. Bald hatten zwei jüngere Rüden, Swift und Baskerville, den alten Genghis überholt, und der Abstand zwischen Jägern und Wild verringerte sich allmählich.

Etwa eine Meile fuhren wir hinter der wilden Jagd her und hielten Schritt mit den Hunden, die in einer auseinandergezogenen Reihe hintereinander herliefen. Schließlich holten die Leithunde die Gazelle ein, Swift lief auf der einen Seite neben ihr, Baskerville auf der anderen. Als das Beutetier von Swift wegstrebte, schnappte Baskerville nach dem Hals der Gazelle. Sie rannten schnell, und der Aufprall war so stark, daß Baskerville einen Salto über die Gazelle machte, ohne allerdings ihren Hals loszulassen. Er landete mit einem dumpfen Aufschlag auf dem Rücken, die Gazelle lag halb auf ihm, Staub wirbelte auf, so daß wir einen Augenblick lang nichts erkennen konnten. Dann aber sahen wir, daß auch Swift den Hals der Gazelle gepackt hatte und das übrige Rudel zu den drei kämpfenden Tieren hinrannte. Als die anderen Hunde zu fressen begannen, ließen die Leithunde den Hals los und taten es ihnen gleich; innerhalb einer halben Minute nach dem ersten Zuschnappen war die Gazelle tot. Eine Viertelstunde später waren nur noch ein paar Knochen übrig, und die Hunde machten sich wieder auf den Weg in der Richtung, aus der sie gekommen waren. Ich kannte das Rudel gut, denn vor etwa zweieinhalb Jahren hatte ich es zum erstenmal getroffen und seitdem verschiedentlich wiedergesehen, wenn ich über die Steppe fuhr. Ein Mitglied des Rudels fehlte jetzt – eine der vier ausgewachsenen Hündinnen, die ich Juno getauft hatte. Bald sollte ich herausfinden, ob der überraschende Bericht stimmte – ob Juno in diesem scheinbar unwirtlichen Land wirklich einen neuen Wurf Junge hatte. Meine Hoffnungen waren hochgespannt, denn unser Informant war ein Bekannter unseres Freundes George Dove, dessen Safari-Zeltlager die einzige andere Unterkunft für Weiße auf der Kurzgrassteppe außer unserem kleinen Lager war.

Genghis hatte wieder die Führung übernommen und trabte beharrlich etwa dreieinhalb Meilen über die flache Steppe, und dann sahen wir plötzlich vor uns einen anderen Wildhund, der gleichsam aus dem Erdboden aufgetaucht war und auf die heimkehrenden Jäger zustürzte. Es war Juno, sie wedelte mit dem Schwanz, und ich sah sofort, daß ihre Zitzen voller Milch waren. Wie eine Wilde rannte sie von einem Hund zum anderen, stieß mit der Nase an die Schnauze eines jeden und quiekte laut. Sie bettelte um Fressen, und immer wieder drehte sich der eine oder andere der Jäger um oder trat zurück von der hartnäckigen Hündin, sperrte die Schnauze weit auf, würgte krampfhaft und spie etwas Fleisch auf den Boden. Juno verschlang jede Gabe sofort und bettelte dann weiter.

Viele Vögel und manche Säugetiere füttern ihre Jungen, indem sie Nahrung hervorwürgen, aber der Wildhund ist ebenso wie der Wolf noch einen Schritt weitergegangen und füttert auch eine Mutter, die im Bau geblieben ist, um auf ihre Jungen aufzupassen.

Nachdem sie gefressen hatte, ging Juno zu einem großen Loch im Boden. Sie schaute hinunter, winselte leise und begann dann hineinzukriechen, bis nur noch ihr Schwanz über dem Boden zu sehen war. Dann kam sie wieder zurück, und nicht weniger als acht Welpen kamen hinter ihr her. Niemals zuvor hatte ich so junge Wildhunde gesehen, und genau wie die Welpen der meisten domestizierten Hunde sahen sie den ausgewachsenen Tieren überhaupt nicht ähnlich. Sie waren, glaube ich, etwa drei Wochen alt. Sie waren flinker, als ich es von so jungen Geschöpfen erwartet hatte, aber offensichtlich fiel es ihnen schwer, sich auf ihren wakkeligen Beinen und übergroßen Pfoten senkrecht zu halten. Ihre Ohren waren so groß wie die der ausgewachsenen Wildhunde, aber noch völlig verkrumpelt, und ihre dunklen Gesichter waren durchfurcht und runzlig und sahen mehr nach Alter denn nach Jugend aus.

Als die Welpen herauskamen, hatten sie weder Gelegenheit zum Säugen noch zum Spielen, denn mit lautem Quieken stürzten sich die ausgewachsenen Hunde sofort auf sie. Wenn die Kleinen stolperten und hierhin und dorthin torkelten, dann folgten ihnen die großen Hunde, stießen immerzu ihre Nasen unter die Jungen und legten sie mit einer Drehbewegung des Kopfes auf den Rücken. Und während die ausgewachsenen Hunde dann ihre Unterseite leckten, lagen die Welpen einen Augenblick da, alle viere leicht strampelnd in der Luft, ehe sie sich wieder aufrappelten und weitertorkelten. Oft taten sich drei oder sogar vier der Großen zusammen, um ein und dasselbe Junge zu beschnüffeln und zu lecken, und dabei stießen sie sich gegenseitig weg, und ihr Quieken wurde schneller und schneller, bis es wie Vogelgezwitscher klang.

Ich beobachtete, wie die ranghöchste Hündin des Rudels, Havoc, ihre Nase zwischen die Hinterbeine eines rennenden Welpen schob, als sie ihm nachsetzte, so daß der Kleine etwa eine Sekunde nur auf den Vorderbeinen lief, bis er hinpurzelte. Als er aufstand und wegstolperte, wurde er von dem schnellen Rüden Baskerville abgefangen, der ihn beschnüffelte, wobei er die Vorderbeine flach auf dem Boden ausgestreckt und das Hinterteil hoch in der Luft hatte und heftig mit dem Schwanz wedelte. Mit einer raschen Bewegung seiner dunklen Schnauze warf er das Junge wieder auf den Rücken und leckte es. Aber Black Angel, die dunkle Hündin, die nur einen halben Schwanz hatte, schien sich über die Welpen am meisten aufzuregen. Ihr Stummel wedelte so rasch, daß es aussah, als würde er abbrechen, und ihre Lockrufe klangen ganz wahnsinnig. Wir beobachteten, wie sie neben einem Welpen herlief und ihm laut in sein verkrumpeltes Ohr zwitscherte. Einen Augenblick später blieb sie stehen und leckte das Gesicht eines anderen Welpen so heftig, daß er nach hinten purzelte. Dann wandte sie ihre Aufmerksamkeit einem Kleinen zu, der vor Lotus davonlief; gemeinsam setzten die beiden Hündinnen ihm mit vorgestreckten Hälsen nach. Als Black Angel den flüchtenden Welpen mit der Nase berührte, verlor er das Gleichgewicht und stürzte kopfüber in den Bau.

Nun rannte Black Angel zu drei Rüden, die ein anderes Junges leckten, schob sich dazwischen und versuchte, sie mit ihrem Körper wegzudrängen. Die Rüden rutschten nur zur Seite und leckten weiter an dem Welpen, und Black Angel unternahm nun einen ungestümen Versuch, das Kleine für sich zu haben, indem sie beide Vorderpfoten draufstellte.

Gerade da sah ich, daß Havoc nicht mehr hinter den Kleinen herjagte und sie leckte, sondern eins aufgehoben hatte und zum Bau trug. Sie hatte es nicht am Genick gepackt, sondern so viel von seinem Körper in die Schnauze genommen, wie sie nur konnte. Ein paar Augenblicke später legte sie es in der dunklen Höhle ab, trottete hinüber zu einem anderen Welpen und trug ihn auch in den Bau. Dann nahm sie einen dritten. Als sie auf den vierten zuging, schloß sich ihr Black Angel an, die fast so, als wolle sie sicher sein, daß kein Kleines fallengelassen werde, Havoc beim Tragen half. Black Angel hielt das Junge am Genick, während Havoc es am Hinterteil gepackt hatte. Sie brachten es sicher in den Bau und machten dann gemeinsam die Runde, um die restlichen vier Welpen zu holen. Dann legten sie sich in der Nähe nieder, und allmählich begab sich das ganze Rudel zur Ruhe.

Inzwischen war es fast dunkel, und wir mußten wegfahren und die Wildhunde verlassen. Ich war froh, daß Junos Bau nicht allzu weit von dem Weg war, der zum Legaja-See führte – zwei Jahre zuvor hatte ich einen Bau gefunden, der so weit entfernt war von jeder erkennbaren Landmarke, daß ich jeden Tag nach Kompaßpeilung über die offene Steppe fahren mußte.

Die Entdeckung, daß das Genghis-Rudel Welpen hatte, war der Wendepunkt nach fünfmonatiger Suche und kam zu einer Zeit, da ich schon alle Hoffnung aufgegeben hatte, einen Bau zu finden. Eine Reihe von Jahren hatte ich Wildhunde beobachtet, wenn Zeit und Umstände es erlaubten, wann immer ich auf ein Rudel der Nomadenjäger stieß. Und drei Jahre hintereinander hatte ich in der Zeit von Januar bis April Baue mit Wildhundwelpen in der Nähe des Legaja-Sees gefunden. Deshalb war ich mit Jane, ihrer Mutter und Grub und den beiden Forschern Jack und Roger im Februar zum See gekommen in der Hoffnung, einen Bau zu finden.

Jeden Tag machte ich mich mit Jack und Roger voll Optimismus von unserem Lager aus auf die Suche nach Hunden. Doch als die Wochen vergingen, schwanden unsere Hoffnungen allmählich. Tagein, tagaus fuhren wir mit unseren drei Wagen kreuz und quer über die riesige Kurzgrassteppe, wir suchten auf einem Gebiet von fünfhundert Quadratmeilen und machten gelegentlich noch weitere Streifzüge. In dieser Zeit stießen wir manchmal auf wandernde Rudel ausgewachsener Hunde oder Rudel mit halbwüchsigen Welpen, und dann blieben wir immer so lange als möglich bei ihnen. Wir arbeiteten in Schichten, lösten uns jeweils etwa um zehn Uhr vormittags und um vier Uhr nachmittags ab, bis einer von uns dann in einer mondlosen Nacht entweder das Rudel verlor oder weder Rudel noch Auto finden konnte, wenn die Hunde über eine lange Strecke gejagt hatten.

Wir lernten viel bei solchen Begegnungen, doch fanden wir keinen Bau mit jungen Welpen, und das war, wie ich wußte, wesentlich für die sich über einen relativ langen Zeitraum erstreckende Studie der Beziehungen zwischen den einzelnen Mitgliedern des Rudels, die ich betreiben wollte. Nur wenn ihre Welpen klein sind, bleiben die nomadischen ausgewachsenen Hunde eine Weile in einem Bereich ihres riesigen Gebiets; sobald die Kleinen alt genug sind zum Umherschweifen, wird der heimatliche Bau verlassen, und die Welpen begleiten das Rudel auf den nomadischen Wanderungen, die den größten Teil ihres Lebens andauern.

Wir waren nicht allein bei unserer Suche, denn unser Freund George Dove half uns. Er bat alle seine Fahrer, auf Wildhundrudel zu achten, wenn sie Touristen die Gegend zeigten. Wurde ein Rudel gesichtet, dann kam George sofort in unser Lager und gab uns Bescheid. So wurde ein noch größeres Gebiet erfaßt, und wir erhielten Kenntnis von einer größeren Zahl wandernder Rudel, als uns sonst möglich gewesen wäre.

Im Mai und Juni stiegen unsere Hoffnungen, denn wir sahen Paarungen bei zwei verschiedenen Rudeln, aber beide verschwanden vor der Wurfzeit aus der Gegend, und soviel wir auch suchten, wir konnten doch keine Spur von ihnen finden. Im Juli, als ich schon alle Hoffnung aufgegeben hatte, mußte ich für zehn Tage nach Europa fliegen, und als ich Anfang August zurückkam, begrüßte mich George mit der Nachricht, sein Freund habe ein Wildhundrudel mit einer hochträchtigen Hündin gesehen. Und so haben wir Juno mit ihren acht Welpen gefunden, gerade als ich alle

Hoffnung aufgegeben hatte, die so dringend benötigten Aufschlüsse zu erhalten.

Das Genghis-Rudel blieb noch sechs Wochen in der Gegend, und in dieser Zeit konnten Jeff (mein neuer Forschungsassistent) und ich fast ununterbrochen das Rudel beobachten und sehr viel über das Verhalten von Wildhunden lernen.

Wir fanden sehr bald heraus, daß das Wildhundrudel ebenso wie ein Wolfsrudel zwei getrennte Hierarchien hat, die männliche und die weibliche. Die männliche Hierarchie war viel schwerer klarzustellen, und tatsächlich gelang es uns niemals ganz. Doch wußten wir, daß Genghis, der alte Rudelführer, und Swift die ranghöchsten Rüden waren und alle anderen unter ihnen standen, Baskerville und Hadis, Rasputin und Ripper, Rinogo und Yellow Peril. Viel faszinierender war das Verhältnis zwischen den vier ausgewachsenen Hündinnen, Havoc, Black Angel, Lotus und Juno, der Mutter.

Juno war die bei weitem unterwürfigste. Wann immer Havoc oder Black Angel sich ihr näherten, quiekte sie, verzog die Lippen zu einem besänftigenden Grinsen, senkte den Kopf, kauerte sich auf den Boden und wedelte immer schneller mit dem Schwanz. Auch bot sie der sich nähernden Hündin oft die Seite ihres Halses dar, eine rituelle Form der Unterwerfung, auf die ich später noch zurückkommen werde. Aber wie kriecherisch und unterwürfig ihr Verhalten auch immer war, Havoc und Black Angel fanden immer einen Grund, ihr zu drohen und sie anscheinend zur Strafe in den dargebotenen Hals zu beißen. Und obwohl Juno vor Lotus etwas weniger Angst hatte, stand sie ihrer sozialen Stellung nach dennoch eindeutig unter ihr.

Insbesondere mußte Juno vorsichtig sein, wenn sie sich ihren eigenen Kindern näherte. Am zweiten Tag meiner Beobachtung fürchtete ich sogar, die Welpen könnten verhungern, denn jedesmal, wenn die Mutter auf den Bau zuging und die Kleinen säugen wollte, wurde sie von der ranghöchsten Havoc, manchmal unterstützt von Black Angel, fortgejagt. Ich hatte den Eindruck, daß Havoc eifersüchtig war, weil die Welpen offensichtlich Juno vorzogen. Immer, wenn eins der Kleinen versuchte, seiner Mutter zu folgen, die sich unter Havocs Drohungen davonmachte, hob die ranghöchste Hündin es auf und brachte es zum Bau zurück. Am nächsten Tag sahen wir allerdings alle Welpen trinken.

Es könnte gut sein, daß wir durch schieren Zufall den Bau an eben dem Tag gefunden hatten, an dem die Jungen zum erstenmal nach oben gekommen waren. Jedenfalls habe ich nie wieder gesehen, daß sie von den ausgewachsenen Hunden auf so übertriebene Weise begrüßt wurden. Auch habe ich es später nicht mehr erlebt, daß Havoc Juno daran hinderte, ihre Jungen zu säugen, obwohl das vielleicht teilweise der Tatsache zuzuschreiben war, daß die Mutter ihre Kleinen im Eingang zu ihrem Bau trinken ließ. Dabei waren dann nur ihr Kopf und ihre Schultern über dem Boden sichtbar, die Welpen aber nicht, so daß Havoc möglicherweise gar nicht merkte, was vorging. Bei anderen Gelegenheiten, besonders wenn Juno versuchte, einen Welpen zu tragen, stürzte Havoc sofort hin und griff die Mutter an.

Es amüsierte mich immer, wenn ich sah, wie Havoc den Bereich um den Bau mit ihrem Urin markierte. Diese Art Markierung zeigt oft Eigentum am Territorium an, und ich konnte nicht umhin, mich zu fragen, ob sie damit vielleicht eine Art Anspruch auf die Welpen zu erheben versuchte. Wahrscheinlich wollte sie damit indes nur das Vorrecht der ranghöchsten Hündin geltend machen, denn ich habe nie gesehen, daß die anderen Hündinnen Duftmarken um den Bau setzten. Vielleicht sollte ihre Botschaft bedeuten: «Hier ist der Bau des Genghis-Rudels. Hier bin ich, Havoc, die ranghöchste Hündin. Weitergehen verboten!»

Black Angel, die zweite nach Havoc in der weiblichen Hackordnung, war völlig fasziniert von den Welpen, obwohl sie, da sie rangniederer war, etwas vorsichtiger mit ihnen verfuhr als Havoc. Ging sie zu einem anderen Hund, der ein Junges leckte, dann wirkte es immer ganz zufällig, wenn sie sich dazwischendrängelte, und mehr oder weniger aus Versehen schob sie den anderen ganz sanft mit ihrem Körper weg. Aber es geschah so oft, daß ich die Zielstrebigkeit ihres Vorgehens erkannte. Und wenn Black Angel ein Kleines leckte und dann ein anderer Hund versuchte, sich ihr anzuschließen, dann legte sie sich häufig einfach auf das Kleine drauf, so daß es fast nicht mehr zu sehen war und – davon war ich überzeugt – dabei halb erstickte. Gewöhnlich ging der andere ausgewachsene Hund dann weg und machte sich auf die Suche nach einem Welpen, den zu lecken einfacher war.

Es war auch faszinierend, Black Angel bei ihren Interaktionen mit den anderen Hündinnen zu beobachten. Ständig schmeichelte sie sich bei

Havoc ein. Wenn die ranghöchste Hündin sich in ihrer Richtung bewegte, eilte Black Angel auf sie zu, schwanzwedelnd und quiekend, die Ohren zurückgelegt, die Hinterbeine leicht eingeknickt vor lauter Unterwürfigkeit. Wenn sie sich dann erreicht hatten, leckte Black Angel Havocs Schnauze oder knabberte daran, und oft rieb sie ihr Kinn immer wieder an Nase und Kopf der ranghöchsten Hündin. Manchmal brauchte sich Havoc nur ein paar Meter weiter zu einem neuen Ruheplatz zu begeben, damit Black Angel sofort zu ihr stürzte und diese unterwürfigen Gesten vollführte.

Eines Tages, kurz nachdem wir den Bau gefunden hatten, sah ich, wie Black Angel ein paar Schritte auf Juno zuging, die ihre Jungen leckte, und dann zu Havoc eilte, die etwas abseits stand, und der ranghöchsten Hündin rasch mit dem Kinn über den Kopf fuhr. Nachdem das geschehen war, lief sie zurück und begann, Juno in den Nacken zu beißen. Zu meiner Überraschung ging Havoc ihr nach und begann ihrerseits, Black Angel zu beißen. Zuerst war ich verblüfft, aber diese Reihenfolge des Geschehens wiederholte sich in den nächsten Tagen so oft, daß ich bald erkannte, was vor sich ging. Es schien, als versuchte Black Angel, ehe sie Juno oder die andere Hündin, Lotus, angriff, entweder die Erlaubnis der ranghöchsten Hündin für einen solchen Angriff zu erlangen oder zumindest sicherzustellen, daß Havoc eine unbeteiligte Beobachterin bleiben würde. Wenn das tatsächlich ihre Absicht war, dann hatte sie normalerweise damit keinen Erfolg, denn fast immer, wenn Black Angel eine andere Hündin biß, wurde sie prompt von Havoc gebissen, als ob diese damit die Ordnung aufrechterhalten wolle. Allerdings waren Havocs Bisse gewöhnlich offenbar sanft; manchmal folgten unmittelbar darauf zarte, knabbernde Putzbewegungen, als ob die ranghöchste Hündin, nachdem sie Black Angel einen Verweis erteilt hatte, sie ihrer weiteren Freundschaft versichern wolle. Mir kam es immer so vor, als ob Black Angel das Gefühl hatte, ihre eigene hohe soziale Stellung hänge teilweise von der Aufrechterhaltung freundschaftlicher Beziehungen zu Havoc und teilweise davon ab, daß sie dafür sorgen müsse, daß sich nicht derartige Beziehungen zwischen Havoc und einer der anderen Hündinnen anbahnten. Oft sah ich, daß Black Angel sich alle erdenkliche Mühe gab, Juno oder Lotus von Havoc fernzuhalten. Wenn Lotus sich Havoc näherte, eilte Black Angel gewöhnlich herbei und stellte sich zwischen die beiden Hündinnen oder schob Lotus mit dem Körper beiseite. Manchmal biß sie dann Lotus auch rasch – und für diesen Verstoß gegen die Etikette erhielt sie dann gewöhnlich, wie schon erwähnt, einen Verweis von Havoc.

Manchmal schien es, als ob die Aussicht auf eine Bestrafung bei solchen Gelegenheiten einen inneren Konflikt bei Black Angel hervorrief. Sie machte dann eine schnelle Bewegung auf Lotus zu, als ob sie ihr in den Hals beißen wolle, drehte sich dann aber rasch um und lief auf Havoc zu, als ob sie sich an ihrem Kinn reiben wolle, doch tatsächlich berührte sie keine von beiden. Nachdem sie die Gebärden, mit denen sie diese beiden Absichten kundtun wollte, mehrmals wiederholt hatte, zog Lotus gewöhnlich ab, und Black Angel blieben Havocs Bisse erspart.

Obwohl Lotus ranghöher war als Juno, verbrachte sie weniger Zeit mit den Welpen als die anderen Hündinnen und vermied somit das Zentrum der Aktivität. Wenn sie sich den Kleinen wirklich einmal näherte, eilte Black Angel herbei und schob sich dazwischen, und wenn Havoc nicht zu nahe war, biß sie Lotus gewöhnlich auch in den Hals.

Jeff und ich brachten ganze Tage damit zu, den Bau zu beobachten, und wenn einer unserer Wagen ankam, veranlaßte das nur einige der Hunde, den Kopf kurz zu heben, während die anderen uns nicht einmal so viel Aufmerksamkeit schenkten.

Die ausgewachsenen Hunde gingen des Abends, in mondhellen Nächten oder ganz frühmorgens auf die Jagd. Tagsüber ruhten sie in der Nähe der Welpen. Ich will nun einen typischen Tagverlauf beschreiben, als die Jungen ein paar Wochen alt waren.

Am frühen Vormittag lag die Mehrzahl der ausgewachsenen Hunde eine Zeitlang in kleinen Gruppen herum und ruhte sich aus oder schlief. Die Welpen spielten dicht beim Bau miteinander, und ab und zu ging einer der ausgewachsenen Hunde zu ihnen, um sie zu beschnüffeln und zu lekken. Etwa um halb elf verschwanden die Kleinen im kühlen Bau, und bald verzogen sich auch die Großen und krochen in nahe gelegene Höhlen. Für eine Weile ging Juno mit ihren Jungen hinunter, aber bald erschien sie wieder, schüttelte sich und ging zu einem anderen Bau in der Nähe. Ein wenig später, darüber war ich einigermaßen erstaunt, verließ der ausgewachsene Rüde Swift seinen Ruheplatz und kroch in den Bau zu den Welpen. Er blieb über eine Stunde dort, und kaum war er wieder oben, da gesellte sich Black Angel eine Zeitlang zu den Kleinen.

Etwa um halb vier verschwand die Sonne hinter einer dicken Wolke, und kurz darauf kamen fast gleichzeitig drei der ausgewachsenen Hunde aus ihren Höhlen. Gemeinsam machten sie sich zum Bau der Welpen auf, rannten nebeneinander her, piepsten und leckten und benagten sich gegenseitig die Gesichter. Einer nach dem anderen steckte den Kopf in den Bau und winselte mit aufgestellten Ohren und wedelndem Schwanz. Plötzlich raste Havoc an ihnen vorbei und hinunter in den Bau. Aus der Tiefe der Erde hörte ich Quieken und Piepsen, und dann erschien Havoc wieder, und fast unmittelbar folgten ihr die acht Welpen.

Mehrere Minuten herrschte Durcheinander, während die großen Hunde die Welpen und einander begrüßten, und nach und nach kamen auch die anderen Angehörigen des Rudels herbei und machten mit. Doch bald beruhigte sich die Lage, die großen Hunde legten sich hin und ruhten sich im Freien unter dem bedeckten Himmel aus.

Die Welpen begannen wieder zu spielen. Immer noch unsicher auf den Beinen, torkelten sie umher, bissen und zogen einander an den verkrumpelten Ohren und purzelten hin, wenn sie sich balgten. Black Angel lag dicht dabei, und jedesmal, wenn eins der Kleinen über ihre Beine oder ihren Schwanz krabbelte, wurde es gleich auf den Rücken gelegt und heftig geleckt.

Just als die Sonne unterging, stand der alte Genghis auf, gähnte und streckte sich. Er trottete hinüber zu der Stelle, wo Havoc, Swift und Baskerville lagen. Die sprangen auf, als er kam, und alle vier begannen sich gegenseitig zu beschnüffeln und die Lippen zu lecken und mit hoch erhobenem Schwanz zu wedeln. Ihr Quieken wurde allmählich zu einem wilden Gezwitscher. Einen Augenblick später hatten sich alle ausgewachsenen Hunde ihnen angeschlossen, und bald wirbelte das Rudel bei der Begrüßungszeremonie umher. Inmitten des Wirrwarrs von Beinen und Schwänzen und mageren, biegsamen Körpern bekam ich Havoc und Swift flüchtig zu sehen, die sich mit ihren weit aufgerissenen Schnauzen berührten, wobei die Zungen nach hinten aufgerollt waren. Nun sah ich ganz kurz Yellow Peril, der sich vor Aufregung auf die Zehen pinkelte, und dann plötzlich Juno, die Vorderpfoten flach auf dem Boden, das Hinterteil hoch in der Luft, als sie herumschwang, um Genghis die Lippen zu lecken. Und ebenso plötzlich, wie der ganze Aufruhr begonnen hatte, legte er sich wieder, und das Rudel trabte fort vom Bau und machte sich auf zur Abendjagd. Diese Zeremonie, die fast immer stattfindet, ehe ein Rudel auf die Jagd geht, läßt sich am besten mit unserem «Guten Morgen» vergleichen – ein Ehepaar küßt sich oft, wenn es aufwacht, auch wenn es Seite an Seite geschlafen hat, und in Deutschland, heißt es, schütteln sich alle Leute bei jeder passenden und unpassenden Gelegenheit die Hand. Die meisten Gebärden, die bei dieser Zeremonie ausgeführt werden, scheinen vom Bettelverhalten abgeleitet zu sein – dabei findet man dasselbe Schnüffeln und Lippenlecken. Und in diesem Zusammenhang scheint auch wenig oder gar kein Unterschied zu bestehen zwischen dem Verhalten eines ranghohen und eines rangniederen Tiers. Damit soll wohl auf höchst vollkommene Weise die Einigkeit des Rudels bei der Jagd bekundet werden: «Ich unterdrücke meine Identität», scheinen die zwitschernden Schreie zu besagen. «Ich will mein Teil zur Jagd beitragen, ich will beim Fressen beteiligt sein. Los, laßt uns gehen!»

Die Mutter Juno begleitete das Rudel etwa zweihundert Meter, dann machte sie kehrt, um ihre Jungen zu behüten. Die Welpen selbst unternahmen keinen Versuch mitzugehen, sondern spielten weiter am Eingang zum Bau. Ich habe drei andere Rudel mit Welpen beobachtet, und in allen Fällen blieb die Mutter am Bau, während das übrige Rudel auf Nahrungssuche ging. Bei all diesen Rudeln gab es acht oder mehr ausgewachsene Wildhunde, so daß der zeitweilige Ausfall eines Mitglieds der Jagdgruppe die Aussichten des Rudels auf erfolgreiche Nahrungsbeschaffung nicht gefährdete. Das Genghis-Rudel mit zwölf ausgewachsenen Hunden konnte es sich gewiß sehr wohl leisten, Juno zurückzulassen.

Der alte Rüde Genghis war normalerweise unbestrittener Führer, wenn das Rudel unterwegs war, denn fast immer bestimmte er, wann und wohin die Hunde gehen sollten. Einmal lief Genghis, als das Rudel aufbrach, als vierter. Nachdem die Hunde etwa eine Meile getrabt waren, schwenkte Genghis nach rechts ab, während die vor ihm laufenden Hunde ihre Richtung beibehielten. Doch innerhalb von dreißig Sekunden hatten auch die scheinbaren Führer den Kurs geändert, so daß Genghis, obwohl er an vierter Stelle blieb, eindeutig den Richtungswechsel für das Rudel als Ganzes angeregt hatte.

Diesmal lief Genghis etwa zehn Meter vor den anderen, wie er es gewöhnlich tat. Das restliche Rudel folgte ihm aufgelockert, meist einer hinter dem anderen. Ich fuhr langsam neben den Hunden her, machte mir über einzelne Notizen, wenn sie ihre Reihenfolge änderten, und stoppte die Geschwindigkeit des Rudels – etwa sieben Meilen in der Stunde. Oft hielten die Hunde an, einzeln oder in Gruppen, um ein Loch im Boden zu untersuchen oder an einer Gruppe höherer Pflanzen zu schnüffeln. Einmal blieb Lotus stehen, um die kleinen braunen Kokons zu fressen, die aus alten Gnuhörnern herausragten. Diese kurzen Röhren bleiben an dem Horn hängen, wenn eine Mottenspezies, die mit der Kleidermotte verwandt ist, nach der Verpuppung auskriecht. Diese Motten sind weitverbreitet, aber ich sah es zum erstenmal, daß ein Wildhund sie oder überhaupt Insekten fraß.

Es waren nicht viele Tiere zu sehen, als wir das trockene, kahle Land überquerten, und die Wildhunde begannen ihre erste Jagd erst, als wir etwa fünf Meilen vom Bau entfernt waren. Dann tauchten drei Grant-Gazellen in der Dämmerung auf, und eine nahmen die Hunde gleich aufs Korn. Auf der ebenen Steppe war es nicht schwierig für mich, mit der Jagd Schritt zu halten. Obwohl Genghis als erster losgerannt war, wurde er bald von Swift, Havoc und Baskerville überholt. Fünf Minuten später hielt Black Angel den zweiten Platz, und ich blieb auf gleicher Höhe mit ihr. Sie rannte nicht langsamer als Swift, doch vermied ich, ihm zu nahe zu kommen, denn ich wollte der Gazelle nicht noch mehr Angst einjagen und damit das Ergebnis der Verfolgung beeinflussen.

Bei den nächsten dreieinhalb Meilen zeigte mein Tachometer nie weniger als dreißig Stundenmeilen: zumindest dieses Tempo hielten die Hunde auf der ganzen Strecke ein. Gelegentlich lief einer von ihnen eine Zeitlang den anderen voraus und erreichte dann 35 oder mehr Stundenmeilen.

Nach den ersten drei Meilen der Jagd war Swift immer noch in Führung und Black Angel an zweiter Stelle, doch als die Gazelle plötzlich einen Kreis zu schlagen begann, sah ich, daß Baskerville eine Schwenkung machte und den Weg abschnitt, so daß bald er das Rudel führte. Und dann, nach einer weiteren halben Meile, als Baskerville und Swift nur noch wenige Meter hinter ihrer Beute zurück waren, nachdem sie ständig an Boden gewonnen hatten, gaben sie mit einemmal auf. Ein Hund nach dem anderen hörte auf zu rennen, und das Rudel, das während der Verfolgung stark ausgeschwärmt war, sammelte sich allmählich wieder. Die Gazelle rannte immer noch und verschwand dann in der sinkenden Nacht.

Diese Jagd war eine der längsten, die ich beobachtet habe. Wenn ein

Wildhundrudel seine Beute nicht innerhalb von zweieinhalb oder drei Meilen zur Strecke bringt, gibt es den Versuch gewöhnlich auf, legt eine kurze Ruhepause ein und sieht sich dann nach einem anderen Beutetier um. Das widerlegt natürlich eine der alten Geschichten über Wildhunde, wonach das Schicksal eines einmal ausgewählten Beutetiers besiegelt sei, weil es bis zur Erschöpfung gejagt und dann erlegt werde.

Im Laufe der Jahre haben meine Assistenten und ich bei zahlreichen Gelegenheiten jagende Wildhunde beobachtet, und von den 91 Jagden, die wir sahen, waren 39 erfolgreich. Obwohl im allgemeinen das Gegenteil angenommen wird, bricht unter den Herden der Beutetiere nicht sofort Panik aus, wenn ein Wildhundrudel über die Steppe trottet. Ist die Steppe von einem Horizont bis zum anderen schwarz von wandernden Gnu- und Zebraherden, dann traben oder galoppieren gewöhnlich diejenigen, die den Hunden am nächsten sind, ziemlich langsam beiseite, drehen sich dann um und sehen den Jägern nach, die ihren Weg fortsetzen. Nur wenn ein Rudel ein paar erfolglose Jagden hintereinander gemacht oder lange Zeit in ein und demselben Gebiet gejagt hat, werden die Beutetiere bei seinem Näherkommen von Schrecken gepackt. Sobald die Hunde allerdings rennen und nicht bloß laufen oder trotten, machen sich gewöhnlich alle Beutetiere im Umkreis von ein paar hundert Metern eiligst davon.

Wahrscheinlich ist das der Grund, warum sich Wildhunde normalerweise einem ausgewählten einzelnen Tier oder einer Herde sehr langsam nähern und mit tief gesenkten Köpfen und in leicht geduckter Haltung laufen. Auf diese Weise können die Jäger manchmal bis auf etwa fünfzig Meter an eine Zebra- oder Gnuherde herankommen, ehe die ausersehene Beute wegzulaufen beginnt. Eine Gazellenherde macht sich allerdings schon davon, wenn die Hunde noch mindestens hundert Meter entfernt sind.

Sobald ein Beutetier zu rennen beginnt, machen die Wildhunde gewöhnlich mit der Verfolgung ernst. Und nun gibt es verschiedene Möglichkeiten, wie sich die Jagd abspielt. Manchmal, besonders wenn sich die Hunde einer kleinen Herde nähern, sieht es so aus, als sei die Beute schon vor Beginn der Jagd ausgewählt worden, oft vom Führer des Rudels. Wenn er losrennt, folgen die anderen Hunde seinem Beispiel, und alle zusammen jagen demselben Beutetier nach, bis es entweder erlegt oder ent-

kommen ist. Zu anderen Zeiten, gewöhnlich wenn die Wildhunde große
Herden jagen, rennt das Rudel kurz auf eine Gruppe Tiere zu und bleibt
dann stehen oder geht langsam weiter und beobachtet genau, wie die
Herde rennt. Dann kann es sein, daß sie einem einzelnen Tier nachjagen,
oder aber sie trotten davon und wiederholen dieselbe Taktik bei einer anderen Herde. Auch kommt es vor, daß sich die Hunde eines Rudels, nachdem sich eine Herde in Bewegung gesetzt hat, verteilen und mehrere verschiedene Jagden gleichzeitig unternehmen. Gelegentlich werden zwei
solche Jagden erfolgreich sein, vor allem während der Wurfzeit der Gnus,
wenn die Hunde es auf die Kälber abgesehen haben. Häufiger werden die
verschiedenen Jagden dann zu einer. Es ist, als ob jeder Hund die Erfolgs-
aussichten auch der anderen Jagden im Auge behält und seine Beute fah-
renläßt, sobald er merkt, daß ein anderer Hund oder eine andere Gruppe
von Hunden mehr Glück hat.

Diese beiden letztgenannten Techniken sind die faszinierendsten.
Worauf warten die Hunde, wenn sie stehenbleiben und beobachten, wie
eine Herde an ihnen vorbeirennt? Und warum trennen sich die Mitglieder
eines normalerweise eng verbundenen Rudels manchmal in scheinbarer
Unordnung? Für beide Fragen gibt es, glaube ich, dieselbe Antwort: beide
Techniken ermöglichen es den Wildhunden, ein Tier aus der Herde aus-
zuwählen, das in irgendeiner Weise schwächer und langsamer ist als seine
Gefährten. Es ist behauptet worden, Wildhunde hätten es nicht nötig, sich
schwächere Geschöpfe auszusuchen, weil sie mit ihrer Schnelligkeit und
Ausdauer auch das schnellste Beutetier zur Strecke bringen. Da indes ein
gewisser Prozentsatz ihrer erwählten Opfer entkommt, ist das unwahrscheinlich. Ich bin überzeugt, obwohl der Beweis dafür schwer zu erbringen ist, daß die Hunde nur darum eine Herde veranlassen wegzulaufen,
weil sie dann leichter ein Tier aussuchen können, das weniger gut in Form
ist als seine Gefährten. Und ich muß hier darauf hinweisen, daß dieses Tier
nicht wirklich lahm oder krank zu sein braucht: Wildhunde sind zweifellos
weit besser imstande als wir, an kaum wahrnehmbaren Anzeichen festzu-
stellen, ob ein Tier angeschlagen ist und daher ein geeignetes Opfer. Wenn
die Überprüfung der rennenden Tiere nicht einen offensichtlichen Kandi-
daten erkennen läßt, dann ist die Aussicht, bei einer Reihe getrennter
Jagden auf eine verstreute Herde einen «Bummelanten» zu finden, größer als bei einem gemeinsamen Angriff.

Während der tatsächlichen Jagd schneiden die Wildhunde, die hinter den Führern laufen, den Weg ab, wenn das Beutetier eine Richtungsänderung vornimmt, und gelangen dadurch mehr an die Spitze des Rudels oder übernehmen sogar die Führung. Das fällt besonders auf, wenn die Hunde eine Thompson-Gazelle jagen, denn diese Tiere laufen gewöhnlich im Zickzack über die Steppe, wenn sie gejagt werden, oder beschreiben einen sehr großen Kreis, so daß im Laufe der Jagd mehrere verschiedene Hunde das Rudel führen können, weil sie ein Stück des Weges abschneiden. Das war vermutlich der Grund, warum früher als sicher angenommen wurde, daß sich Wildhunde beim Jagen abwechseln, daß ausgeruhte Hunde, die langsam hinterhergelaufen waren, nach vorn stürzen, wenn die Rudelführer müde werden. Bei allen Jagden, die ich beobachtet habe, haben in Wirklichkeit der Leithund oder die Leithunde normalerweise dieselbe Geschwindigkeit beibehalten, wenn die hinter ihnen Laufenden ein Stück des Weges abschnitten, und sind sogar oft schneller gelaufen, so daß sie die Führungsposition wieder übernahmen. Es stimmt, daß manche Hunde langsam hinterherlaufen – Yellow Peril blieb zum Beispiel oft eine Meile oder noch mehr hinter den Führern zurück, wenn ein Tier gejagt wurde. Aber ich habe nie gesehen, daß er vorstürzte, um die Führung zu übernehmen.

Der Wildhund jagt eine Vielzahl von Tieren, darunter Warzenschweine, Thompson- und Grant-Gazellen, Gnus und Zebras, und ich habe mit angesehen, wie sie alle diese Tiere jagten und erlegten. Bis vor kurzem wurde angenommen, daß Wildhunde sich an Zebras nicht heranwagen; denn erstens ist das Zebra ein kräftiges und schweres Tier; zweitens greifen die Hengste an, um ihre Herden zu verteidigen; drittens rennt ein Zebra selten weg, ehe ein Wildhundrudel ganz dicht ist. Dennoch machen Wildhunde in manchen Gebieten häufig Jagd auf Zebras, und in einem Jahr beobachtete ich während der Wanderzeit mehrfach, daß das Genghis-Rudel sie jagte. Das war, ehe Juno ihre Jungen bekam.

Eine dieser Jagden ist besonders erwähnenswert. Genghis, der wie gewöhnlich führte, pirschte sich langsam an eine Herde von zwanzig Zebras heran, zu der eine Stute mit einem kleinen Fohlen gehörte. Als die Hunde näher kamen, schienen sie langsamer zu werden und erweckten den Eindruck, als ob sie überhaupt nicht jagten. Auf diese Weise kamen sie tatsächlich auf zwanzig Meter heran, ehe die Zebras, die die Hunde beobachtet hatten, sich umdrehten und davontrabten. Das war das Zeichen, mit der Jagd Ernst zu machen, und die Hunde rannten hinterher. Die Zebras fielen in einen leichten Galopp und begannen, ihre Reihen zu schließen, bis sie in einer dicht gedrängten Gruppe rannten. Als sie über die Ebene liefen, schlossen sich ihnen andere kleine Zebratrupps an, so daß sie bald über fünfzig an der Zahl waren. Sie rannten nicht schnell, sondern schienen mit den Langsamsten in der Gruppe Schritt zu halten – in diesem Fall wahrscheinlich mit dem Fohlen.

Als die Jagd begann, behielt Genghis seine Führungsposition, und Swift und Baskerville waren dicht hinter ihm. Plötzlich legte der alte Rüde einen Spurt ein, doch als er sich der Stute mit dem Fohlen näherte, die hinten in der Herde war, drehte sich einer der Hengste um und machte einen Satz auf ihn zu, die Ohren zurückgelegt und die Zähne entblößt. Rasch wich Genghis seitlich aus, so daß Swift nun vorn war. Nach ein paar Augenblicken hatte Swift die Lücke zwischen sich und der Stute geschlossen; wieder drehte sich der Hengst um und griff an, um seine Familie zu verteidigen. Das wiederholte sich ein paarmal. Jedesmal wich der Leithund dem Hengst aus und überließ es einem anderen Hund, den nächsten Vorstoß zu unternehmen.

Schließlich wurden in dem Durcheinander die Stute und ihr Fohlen und auch ein einjähriges Zebra, das ich nach seinem Streifenmuster für den älteren Sprößling der Stute hielt, von der Herde getrennt. Sofort umzingelte das Wildhundrudel die drei, während die anderen Zebras bald hinter einer leichten Anhöhe verschwanden.

Sich selbst überlassen, blieb die Stute stehen, das Fohlen und das einjährige Zebra dicht neben ihr. Als Swift, Baskerville und zwei andere Hunde auf die Zebras losgingen, trat die Mutter einen Schritt vor und biß nach Swift. Als sie das tat, rannten drei Hunde rasch hinter das Fohlen, doch wurden sie von dem einjährigen Zebra abgewehrt, das vorsprang, um das Fohlen zu verteidigen. Immer wieder versuchten die Hunde, das Fohlen zu packen, aber jedesmal wurden sie von der Mutter oder dem einjährigen Zebra daran gehindert, die beide, was immer auch geschah, nie mehr als nur ein paar Schritte in irgendeiner Richtung taten. Das Fohlen konnte seinen Platz dicht neben der Mutter halten, und die drei wurden auch nicht einen Augenblick getrennt.

Es war eine spannungsgeladene Situation, und ich fragte mich etwas

1 Entgegen der weitverbreiteten Ansicht geraten Gnus nicht immer in Panik, wenn
sie Wildhunde sehen

2 *Vierzehn aus einem Wurf von sechzehn Wildhundwelpen*

Gegenüber:

3 *Nach dem Ruhen begrüßen sich erwachsene Hunde und Welpen*

4 *Zwei erwachsene Hunde begrüßen einen Welpen*

5 *Schwanzziehen ist ein beliebtes Spiel*

6 *Welpen bekunden Unterwürfigkeit, indem sie sich auf die Seite oder den Rücken legen*

7 *Havoc und Swift tragen einen Welpen*

8 Black Angel liegt zwischen den Welpen

9/10 Die Welpen verbringen viel Zeit mit Spielen

11 Manchmal greifen die Hunde Hyänen an und beißen sie ins Hinterteil

12/13/14
Bis vor kurzem
wurde ange-
nommen,
Zebras seien zu
groß, um von
Wildhunden
angegriffen
zu werden.
Hier der
Gegenbeweis

16 Der vorderste Hund schnappt gewöhnlich nach dem Schwanz oder nach einem Hinterbein des Beutetiers

17 Einer der großen Hunde würgt für die Welpen Fleisch hervor

◄ 15 Nach einer Abendjagd in der Serengeti

18 *Als die Welpen älter wurden, kamen sie für längere Zeit zum Spielen und Ruhen aus dem Bau heraus*

19 *Erwachsene Hunde beißen sich beim Spielen oft gegenseitig in den Hals* ▶

20/21/22 *Als Havoc sich nähert, bietet Lotus unterwürfig ihren Hals dar. Havoc berührt den Hals mit der Nase, und Lotus bekundet völlige Unterwerfung, indem sie sich auf die Seite legt*

23 Eine läufige Hündin markiert oft Grashalme mit ein paar Tropfen Urin. Hier begibt sich ihr Freier in den Handstand, um dieselben Grashalme zu markieren – und zwar simultan!

24 *Als die Welpen zweieinhalb Monate alt waren, folgten sie den erwachsenen Hunden und nahmen ihr Nomadenleben auf; am Legajasee vorbei ging es zur dahinterliegenden Steppe*

verzweifelt, wie lange es wohl so weitergehen würde. Je länger es dauerte, um so kühner wurden die Hunde und kamen nun von allen Seiten, und manche quiekten, als wollten sie damit ihren Kampfgeist stärken oder sich gegenseitig anfeuern, die Beute zu packen. Plötzlich machte Swift einen Satz nach dem Kopf der Stute, und seine Kiefer schlossen sich, als er nach ihrer Oberlippe schnappte. Das ist eine Methode, die oft angewandt wird, wenn Wildhunde ein ausgewachsenes Zebra erlegen – ein Hund packt die Oberlippe und zieht heftig daran, während das übrige Rudel dem Beutetier den Leib aufreißt. Zahme Jagdhunde, die ein Wild gestellt haben, zeigen manchmal dasselbe Verhaltensmuster. Ein solcher Griff wirkt wahrscheinlich auf dieselbe Weise wie eine Nasenbremse – ein Seil, das um die Oberlippe eines Pferdes geschlungen wird, um das Tier für eine ärztliche Untersuchung oder dergleichen festzuhalten. Der Wildhund, der ein Zebra auf diese Weise festhält, läßt normalerweise erst los, wenn die Beute schon fast tot ist, und schließt sich erst dann dem übrigen Rudel beim Fressen an.

In diesem Fall hatte die Zebrastute den Kopf hochgerissen, und Swifts Zähne schlugen in der Luft zusammen. Aber jetzt war sein Blut in Wallung, und immer wieder sprang er vor. Das Ende schien unvermeidlich – und es ist immer viel schlimmer, das Ende mit anzusehen, wenn das Opfer sich oder sein Junges tapfer verteidigt hat. Doch plötzlich spürte ich, wie die Erde erbebte, und als ich mich umschaute, sah ich zu meiner Überraschung zehn Zebras, die rasch näher kamen. Einen Augenblick später hatte diese Herde die Stute und ihre beiden Nachkommen in die Mitte genommen, und dann galoppierte die ganze dicht geschlossene Gruppe in die Richtung zurück, aus der die zehn gekommen waren. Die Hunde jagten ihnen etwa fünfzig Meter nach, konnten aber nicht in die Herde eindringen und gaben es bald auf. Nur dieses eine Mal habe ich erlebt, daß Zebras zu Artgenossen zurückkamen, die von einem Wildhundrudel umzingelt waren, und ihnen damit die Flucht ermöglichten.

Natürlich sind die Hunde wegen ihrer Art zu töten – sie reißen der noch lebenden Beute den Leib auf – außerordentlich verhaßt, und deshalb sind sie in vielen Gegenden, sogar in einigen Nationalparks und Wildreservaten, fast ausgerottet worden. Natürlich ist es ein abscheulicher Anblick, wenn ein Wildhundrudel seinem Opfer die Leistengegend aufreißt. Aber gleichzeitig ist es fraglich, ob das Tier so viel Schmerz dabei verspürt, wie man meint. Die Berichte von Menschen, die von Löwen verletzt wurden – Livingstone ist ein gutes Beispiel –, und von Soldaten, die im Kriege schwer verwundet wurden, zeigen oft, daß die Opfer infolge des physischen und manchmal auch des seelischen Schocks tiefe Wunden erst später spüren. Wenn es dem Zuschauer auch oft scheint, als brauche ein Wildhundrudel eine Ewigkeit, um sein unglückliches Opfer zu töten, so hat es bei den neununddreißig erfolgreichen Jagden, bei denen wir die Zeit gestoppt haben, nur in einem einzigen Fall länger als fünf Minuten gedauert, bis der Tod eintrat, und oft starb das Beutetier in weniger als zwei Minuten. In dem einen Fall dauerte es siebzehn Minuten, bis ein einjähriges Gnu, das ein Rudel von vier Hunden gepackt hatte, tot war. Es liegen Berichte darüber vor, daß große Wildhundrudel fünfundzwanzig Minuten brauchten, bis das Beutetier durch den Tod von seinem Leiden erlöst wurde. In diesen Fällen, die mir bekannt sind, war das ausschließlich auf die menschlichen Beobachter zurückzuführen, denn weil sie zu dicht heranfuhren, störten sie die Jäger, so daß einige Mitglieder des Rudels ängstlich zurückblieben und sich nicht am Töten beteiligen konnten. Es sind sogar Fotografien veröffentlicht worden, die das nur zu deutlich zeigen.

Wenn man die Sache unvoreingenommen betrachtet, dann töten die Wildhunde genau wie zahme Jagdhunde, Wölfe und Hyänen auf schnelle und wirksame Weise. Sie greifen ihre Beute dort an, wo die Haut am dünnsten ist, erreichen dadurch rasch die inneren Organe und töten das Opfer. Die von den Katzen meist angewandte Methode, um ihre Beute zu töten, das Schlagen, ist weniger blutrünstig und wird daher als eine «gnädigere» Todesart angesehen; manchmal dauert es allerdings zehn Minuten, bis das Opfer stirbt, und soviel wir wissen, mag es für das betreffende Tier mehr Leiden bedeuten. Ich sollte auch erwähnen, daß Löwen, Leoparden und Geparde ihre Opfer ebenfalls lebendig fressen, wenn das Beutetier klein genug oder durch ein gebrochenes Rückgrat harmlos geworden ist. In diesen Fällen dauert das Leiden des Beutetiers sehr lange und ist entsetzlich anzusehen, denn im Gegensatz zu den Hunden lassen sich die Katzen beim Fressen Zeit.

Eines Morgens, als ich zu Junos Bau fuhr, stieß ich auf Genghis und die anderen ausgewachsenen Wildhunde, die in derselben Richtung liefen. Ihre Bäuche sahen voll aus, und ihre Köpfe und Hälse waren dunkel von getrocknetem Blut. Offenbar hatten sie gerade eben ein Tier erlegt. Langsam folgte ich ihnen, und bald gehörte ich mit zum Rudel, denn der alte Yellow Peril und Black Angel blieben zurück und trotteten hinter dem Landrover her. Als wir uns dem Bau näherten, sah ich Juno mit ihren Sprößlingen dicht am Eingang sitzen. Es war eine Woche vergangen, seit ich die Welpen zum erstenmal gesehen hatte; jetzt standen sie schon fest auf den Beinen, und einige der Runzeln auf ihren Gesichtern und Ohren hatten sich geglättet. Als wir näher kamen, rannten Black Angel und Havoc voraus. Wie gewöhnlich eilte Juno ihnen entgegen, kriecherisch und um Futter bettelnd, aber die beiden Hündinnen schlüpften an ihr vorbei und eilten zum Bau. Ich war überrascht, als ich sah, daß auch die anderen ausgewachsenen Hunde Juno aus dem Weg gingen, denn normalerweise reagierten viele auf ihr Quieken und Lecken damit, daß sie Fleisch hervorwürgten. Und dann plötzlich merkte ich, daß die Jäger einer nach dem anderen für die Welpen Fleisch hervorwürgten.

Wie die meisten Karnivoren fangen junge Wildhunde früh an, feste Nahrung zu sich zu nehmen – etwa mit einem Monat. Mit der Zeit werden sie immer erpichter auf einen ordentlichen Anteil an dem Fleisch, das die ausgewachsenen Jäger zurückbrachten. Zwei Tage nachdem ich die Jungen zum erstenmal hatte Fleisch fressen sehen, schob Demon, einer der männlichen Welpen, seinen Kopf direkt zwischen Lotus' Zähne, als sie die Schnauze weit aufsperrte, um Fleisch hervorzuwürgen. Wie ein Wilder schluckte er dann das Fressen hinunter, ehe die Geschwister etwas davon ergattern konnten. Danach war es ein alltäglicher Anblick, daß die Jungen ihre Köpfe auf diese Weise in die offenen Schnauzen der großen Hunde steckten.

Zuerst schien es, daß die Welpen Schwierigkeiten hatten, Fleischstücke zu zerteilen, die zu groß waren, als daß sie sie als Ganzes schlucken konnten. Dann fanden unwahrscheinliche Tauzieh-Wettkämpfe statt. Oft sah ich, daß Havoc sich an derartigen Schlachten beteiligte – manchmal bekam sie das Stück Fleisch und fraß es; gewöhnlich würgte sie es dann später für die Kleinen wieder hervor. Einmal, als zwei Welpen an beiden Enden eines Stücks Haut zerrten, raste Demon hin, um mitzumachen; dabei übersah er den Bau, fiel hinein und entschwand unseren Blicken.

Nachdem die Welpen angefangen hatten, Fleisch zu fressen, schien Juno oft Schwierigkeiten zu haben, genug für sich selbst zu bekommen. Die anderen großen Hunde zogen es offenbar vor, die Kleinen zu füttern.

Sobald das Rudel von einer Jagd heimkehrte, stürzte Juno ihnen wie eh und je entgegen und stieß quiekend, zwitschernd und schwanzwedelnd mit der Nase an die Schnauzen aller Hunde. Manchmal reagierte einer der Jäger darauf – meist Genghis –, aber die Mehrzahl sprang an der Mutter vorbei und fütterte die Kleinen. Das bedeutete, daß Juno, um selbst genug zu fressen zu bekommen, sich unter die Welpen mischen und ihnen einen Teil wegschnappen mußte. Und wie zu erwarten, bedeutete das, daß sie noch häufiger von Havoc und Black Angel angegriffen wurde.

Es wäre ein Irrtum anzunehmen, daß Juno nur wegen ihrer rangniederen Stellung mit ihrem Betteln keinen Erfolg hatte, denn bei einem anderen Wildhundrudel, das ich beobachtet hatte, war die Mutter eine sehr ranghohe Hündin und hatte trotzdem gewöhnlich kein Glück, wenn sie bei den anderen ausgewachsenen Hunden um Fressen bettelte. Genau wie Juno blieb diese Mutter im Bau, um ihre Jungen zu hüten, und genau wie Juno sprang sie zwischen die Welpen, um einen Anteil an der von den heimkehrenden Jägern mitgebrachten Nahrung zu bekommen. Indes vermochte sie offensichtlich mehr zu bekommen, als sie selbst brauchte, denn nachher würgte sie stets einen Teil ihrer Mahlzeit wieder für die Kleinen heraus.

Diese Mutter hatte geworfen, als die Steppe grün war und von wandernden Tieren wimmelte. Die Wildhunde hatten Nahrung in Hülle und Fülle. Die anderen sieben ausgewachsenen Hunde des Rudels, alles Rüden, jagten zweimal täglich, früh am Morgen und abends, und fast immer waren sie erfolgreich. Und das war auch nötig, als die Kleinen größer wurden, denn die Mutter hatte einen ungewöhnlich großen Wurf gehabt. Ich brauchte tatsächlich mehrere Tage, um sie zu zählen und immer wieder zu zählen, bis ich genau wußte, wieviel Welpen im Bau waren – nicht weniger als sechzehn. In der Gefangenschaft hatte eine Wildhündin einmal neunzehn Junge geworfen, aber drei waren totgeboren; vielleicht hatte diese in Freiheit lebende Hündin auch ein paar tote Junge zur Welt gebracht.

Da die Wildhundmutter nur zwölf oder vierzehn Zitzen hat, konnten nicht alle sechzehn Welpen zur selben Zeit trinken, aber erstaunlicherweise sah ich keine Kämpfe um einen Futterplatz, wenn die Kleinen saugten. Vielmehr blieben einige von ihnen am Rande und warteten geduldig ab, bis sie an die Reihe kamen, wenn die ersten genug hatten und sich verzogen. Allerdings schien es, daß die Nachzügler nicht genug getrunken haben konnten, wenn die Mutter wegging, denn die Trinkrunden dauerten nicht länger als bei Hündinnen mit weniger Jungen – durchschnittlich zweieinhalb bis drei Minuten.

Eine Wildhundmutter säugt ihre Jungen gewöhnlich im Stehen, und oft erheben sich dann die Welpen auf die Hinterbeine, um an die Zitzen heranzukommen. Manchmal vollführen sie mit den Vorderpfoten knetende Bewegungen am Bauch der Mutter, manchmal halten sie sich dadurch im Gleichgewicht, daß sie ihre Pfoten auf den Rücken oder den Kopf der Geschwister legen. Häufig beendet eine Mutter die Trinkrunde, indem sie einfach über die Jungen hinwegsteigt und weggeht. Doch die Mutter der sechzehn, die von einer solchen Horde von Welpen umgeben war, sprang am Ende der Fütterung gewöhnlich einfach über sie weg und hinterließ für einen Bruchteil einer Sekunde zwei Reihen von Köpfen mit gespitzten Schnauzen, von denen manche immer noch Saugbewegungen machten. Oft verloren ein oder zwei Welpen das Gleichgewicht, wenn die Zitzen, an denen sie gehangen hatten, plötzlich verschwanden.

Die Nährprobleme dieser Mutter bestanden nur in der gewaltigen Größe ihres Wurfs; Junos Nährprobleme waren von ganz anderer Art. Die erste Schwierigkeit tauchte auf, wie wir gesehen haben, als Havoc, die ranghöchste Hündin, Juno von ihren eigenen Kindern wegjagte. Daraufhin hat Juno die Kleinen dann im Eingang zum Bau gesäugt. Indes wuchsen die Welpen rasch, und vielleicht wurde es da unten zur Fütterungszeit recht eng. Dann nährte Juno sie wieder im Freien. Zwei Tage ging alles gut – Havoc hatte sich anscheinend mit der Tatsache abgefunden, daß Juno als Mutter gewisse Pflichten hatte, die erfüllt werden mußten. Und so pflegte Juno denn zum Bau zu gehen und leise zu winseln, was ähnlich klang wie das Winseln eines zahmen Hundes, um ihre Kleinen zu rufen und sie ungestört zu säugen. Aber dann gab es neue Mißlichkeiten für sie, denn Havoc und Black Angel begannen zugleich mit den Welpen an ihren Zitzen zu saugen. Zuerst sahen wir nur, daß die ranghohen Hündinnen an einer Brustwarze leckten, die ein Junges freigegeben hatte, aber es dauerte nicht lange, da saugten sie, soviel wir sehen konnten, wie zwei Jungtiere. Wenn sich eine der ranghohen Hündinnen näherte, ließ sich Juno oft, die Zähne entblößend und schwanzwedelnd, unterwürfig auf den Boden fallen, und wenn dann die jungen und die ausgewachsenen Hunde an ihren Zitzen hingen, mußte sie diese Stellung während der Dauer der Fütterung beibehalten. Zweimal sah ich, daß auch Baskerville bei Juno trank, und Lotus, die andere Hündin, versuchte es manchmal. Einmal kam sie vor Havoc hin, und als sie die ranghöchste Hündin herbeieilen sah, um mitzuhalten, bekam Lotus es mit der Angst und schlug den direktesten Fluchtweg ein, nämlich unter Junos Bauch hindurch, wobei sie die trinkenden Welpen in alle Richtungen verstreute.

Ich fragte mich eine Zeitlang, ob dieses seltsame Verhalten der ausgewachsenen Hunde auf das trockene, heiße Wetter zurückzuführen sei, denn in den ersten Lebenswochen der Welpen fiel kein Regen, und das nächste Gewässer, von dem wir wußten – ein sehr brackiger Teich –, war gut zehn Meilen entfernt. Das ist natürlich nicht sehr weit für ein Wildhundrudel, aber immer, wenn wir ihnen folgten, haben sie nicht getrunken; auch ein anderer Wissenschaftler, der zwei Monate lang ein Rudel mit Welpen beobachtete, hat die ausgewachsenen Hunde in dieser Zeit nicht trinken sehen. Es ist möglich, daß Juno allein zum Trinken ging, denn einmal, als wir morgens zum Bau kamen, war sie nicht da, und als sie anderthalb Stunden später erschien, kam sie aus der Richtung des Brackwassers. Gewiß sollte man denken, daß eine nährende Mutter mehr als jedes andere ausgewachsene Tier ihren Flüssigkeitshaushalt ergänzen muß, und als es dann ein wenig regnete, hat Juno auch energischer als die anderen von ihrem eigenen und dem Fell der anderen großen und kleinen Hunde die Feuchtigkeit abgeleckt. Aber der Regen hielt Havoc und Black Angel nicht vom Saugen ab; möglicherweise war es inzwischen eine Gewohnheit geworden.

Nicht nur Juno litt unter der Gier der ausgewachsenen Hunde nach Brustnahrung. Oft nahmen Havoc und Black Angel, wenn sie nebeneinander an der liegenden Mutter saugten, so viel Platz ein, daß einige der Welpen überhaupt nicht an die Zitzen herankamen, und manchmal waren die beiden Hündinnen kaum zu sehen vor lauter Jungen, die auf ihnen herumkletterten und sich noch zwischenzudrängen versuchten. Einmal sah ich, wie zwei Welpen gemeinsam am Schwanzstummel von Black Angel zerrten; wahrscheinlich wollten sie bloß spielen, aber es sah genauso aus, als ob sie versuchten, sie wegzuziehen.

Schwanzziehen ist überhaupt ein sehr häufig zu beobachtendes Spiel der jungen Wildhunde, und Junos Welpen zogen sich während ihrer

Spielstunden oft sehr heftig gegenseitig am Schwanz und an den Ohren. Häufig zogen sie auch an den Schwänzen der Großen, die in der Nähe lagen. Juno ließ sich von ihrem Nachwuchs nichts gefallen. Einmal beobachtete ich, wie der kleine Demon hinter ihr heranschlich (genau in der Haltung, wie ein großer Hund seine Beute beschleicht) und seiner Mutter Schwanz packte. Juno drehte sich geschwind um und machte einen kleinen Satz auf ihn zu, die Schnauze weit offen. Davon unbeeindruckt, packte Demon den Schwanz wieder, begann daran zu ziehen und leise zu knurren. Wieder drohte ihm Juno, und wieder kümmerte sich der Kleine nicht darum. Als Demon zum fünftenmal an ihrem Schwanz zog, biß Juno ihn in die Nase. Als die Mutter dann den Kopf wieder auf die Pfoten legte, saß Demon ganz still da und starrte ihren Schwanz an. Dann sah er ihr ins Gesicht, starrte wieder auf den Schwanz, und nach einem letzten Blick auf ihr Gesicht stand er auf und trollte sich.

Black Angel reagierte ganz anders. Eines Tages, als sie schlief, schlich sich die kleine Sprite hinter ihr heran, packte ihren Schwanz und biß hinein. Black Angel blickte rasch auf, als sei sie erschrocken. Sonst machte sie allerdings keine Bewegung, außer daß sie mit einem Bein nach hinten trat. Sie traf das Kleine an der Brust, und Sprite, eine kleine Pelzkugel, rollte Hals über Kopf ein paar Meter rückwärts. Langsam stand sie auf, starrte die reglose Black Angel an und verzog sich. Inzwischen war Demon dabei, sich an Black Angel heranzuschleichen. Plötzlich sprang er zu, packte ihren Schwanz mit der Schnauze und zog kräftig. Diesmal schaute Black Angel nicht einmal auf. Wieder stieß sie mit dem Fuß: Demon flog in sitzender Stellung durch die Luft, machte ein komisches Gesicht und landete in einer Staubwolke. Einen Augenblick blieb er sitzen und starrte Black Angel an, die still auf der Seite lag. Dann stand er auf, ging zu Sprite, und beide krochen nebeneinander auf Black Angel zu, wobei sie langsam auf den Bäuchen vorrutschten. Als sie vielleicht dreißig Zentimeter von ihrem Schwanz entfernt waren, hob Black Angel langsam den Kopf und blickte sie an: sofort hielten die beiden inne und blieben ganz still liegen. Dann sprang Black Angel auf, gab beiden nacheinander einen Klaps mit der Schnauze und leckte sie heftig, als ob sie ganz deutlich machen wolle, daß alles nur ein Spiel sei.

Ich war recht erstaunt, daß wir in den ganzen sieben Wochen, in denen wir den Bau beobachteten, niemals die ausgewachsenen Hunde mit den

Welpen hatten spielen sehen. Zwei Jahre zuvor, als ich das Genghis-Rudel eine Weile beobachtet hatte, waren sie sehr verspielt gewesen, besonders nach dem Füttern und wenn sie nach einer langen Rast aufstanden. Ihre Spiele waren oft wild; zwei stellten sich zum Beispiel auf die Hinterbeine, legten einander die Vorderpfoten auf die Schultern und bissen sich dabei gegenseitig in den Hals, dann spielten sie Nachlaufen und machten Bocksprünge einer über den anderen. Vor allem Swift und Baskerville schlugen, wenn sie über einen Gefährten sprangen, oft einen vollen Salto, ehe sie auf dem Boden landeten. Zu jener Zeit hatten sie auch einen Bau mit Welpen, Nachwuchs einer Hündin, die seitdem das Rudel verlassen hatte oder gestorben war; aber damals war das Rudel umgeben von wandernden Herden, das Gras war grün, und überall gab es Wasserpfützen. Vielleicht waren es diese Dinge, die die spielerische Stimmung hervorriefen. Auch ein Rudel, das ziemlich lange Zeit im Ngorongoro-Krater beobachtet wurde, wo es immer reichlich Nahrung und Wasser gibt, spielte häufig.

Allerdings ereignete sich ein Vorfall, als Junos Nachkommen noch klein waren, der bei einigen der ausgewachsenen Hunde spielerisches Verhalten hervorrief. Eines Morgens war Jane mit unserem Sohn Grublin im Wagen herausgekommen, um mit mir in der Nähe des Baues die Wildhunde zu beobachten. Wie um diese Jahreszeit üblich, wehte ein kräftiger Wind über die Steppe. Eine Zeitlang war Grublin sehr friedlich – er saß in Janes Wagen und malte ein Bild. Als sein Kunstwerk fertig war, stand er auf und hielt es aus dem Fenster, damit ich es ansehen könne. Es war ein großes, in der Mitte geknifftes Blatt Papier, und der Wind riß es ihm sofort aus der Hand. Als das Papier immer weiter über den Boden geweht wurde, rannten die Hunde weg und wichen ihm aus, und mehrere der ausgewachsenen Hunde stießen das heisere Drohgebell aus. Aber dann schienen sie zu merken, daß der seltsame Gegenstand nicht gefährlich war, und Black Angel, Swift und Baskerville nahmen die Verfolgung auf. Black Angel flitzte an dem Papier vorbei, fuhr aber erschreckt zurück, als ein plötzlicher Windstoß es ihr direkt ins Gesicht wehte. Dann liefen sie und die anderen dem Papier wieder nach. Schließlich packte Swift es mit der Schnauze, warf es in die Luft und sprang unerhört hoch, um es wiederzukriegen, als der Wind es davontrug. Zu guter Letzt kam Black Angel mit ein paar aufgeweichten Fetzen in der Schnauze zurück. Sie legte sich hin, kaute eine Weile darauf herum und spuckte den Papierbrei dann aus.

Der Wind, der täglich über die Serengeti-Steppe bläst, ist ein fester Bestandteil des Lebens aller dort hausenden Geschöpfe. Wir in unserem Lager fluchten oft auf den Wind, weil er uns Staub in die Augen und in unser Essen blies, wertvolles Papier über das Gras wirbelte und langsam, aber sicher unsere Zelte zerstörte. Das fortwährende Flattern und Schlagen mancher älterer Zeltbahnen war nervenzermürbend, denn ein neues Zeltüberdach kostet annähernd hundert Pfund.

Eines Morgens, als Jeff die Wildhunde beobachtete, saß ich im Lager und tippte meine Notizen ab. Allmählich blies der Wind immer heftiger und wütender, bis ich meine Stimme auf dem Tonband kaum noch hören konnte. Ich blickte hinaus und sah, daß der halbe Himmel mit dicken, schwarzen Wolken bedeckt war, während westlich des Sees der Sodastaub vom Sturm mindestens eine Meile hoch in die Luft geweht wurde. Die Sonne schien noch, und der Staub hob sich schneeweiß vom schwarzen Himmel ab. Es war ein Anblick von ehrfurchtgebietender Großartigkeit, aber ich hatte wenig Zeit, die Schönheit zu betrachten, denn wir waren in unmittelbarer Gefahr, unsere Zelte zu verlieren. Jane und ich und die beiden Afrikaner verbrachten hektische fünf Minuten damit, überall die Spannschnüre festzuziehen und Reißverschlüsse zuzumachen – und dann hat der Wind doch eine Seite eines Zelts aufgerissen, als ob es Seidenpapier gewesen wäre. Immerhin haben wir im Vergleich mit anderen Leuten noch Glück gehabt. Diese Leute gehörten zu einer großen Safari-Reisegesellschaft, die die Nationalparks ringsum besuchte. Sie schliefen eines Nachts behaglich in ihren Zelten, als ein plötzlicher Sturm durch ihr Lager fegte, zwei große Zelte einfach aus dem Boden riß und die erschreckten Reisenden, die sich an ihre Bettlaken klammerten, dem Wüten der Elemente preisgab. Die in Fetzen gerissenen Zelte wurden am nächsten Tag aus den Zweigen der in der Nähe stehenden Bäume heruntergeholt. Unsere Zelte haben eingenähte Zeltböden, und ich habe mich immer gefragt, ob ein wirklich starker Sturm nicht womöglich uns und unsere Betten mitsamt dem Zelt davontragen könnte.

Selbst Wildhunde scheinen den Wind manchmal verdrießlich zu finden. Als ich das zum erstenmal bemerkte, war es früh am Morgen, die Sonne war gerade erst aufgegangen, und der Wind, der über die flache Steppe heulte, war kalt von der Nachtluft. Die Welpen waren gemütlich unten in ihrem Bau, und die großen Hunde lagen jeder für sich mit Ausnahme von Swift, Havoc und Black Angel, die dicht zusammenlagen, so daß sich ihre Körper berührten. Allmählich wurde der Wind stärker, und plötzlich schlossen sich die Hunde, die für sich gelegen hatten, der Dreiergruppe an. Jeder Hund, der kam, legte sich auf die Leeseite der schon dort befindlichen Hunde, so daß er durch die Körper seiner Gefährten vor der vollen Wucht des Sturms geschützt war. Yellow Peril, der alte Rüde mit dem halben Schwanz, kam als letzter und legte sich auch auf die Leeseite. Ein paar Minuten später stand Havoc auf, die direkt im Wind gelegen hatte, und begab sich in den Windschatten von Yellow Peril. Bald folgte Black Angel ihrem Beispiel, dann Swift und dann einer nach dem anderen die übrigen Hunde, bis Yellow Peril als Windschutz diente. Vielleicht war er abgehärteter als die anderen, jedenfalls herrschte in der nächsten halben Stunde Ruhe. Dann begab auch er sich auf die Leeseite des Rudels. Innerhalb der nächsten sechs Minuten wechselten alle Hunde nacheinander die Plätze, bis Yellow Peril wiederum derjenige war, der die volle Wucht des Windes aushalten mußte. Dieser ganze Vorgang wiederholte sich noch zweimal, ehe die Sonnenhitze den starken Wind eher zu einer Wohltat als zu einer Plage machte. Später beobachteten Jeff und ich dieses Verhalten der Hunde noch oft, wenn es morgens kalt war, und immer ertrug Yellow Peril das Ungemach länger als die anderen Hunde.

Wir haben niemals gesehen, daß die Welpen zusammen in einer Gruppe mit den Großen ruhten, und immer, wenn der Wind kalt war, suchten sie im Bau Schutz. Die Baue junger Wildhunde sind wie die von kleinen Schakalen und Hyänen tatsächlich Orte, an denen man sich vor allen Gefahren der Umwelt verstecken kann. Ich sah Junos Welpen vor allen möglichen Gefahren nach unten flitzen – wenn ein Vogel niedrig vorbeiflog; wenn eine Hyäne oder ein anderes Tier dicht herankam; wenn ein ausgewachsener Hund des eigenen Rudels plötzlich und schnell auftauchte, und so weiter. Aber einen Vorfall werde ich nie vergessen, der sich einmal früh am Morgen ereignete. Ich traf am Bau ein, als der erste Schein der Morgendämmerung langsam die Landschaft ringsum erkennbar machte. Am Horizont war ein langgezogener dunkler Wolkenstreifen, doch bald stieg die Sonne aus ihm hervor, eine dunkelrote Kugel. Mit einemmal merkte ich, daß die vier Welpen, die am Eingang zum Bau gelegen hatten, mit aufgestellten Ohren die aufgehende Sonne anstarrten; einen Augenblick später schossen sie hinunter in den Bau. Doch nach ein paar Sekunden tauchten die vier Köpfe wieder aus dem Gang auf, die Stirnen gerunzelt, als ob sie über ein großes Rätsel nachdächten. Plötzlich brachten sich die vier Köpfe wieder in Sicherheit, erschienen aber gleich wieder, die großen Ohren zuerst und dann langsam die gerunzelten Stirnen. Die Augen in Höhe des Grases um den Bau, starrten und starrten die jungen Hunde den Sonnenaufgang an. Warum er ihnen gerade an diesem Tag einen solchen Eindruck machte, ahne ich nicht; wenn es überhaupt die Sonne war, nach der sie schauten. Vielleicht haben sie nach etwas Ausschau gehalten, das ich nicht sehen konnte. Später allerdings behauptete Jeff steif und fest, die Welpen hätten eines Morgens mit der Sonne Versteck gespielt und seien in die Höhle hinein- und wieder herausgeflitzt, als eine Unmenge kleiner Wolken eine nach der anderen vor der Sonne vorbeizog.

Da ich mich auf die Beziehungen zwischen den zwölf ausgewachsenen Hunden des Genghis-Rudels konzentrierte, konnte ich das Verhalten der Welpen nicht sehr gründlich beobachten. Ich lernte sie auseinanderzuhalten und gab ihnen Namen, aber meine Beobachtungen reichten nicht aus, um ihre verschiedenen Persönlichkeiten kennenzulernen. Wenn sie einen Anführer hatten, dann war es Demon. Er schien immer der Wildeste der Kleinen zu sein, der am hartnäckigsten bei den großen Hunden bettelte, der einzige, den ich je am Schwanz des alten Genghis habe ziehen sehen. Wenn zwei Welpen miteinander spielten und der eine zu winseln begann und wegzurennen versuchte, dann hörten die anderen Welpen oft mit ihrem Spiel auf, rannten hin und griffen wie eine Bande Halbstarker das winselnde Junge an. Bei solchen Mobbing-Szenen konnte jeder Welpe das Opfer sein, aber Demon war immer in der ersten Reihe der angreifenden Banden.

Als die Welpen größer wurden, waren die ausgewachsenen Hunde nicht mehr so tolerant. Vor allem Havoc pflegte sich rasch umzudrehen, wenn ihr ein Junges zu dicht folgte, und drückte es, die offene Schnauze um seinen Hals, ein paar Augenblicke auf den Boden. Das war eine typische Bestrafung, und oft jaulten die Welpen dabei laut.

Widerspenstige Welpen wurden auch mit raschen und gewöhnlich sanften Bissen in die Schnauzen oder Hälse zur Ordnung gerufen, woraufhin

sie sich dann meist auf den Rücken rollten und, alle viere in die Luft ge-
streckt, liegenblieben, bis die Großen weggingen. Viele Bestrafungen han-
delten sich die Kleinen bei den Mahlzeiten ein, wenn sie immer noch wei-
terbettelten, nachdem ein ausgewachsener Hund schon zweimal Fleisch
hervorgewürgt hatte. Einmal war die kleine Sprite so unausstehlich, daß
Genghis zu ihr rannte, ihr in den Hals biß und sie kopfüber in den Staub
schleuderte. Sie winselte laut, schien aber nicht verletzt zu sein.

Der Trieb, für die Welpen Fleisch hervorzuwürgen, scheint bei Wildhunden stark zu sein. In einem von einem anderen Wissenschaftler beobachteten Rudel im Ngorongoro-Krater starb die einzige Hündin, als ihre
neun Welpen erst fünf Wochen alt waren. Die ausgewachsenen Rüden
sorgten indes weiter für die Kleinen und kamen Tag für Tag zum Bau zurück, um sie zu füttern, bis sie alt genug waren und das Rudel auf seinen
Jagdzügen begleiten konnten.

Manche Zoologen behaupten, das Hervorwürgen von Fleisch sei eine
Reaktion auf das Betteln und Quieken der Welpen oder auch auf das Verhalten eines bettelnden großen Hundes. Aber das ist nicht unbedingt richtig, denn ich habe es erlebt, daß Hunde, die stundenlang friedlich geruht
hatten, plötzlich aufstehen, zu den spielenden oder ruhenden Kleinen
hingehen und unaufgefordert Fleisch auf den Boden würgen. Wenngleich
ein ausgewachsener Hund, der nach einer Jagd zum Bau zurückkommt
und ein- oder zweimal Fleisch hervorwürgt, einen Welpen bestrafen mag,
der nach mehr bettelt, so wird er wahrscheinlich später doch noch etwas
hervorwürgen. Tatsächlich kann ein Hund oft Stunden nach seiner Rückkehr zum Bau noch Fleisch hervorwürgen.

Als die Welpen etwa sechs Wochen alt waren, sah ich sie eines Spät-
nachmittags mit dem Rudel zu einem neuen Bau umziehen, der etwa vierzig Meter von ihrem ursprünglichen Heim entfernt war. Ich bin mir keineswegs darüber klar, wie die Reise eigentlich begann, denn plötzlich
brach unter den Hunden Unruhe aus, sie rannten umher, quiekten und
begrüßten sich gegenseitig, und dann machte sich das ganze Rudel mit den
Kleinen auf den Weg über die Steppe. Vielleicht haben die Wildhunde
einen besondern Ruf, der «Folgt!» bedeutet; aber das muß eine Vermutung bleiben, bis genaue Tonaufnahmen gemacht und analysiert worden
sind. Was immer es war, das die Welpen veranlaßte, den Großen zu folgen
und zum erstenmal in ihrem Leben den Bau zu verlassen, jedenfalls folg-

ten sie ihnen. Bald erreichte das Rudel den neuen Bau, der aus drei dicht beieinander liegenden Gängen bestand. Während die Kleinen eifrig in der neuen Umgebung herumschnüffelten, begannen Havoc und Black Angel von einem Gang zum anderen zu stürzen, manchmal kurz in einem zu graben, um ihn dann zu verlassen und zum nächsten zu eilen. Es schien, als könnten sie sich nicht darüber klarwerden, welcher zum Bewohnen geeigneter sei. Juno schloß sich den beiden ranghohen Hündinnen bei ihrer Inspektion der Gänge nicht an. Statt dessen versuchte sie dauernd, eins ihrer Jungen aufzuheben. Aber wenn sie es in die Schnauze genommen hatte, ließ sie es immer wieder los, so daß das Kleine auf die Erde fiel. Wohin sie es bringen wollte, weiß ich nicht, denn plötzlich merkte es Black Angel, stürzte hin und biß Juno in den Hals – das Kleine machte sich natürlich rasch aus dem Staub.

Um die allgemeine Verwirrung zu erhöhen, schlossen sich die acht Welpen Havoc und Black Angel bei ihren Erkundungen an. Einmal folgte Demon Black Angel hinunter in einen der Gänge und kam schleunigst wieder zurück, halb verhüllt von einer Staubwolke, da die Hündin zu graben angefangen hatte.

Nach etwa zehn Minuten schienen sich Havoc und Black Angel über den am besten geeigneten Bau klargeworden zu sein, nur hatte sich jede von ihnen für einen anderen entschieden. Black Angel packte ein Junges an der Rückenhaut und verschwand, gefolgt von zwei anderen Welpen, in den von ihr gewählten Bau. Gleichzeitig nahm Havoc ein anderes Junges ins Maul und ging in *ihren* Bau. Dann sah ich, daß auch Juno versuchte, einen Welpen aufzunehmen, aber jedesmal, wenn sie ihn an der Halsfalte oder am Rücken packen wollte, rollte er sich herum, präsentierte seinen runden Bauch und trat und wehrte sich heftig, wenn seine Mutter ihn mit der Nase wieder herumdrehen wollte. Schließlich erwischte Juno ihn am Ohr und begann, ihn über den Boden zu schleifen, aber in diesem Augenblick kam Black Angel aus ihrem Bau, rannte sofort hin und biß Juno in den Hals. Wieder machte sich Junos Welpe davon.

Die Szene wurde noch verwirrender, als die beiden ranghohen Hündinnen einen Welpen nach dem anderen in ihre Baue brachten. Jedesmal, wenn das betreffende Junge dort abgesetzt wurde, rannte es sofort wieder los, um die Gegend zu erkunden. Dreimal sah ich Havoc Duftmarken um den von ihr gewählten Bau setzen. Als sie wieder einen Welpen aufzunehmen versuchte, rannte Black Angel herbei und verhinderte es, indem sie sich auf das Kleine legte, wobei sie sich gleichzeitig Havoc gegenüber unterwürfig gebärdete, ihr das Gesicht leckte und nachdrücklich mit dem Schwanz wedelte.

Während ich diese amüsante Szene beobachtete, begann Juno energisch davonzutrotten und alle Versuche aufzugeben, die Welpen aus den Gängen wieder herauszuholen. Einen Augenblick später folgte ihr Genghis, dann Swift und einer nach dem anderen auch die übrigen ausgewachsenen Hunde. Ich war überrascht, denn niemals zuvor hatte ich gesehen, daß die Mutter das Rudel veranlaßte, sich von den Welpen wegzubegeben. Havoc war die letzte, die die Kleinen verließ, nachdem sie zuerst mit einigen Welpen an dem von ihr erwählten Bau gestanden und dem abziehenden Rudel nachgeschaut hatte. Doch als Juno, nachdem sie das Rudel etwa fünfzig Meter weit geführt hatte, zu den Jungen zurückkehrte, trottete Havoc hinter den anderen großen Hunden her. Juno hätte mit den Welpen machen können, was sie wollte, wäre Black Angel nicht gewesen. Sie schaute sich immer wieder um, während sie davontrottete, und als die Hunde etwa hundert Meter zurückgelegt hatten, machte sie plötzlich kehrt und rannte zurück. Die anderen Hunde blieben stehen. Erst trabte Havoc zurück zum Bau, dann Swift und schließlich das ganze Rudel.

Als Black Angel dort ankam, dicht hinter ihr Havoc, hatte Juno die Ohren flach an den Kopf angelegt. Sie war tief auf den Boden geduckt, wedelte mit dem Schwanz, die Lippen zu einem ängstlichen Grinsen zurückgezogen. All diese Gebärden waren Zeichen äußerster Unterwürfigkeit, doch die beiden ranghohen Hündinnen griffen Juno dennoch gleichzeitig an und bissen sie immer wieder in den Hals. Juno rollte sich auf die Seite und blieb reglos liegen, während Havoc und Black Angel zusammen einen Welpen aufnahmen und in einen der Baue trugen. Als sie ihn drinnen absetzten, stand Juno jedoch auf und ging zu dem vierzig Meter entfernten ursprünglichen Bau. Alle noch draußen gebliebenen sieben Welpen folgten ihr. Jetzt hatten Black Angel und Havoc keine Zeit, die Mutter anzugreifen: in den nächsten fünf Minuten waren sie angestrengt damit beschäftigt, die Kleinen einzusammeln und wieder in den neuen Bau zu bringen. Aber jedesmal, wenn sie eins absetzten, flitzte es weg und rannte seiner Mutter nach. Schließlich konzentrierten die beiden ranghohen

Hündinnen ihre Anstrengungen auf ein Kleines, Sprite, hoben es hoch und brachten es immer wieder zu ihrem Bau. Doch dann kamen Swift und Baskerville zu ihnen, stürzten von Black Angel zu Havoc und begrüßten sie, und diese zusätzliche Verwirrung ermöglichte Sprite die Flucht; sie gesellte sich zu ihrer Mutter und ihren Geschwistern in dem Bau, in dem sie geboren war.

Es lohnt sich, auf diese Episode näher einzugehen, denn während sie zuerst höchst verwirrend erschien, ließ sie bei späterem Nachdenken erkennen, daß Juno vielleicht ein besonders faszinierendes Verhalten an den Tag gelegt hat. Nichts hatte darauf hingedeutet, daß ihr daran lag, ihre Welpen in einen neuen Bau zu bringen. Nachdem das Rudel dort hingekommen war, sah ich immer nur, daß Juno versuchte, ein Kleines wegzuziehen. Da sie dabei jedesmal angegriffen wurde, bekam ich nie heraus, wohin sie die Welpen eigentlich bringen wollte. Aber vielleicht hatte sie die ganze Zeit vorgehabt, ihre Jungen wieder in den alten Bau zu bringen. Wenn dem so ist, könnte es dann sein, daß sie *absichtlich* zur Jagd aufgebrochen war? War sie sich darüber klar, daß die beiden ranghohen Hündinnen auch weggehen würden, wenn das Rudel wegging, und daß sie ihre Welpen dann hinbringen könnte, wohin immer sie wollte?

Das ist nicht eine so an den Haaren herbeigezogene Möglichkeit, wie es klingen mag. Wir haben ein sehr ähnliches Verhalten bei Schimpansen erlebt. Wenn ein junges Männchen seinen Anteil Bananen nicht erhalten konnte, weil eine Reihe älterer Männchen da war (die den Jüngeren hätten angreifen können, wenn er sich Bananen geben ließ), dann stand er oft auf und ging absichtlich weg. Hatten die größeren Männchen genug gefressen, dann folgten sie häufig seiner Führung, genau wie alle anderen Schimpansen, die zufällig in der Gruppe waren. Etwa zehn Minuten später kam dann das junge Männchen allein zurück, und wenn die Luft rein war, setzte er sich friedlich hin und fraß die Bananen, die wir ihm gaben. Das geschah zu oft, als daß es ein Zufall gewesen sein könnte. Und deshalb ist es ganz und gar nicht lächerlich zu unterstellen, daß ein Wildhund eine ähnliche Methode angewandt haben mag. Eine solche Hypothese muß aber noch durch weitere Beobachtungen bewiesen oder widerlegt werden.

Am Morgen nach dem Versuch, die Welpen in die neuen Baue zu bringen, fand ich alle Kleinen spielend an dem Bau, den Havoc am Abend zuvor markiert hatte. Also scheinen sich schließlich doch die ranghohen Hündinnen durchgesetzt zu haben. Aber die Welpen blieben nicht lange dort: der erste Umzug war der Beginn einer ganzen Kette von Umzügen, doch bei keinem wurde eine größere Entfernung als hundert Meter zurückgelegt. Und keiner dieser neuen Baue wurde länger als ein paar Tage bewohnt. Dann zogen die Welpen wieder um. Wenn man auf diese letzten zwanzig Tage zurückblickt, von der ersten Bauverlegung bis zu dem Zeitpunkt, an dem das Rudel die Gegend verließ, dann scheint es, als seien die ausgewachsenen Hunde immer unruhiger geworden; sie bemühten sich, den Welpen «Beine zu machen», eine Vorbereitung auf das Wanderleben der ausgewachsenen Wildhunde.

Natürlich gibt es noch andere Gründe, die Baue zu verlassen. Ein Wissenschaftler sah zum Beispiel, wie eine Mutter ihre Kleinen eins nach dem anderen zu einem tausend Meter entfernten neuen Bau trug, nachdem Löwen die Gegend um den ursprünglichen Bau ausgiebig erforscht hatten. Wildhunde sind gewöhnlich unruhig, wenn Löwen in der Nähe sind. Einmal, als ich ein Rudel am Lagaja-See beobachtete, blieb der alte Leithund ein paar Minuten stehen und stieß ein heiseres Drohgebell aus, weil er und das Rudel zwei Löwen sahen, die mehr als eine halbe Meile entfernt und zudem auf der anderen Seite des Sees waren. Bei einer anderen Gelegenheit folgte ich zwei Wildhündinnen, die allein waren und sehr beunruhigt zu sein schienen durch die Nähe eines Löwenrudels. Andauernd sprangen die Hündinnen auf den Hinterbeinen hoch, absolut senkrecht, um über das hohe Gras nach den Löwen zu sehen.

Als Junos Welpen etwa zwei Monate alt waren, zog das Rudel endgültig aus der Gegend fort. Ich hatte das erwartet. Erstens wurde die Steppe um den Bau täglich kahler und öder; zweitens wußte ich von anderen Welpen, daß sie in annähernd gleichem Alter weggezogen waren. Doch obwohl ich es erwartet hatte, war meine Enttäuschung groß, als ich eines Morgens zum Bau kam, wo ich die Welpen am Abend zuvor zurückgelassen hatte, und feststellen mußte, daß die Hunde fort waren. Als die Sonne aufging, war nichts da als die riesige, leere Steppe. Und kein Hinweis, welchen Weg die Hunde eingeschlagen hatten. So lange hatte ich das Rudel Tag für Tag beobachtet, daß ich mir seltsam verlassen vorkam, als ich über die Ebene rumpelte und wenig Hoffnung hegte, durch einen glücklichen Zufall die Hunde wiederzufinden.

Bald waren meine Augen müde und brannten vom Starren über die Steppe, die, je weiter der Tag vorschritt, in der Sonnenhitze immer dunstiger wurde. Auch Jeff suchte, doch hatte er ebensowenig Glück. Gern hätte ich ein leichtes Flugzeug gehabt, denn nur wenn man früh am Morgen oder abends (den normalen Jagdzeiten der Wildhunde) über weite Strecken der Serengeti fliegt, besteht einigermaßen Aussicht, ein nomadisches Rudel ausfindig zu machen. Und selbst wenn man es findet, würde die Beobachtung unzählige Schwierigkeiten mit sich bringen, denn Wildhunde durchstreifen riesige Gebiete, sofern sie nicht durch kleine Welpen an einen Ort gebunden sind.

Bisher habe ich mich darauf beschränkt, Wildhunde zu beobachten, wenn sie durch ein recht kleines Gebiet, etwa fünfhundert Quadratmeilen, in der Nähe des Lagaja-Sees ziehen. Ich weiß, daß zu dem Bereich eines Rudels auch Naabi Hill und das dreißig Meilen entfernte Seronera gehören, aber das stellt wahrscheinlich nur einen kleinen Teil ihrer Jagdgründe dar. Von einem Rudel in Südafrika wurde berichtet, daß sich sein Bereich über mindestens fünfzehnhundert Quadratmeilen erstreckt.

Es war fast genau ein Monat vergangen, seit das Genghis-Rudel aus der Bau-Gegend fortgezogen war, als ich es eines Abends auf der Fahrt über die Steppe zum Lager wiedertraf. Ich erkannte sofort die halben Schwänze von Black Angel und Yellow Peril und dann die anderen Angehörigen des Rudels, als die Hunde näher kamen. Black Angel bildete mit allen acht Welpen die Nachhut.

Ich begann ihnen zu folgen. Wir hatten nur ungefähr eine Meile zurückgelegt, als vor uns plötzlich eine Hyäne auftauchte, und sofort setzten ihr sechs der ausgewachsenen Wildhunde nach, geführt von Black Angel. Als sie sie eingeholt hatten, bissen die Hunde sie ins Hinterteil, aber statt nach ein paar Bissen aufzuhören, wie ich es in anderen Fällen bei ihnen gesehen hatte, unternahmen sie einen heftigen Angriff. Als ich näher heranfuhr, sah ich, daß sie am Hinterteil ihres unglücklichen Opfers kauten, und bald ging das Knurren der Hyäne in Schreien über, während sie sich mühte zu entkommen. Immer wieder blieb sie stehen, um nach ihren Peinigern zu schnappen, das Maul weit aufgerissen zu einer entsetzlichen Grimasse. Doch wenn sie eben noch den einen Hund biß, dann kam schon ein zweiter von hinten, und wieder floh die Hyäne. Bald sah ich, wie ihr das Blut die Schenkel hinabfloß. Schließlich erreichte sie ein Loch im Boden, schwenkte herum und legte sich in die Vertiefung, so daß nur ihr Kopf sichtbar war, und bedrohte die Hunde mit ihren mächtigen Zähnen. Da zogen sich die Quälgeister zurück und gesellten sich wieder zu dem übrigen Rudel.

Mich interessierte insbesondere die Tatsache, daß Black Angel den Überfall angeführt hatte, denn früher war uns schon in der Nähe des Baues aufgefallen, daß sie eine deutliche Antipathie gegen Hyänen hatte. Mehrmals, sogar wenn sie mit dem Rudel auf Jagd gegangen war, war Black Angel zurückgerannt, um eine Hyäne anzugreifen, die sich am Bau herumtrieb, und sie hatte sie immer wieder gebissen, bis die Hyäne die Beine unter den Arm nahm und floh. Zweimal konnte Black Angel, nachdem sie mit ihrer Hyänenhetze fertig war, das übrige Rudel nicht mehr finden und mußte dann mit Juno am Bau bleiben und die Jagd schießen lassen. Ich habe mich oft gefragt, ob es mit Black Angels Haß auf die Hyänen eine besondere Bewandtnis hatte; vielleicht war ihr in ihrer Jugend von einer Hyäne die fehlende Hälfte ihres Schwanzes abgebissen worden.

Als ich hinter dem Genghis-Rudel mit den drei Monate alten Welpen über die Steppe fuhr, überlegte ich mir, wie weit sie wohl gewandert seien, seit sie die Baue verlassen hatten. Plötzlich ging die Sonne unter, und gleichzeitig erhob sich der fast volle Mond über den östlichen Horizont. Bald waren die Hunde nicht mehr als eine Reihe gespentischer Schatten in der bleichen, grauen Landschaft. Wiederum fühlte ich mich wie ein Mitglied des Rudels, um so mehr, als ich, um die Beutetiere nicht zu beunruhigen, an denen wir vorbeikamen, ohne Scheinwerfer fuhr. Ich starrte nach vorn auf die mondbeschienene Steppe und hoffte, ich würde alle Schlaglöcher bemerken, ehe ich in sie hineinfuhr.

Meistens liefen die Hunde hintereinander. Mir fiel auf, daß Havoc und Swift sehr dicht zusammen blieben, und zweimal blieben beide stehen und markierten dasselbe Grasbüschel mit Urin. Nach einer Weile wurde mir klar, daß sich uns drei Hyänen angeschlossen hatten, die neben uns hersprangen und gelegentlich spielerische Beißbewegungen untereinander machten. Eine von ihnen (es waren alles alte Weibchen) packte den Schwanz einer Gefährtin, und spielend wälzten sie sich auf dem Boden. Dann standen sie auf und sprangen wieder weiter. Es schien, als seien sie guter Laune, als freuten sie sich schon auf einen besonderen Schmaus.

Ganz im Gegensatz zu ihrem Angriff auf die einzelne Hyäne nahmen die Wildhunde von diesen dreien kaum Notiz. Sogar Black Angel beschränkte sich darauf, ihnen ein paarmal zu drohen, wenn sie zu dicht an die Welpen herankamen. Hyänen scheinen nachts aggressiver und kühner zu sein, und vielleicht haben Wildhunde in den dunklen Stunden mehr Respekt vor ihnen; außerdem waren es diesmal drei und nicht nur eine.

Nachdem wir etwa fünf Meilen in gleichmäßigem Tempo zurückgelegt hatten, hielten die Hunde an und legten sich in kleinen Gruppen nieder. Ich fuhr näher heran, stellte den Motor ab und richtete mich auf langes Warten ein. Eine Weile war alles friedlich. Gerade wollte ich mir eine Tasse Kaffee einschenken, als ich im dämmerigen Mondschein plötzlich die feisten Umrisse der drei Hyänen erkannte. Ihre Flanken berührten sich, ihre Nasen waren auf einen der schlafenden Hunde gerichtet. Ich beobachtete fasziniert, wie sie langsam auf das Hinterteil des Hundes zukrochen. Was geschah, konnte ich nicht sehen, denn ihre Rücken waren mir zugekehrt, und sie versperrten mir die Aussicht auf den Hund. Doch mit einemmal war der Hund, Yellow Peril, auf den Beinen, die Nacht war erfüllt von lautem Knurren, und nun stürzten sechs andere Hunde hinzu, kreisten die Hyänen ein und bissen nach den Eindringlingen. Die Hyänen zerstreuten sich. Eine Minute später war alles wieder still, und die Hunde legten sich von neuem nieder.

Zu meiner Überraschung kamen die Hyänen kurz danach zurück, und wieder machten sie sich, auf dem Bauch kriechend, an Yellow Peril heran. Diesmal konnte ich es deutlich sehen und beobachtete durch den Feldstecher, wie sich die Nasen der Hyänen allmählich bis auf einen Zoll dem Steiß des Hundes näherten. Dann streckten alle drei Hyänen langsam gleichzeitig die Zunge heraus und leckten rasch unter Yellow Perils Schwanz. Wieder war die Nacht von Geknurr erfüllt, als die Hunde aufsprangen, um die Hyänen anzugreifen, und sie wiederum vertrieben. Nachher legten sich die Hunde, große und kleine, alle dicht zusammen nieder. Yellow Peril schloß sich den anderen erst an, nachdem er sich hingehockt und den Darm entleert hatte. Kaum hatte er den Tatort verlassen, um seine unterbrochene Ruhe fortzusetzen, da stürzte eine der Hyänen zu der Stelle und verschlang gierig den Kot.

Ich hatte schon früher gesehen, daß Hyänen die Exkremente von Wildhunden fressen. Das scheint eine besondere Delikatesse für sie zu sein;

aber ich hatte mir nicht vorgestellt, daß eine Hyäne tatsächlich den Hintern eines Wildhunds lecken würde, um diese seltsame Begierde zu befriedigen.

Ungefähr eine Stunde später stand Genghis plötzlich auf, und fast unmittelbar danach war das übrige Rudel auf den Beinen, und in der Hitze der Begrüßungszeremonie rasten die Hunde quiekend und zwitschernd, schwanzwedelnd und leckend hierhin und dorthin. Dann brachen sie auf, und bald fuhr ich wieder über die gespenstische Steppe. Die drei Hyänenweibchen waren immer noch bei uns.

Es dauerte nicht lange, da blieben die Hunde stehen und starrten voraus in die Dunkelheit, und ich stellte meinen Feldstecher ein und erkannte die Umrisse einer kleinen Herde Thompson-Gazellen. Dann machte sich das Rudel langsam zu seiner Beute auf. Als die Jagd begann, gab ich mehr Gas, aber kaum war ich ein paar Meter gefahren, da landete ich in einem Schlagloch. Bis ich rückwärts wieder herausgefahren war, war ich allein. Rasch begann ich kreuz und quer über die Steppe zu fahren, und nach einer Weile traf ich eine der Hyänen. Auch sie sah ziemlich verlassen aus, aber ich wußte, daß ihre scharfen Ohren das geringste Geräusch wahrnehmen würden, und deshalb folgte ich ihr. Das war ein Glück, denn schon nach einer Minute begann sie zu rennen, und innerhalb von wenigen Sekunden tauchten die beiden anderen Hyänen auf und rannten neben ihr her.

Dann sah ich eine dunkle Masse vor uns, die sich von der Fahlheit des trockenen Grases abhob, und ich wußte, daß die Hunde Erfolg gehabt hatten. Rasch bremste ich und nahm meinen Feldstecher. Die Hyänen verringerten ihr Tempo nicht, sondern rasten direkt zwischen die Hunde, und einen Augenblick später lagen sie alle drei auf dem Kadaver, den sie mit ihren dicken Bäuchen bedeckten. Da lagen sie nun, Steiß an Steiß, und drehten und wendeten sich und gaben ihre hysterischen Kicherlaute von sich, während sie nach den Hunden schnappten, die ihrerseits vorstießen, um die Hyänen zu beißen. Doch trotz der Bisse hielten die Hyänen die Stellung, und nach ein paar Minuten, als noch mehr Hyänen aus der Dunkelheit auftauchten, gaben die Hunde ihre Beute auf und trotteten davon in die Nacht.

Es dauerte nicht lange, da jagten die Hunde eine andere Thompson-Gazelle. Diesmal lag kein Schlagloch auf meinem Weg, und so konnte ich mit Juno, Yellow Peril und den Welpen Schritt halten. Diese kleine Gruppe rannte weit hinter dem übrigen Rudel. Nach einer Weile blieben Juno und Yellow Peril stehen und schienen angespannt zu lauschen. Dann rannten sie ein kleines Stück weiter und blieben wieder stehen und lauschten. Es war offensichtlich, daß sie die anderen aus den Augen verloren hatten. Und dann kam aus der Dunkelheit das seltsame hohe, flötenartige «Huuh» des verirrten Wildhunds: ein paar Minuten später kamen drei andere Wildhunde zu uns – Genghis und noch zwei Rüden. Sie hatten sich offenbar auch verirrt. Doch plötzlich müssen ihre großen Ohren irgendeinen für mich unhörbaren Laut aufgefangen haben, denn sie begannen schnell zu rennen, und ich hatte Mühe, mit ihnen Schritt zu halten.

Als wir zu dem restlichen Rudel kamen, stürzten Genghis, Yellow Peril, Juno und die beiden Rüden hin, um die Beute zu reißen, aber die Welpen blieben stehen und legten sich dann etwa dreißig Meter entfernt nieder. Normalerweise stürzen sich auch die Wildhundjungen auf das Fressen, sobald eine Jagd erfolgreich beendet ist, und während sie sich den Bauch vollschlagen, halten sich die großen Hunde zurück und schauen zu. Doch als ich näher heranfuhr, sah ich, daß zwei Hyänen dort waren, die erfolglos versuchten, bei dem Mahl mitzuhalten. Das war vielleicht die Erklärung für das Widerstreben der Welpen, sich dem Beutetier zu nähern, denn daß sie diesen Raubtieren mit den kräftigen Kinnbacken aus dem Weg gehen, habe ich oft erlebt.

Als die ausgewachsenen Hunde mit dem Fressen fertig waren, würgten mehrere von ihnen Fleisch für die Kleinen heraus. Und dann wanderte das Rudel wieder weiter über die Steppe. Doch bald zuckten einige Blitze über den Himmel, und nicht lange darauf verschwand der Mond hinter Wolken, die die bevorstehende kurze Regenzeit ankündigten. Nun konnte ich den Hunden nicht länger folgen, und bedauernd schaltete ich den Motor aus, rollte mich auf dem Rücksitz in meine Decke ein und erwartete den Morgen. Ich wußte, daß ich das Rudel am nächsten Tag nicht mehr finden würde.

Im Laufe der Jahre habe ich immer wieder eine Reihe von Wildhundrudeln beobachtet und konnte dabei einiges über die allmähliche Entwicklung der Welpen, nachdem sie den Bau verlassen haben, in Erfahrung bringen. Ein solches Rudel war besonders interessant, denn zu ihm

gehörten acht Welpen im Alter von etwa drei Monaten und nur drei ausgewachsene Hunde, von denen zwei Rüden waren. In der einen Nacht, in
der ich das Rudel beobachten konnte, blieben die Kleinen während der
Jagd sich selbst überlassen. Als die Großen hinter einer Thompson-
Gazelle herrasten, folgten ihnen die Welpen etwa hundert Meter und legten sich dann alle auf einen Haufen. Nach fünf Minuten standen sie auf
und starrten in die Richtung, aus der sie gekommen waren. Sie schienen
beunruhigt zu sein, und bald erkannte ich undeutlich eine Hyäne, die sich,
am Boden schnüffelnd, näherte. Die Welpen rannten ein Stück weg, blieben dann aber stehen und blickten zu der Stelle zurück, wo sie die Hyäne
gesehen hatten. Bald tauchte sie wieder auf und ging langsam weiter, denn
sie schnüffelte am Boden der Spur der Welpen nach. Das Gras war hoch.
Offenbar sah die Hyäne die Welpen nicht, und sie rannten weg. Ich fand
es interessant, daß die Welpen, obwohl sich die Hyäne ihnen viermal näherte und sie viermal wegliefen, jedesmal nicht weiter als etwa dreißig
Meter liefen. Wären sie weiter weggegangen, hätten die drei ausgewachsenen Hunde, die fünfzehn Minuten nach Beginn der Jagd wiederkamen,
Schwierigkeiten gehabt, sie zu finden. So aber sahen die Welpen sie sofort,
und bald rannte das Rudel rasch über die mondhelle Steppe, die ausgewachsenen Hunde vorneweg, bis wir zu dem Kadaver einer Thompson-
Gazelle kamen. Die Großen hatten offenbar schon gut gefressen, ehe sie
die Kleinen holten, denn viel Fleisch war schon weg. Jetzt standen sie dabei, als die Welpen fraßen. Hätten sich Hyänen über die Beute herge-
macht, ehe die Kleinen auf der Bildfläche erschienen, hätten die großen
Hunde zweifellos Fleisch für die Kleinen hervorgewürgt. Da aber acht
Junge gefüttert werden mußten, wären wohl klein und groß hungrig geblieben, und die ausgewachsenen Hunde hätten dann vielleicht noch ein
zweites Tier erlegt. So aber schienen alle Hunde gesättigt zu sein, als sie
schließlich loszogen. Den Rest der Nacht verbrachten sie schlafend in einer
dichten Gruppe.

Ganz anders war es bei einem anderen Rudel, das aus zwölf erwachsenen Hunden und nur einem Welpen von etwa fünf Monaten bestand.
Diese Hunde töteten in einer Nacht zwei ausgewachsene Gazellen. Bei der
ersten Jagd rannte der Welpe mit drei anderen Hunden hinterher, aber
ehe die Beute erlegt wurde, ließen die großen Hunde ihn auch zurück.
Etwa fünf Minuten lang schien er sich verloren zu fühlen, er blieb häufig

stehen und starrte in alle Richtungen. Doch dann tauchten zwei ausgewachsene Hunde aus der Dunkelheit auf, der Welpe rannte zu ihnen und
begrüßte sie stürmisch, und dann rannten alle drei zu dem erlegten Wild.
Nachdem der Welpe dort verschiedene andere Rudelmitglieder begrüßt
hatte, stürzte er sich auf den Kadaver, und in wenigen Augenblicken hatten sich alle ausgewachsenen Hunde bis auf einen von der Beute zurückgezogen. Dieser eine war die Mutter des Welpen. Zweimal, als sich große
Hunde schwanzwedelnd dem Fressen näherten, schoß der Kleine blitzschnell auf sie zu, und sie verzogen sich wieder. Bei der zweiten Jagd, etwa
vier Stunden später, blieb der Welpe dicht bei einer Gruppe ausgewachsener Hunde in der Nachhut, und als er zur Beute kam, versuchte er nicht,
sich vorzudrängeln und zu fressen. Danach schien der Hunger von allen
dreizehn Hunden gestillt zu sein, und das Rudel schlief den Rest der Nacht
friedlich im Mondschein.

Noch ein anderes Rudel muß erwähnt werden. Dazu gehörten fünf ausgewachsene Hunde, unter denen nur ein Rüde war. Das ist etwas ungewöhnlich, denn bei den meisten Rudeln gibt es mehr Rüden als Hündinnen. Außerdem waren elf Welpen unter einem Jahr da. Als das Rudel am
ersten Abend jagte, nahmen die Welpen an der Verfolgung teil, blieben
aber zusammen mit dem Rüden etwas hinter den vier Hündinnen. Als das
Beutetier, ein Gnukalb, erlegt war, rannten die Jungen hin und rissen ihm
zusammen mit den Großen den Leib auf, dann aber zogen sich zu meiner
Überraschung die Großen zurück und sahen zu, wie die Kleinen fraßen.
Ich hatte mir nicht vorstellen können, daß die ausgewachsenen Hunde
eines Rudels zurückstehen würden, wenn die Welpen schon so alt sind.
Tatsächlich war der Größenunterschied zwischen beiden Altersgruppen
gering, abgesehen davon, daß die erwachsenen Hunde etwas kräftiger gebaut waren.

Als sie mit dem Gnukalb fertig waren, machten sich die ausgewachsenen Hunde gleich wieder auf die Jagd. Es mangelte nicht an Beutetieren,
denn ringsum waren wandernde Gnus, und fast alle Gnukühe waren von
jungen Kälbern begleitet. Die erste Jagd war sehr schnell gegangen, die
zweite dauerte länger. Mehrmals rannte das Wildhundrudel auf verschiedene Herden zu, blieb dann stehen und beobachtete die vorbeirennenden
Gnus. Bald gerieten die Beutetiere in Panik, und Jane, die bei mir im
Wagen saß, bemerkte plötzlich, daß mehrere große Herden direkt durch

unser Lager galoppierten. Von der Stelle aus, wo wir die Hunde beobachteten, konnten wir gerade die grüne Leinwand von zweien unserer Zelte sehen, und wir waren fast in Versuchung, die Wildhunde zu verlassen und zurückzufahren, um zu sehen, ob alles in Ordnung sei. Aber Janes Mutter war ja da, und wir waren überzeugt, daß das Donnern der Hufe und die riesigen Staubwolken, die golden im Sonnenuntergang schimmerten, es ihr ratsam erscheinen lassen würden, Grublin im Volkswagen in Sicherheit zu bringen. Und so war es dann natürlich auch.

Am nächsten Tag sahen wir dasselbe Rudel jagen, und wieder war die Beute ein Gnukalb. Diesmal galoppierte eine Gruppe verwaister Kälber fast bis zu dem Rudel, und die jungen Hunde töteten selbst zwei, in einem Fall unterstützt von einer der großen Hündinnen. Sie trat mit den anderen vier ausgewachsenen Hunden beiseite und sah zu, wie die Welpen fraßen. Als nichts mehr übrig war außer ein paar Knochen, machten die fünf ausgewachsenen Hunde noch Jagd auf ein Tier für sich, und die Welpen unternahmen keinen Versuch, sich daran zu beteiligen.

Bisher konnte ich das Übergangsstadium zwischen dem Welpen, der das Vorrecht hat, zuerst zu fressen, und dem ausgewachsenen Hund nicht beobachten. Vermutlich wäre das nur möglich, wenn man ein Rudel mehrere Wochen lang ständig oder fast ständig beobachten kann. Was für eine Aufgabe! Denn wie ich schon gesagt habe, kann ein Wildhundrudel ein Gebiet von fünfzehnhundert Quadratmeilen oder mehr durchstreifen. Überdies wird von vielen Leuten angenommen, daß ein Rudel innerhalb dieses riesigen Gebiets keine regelmäßig begangenen Wege, keine bevorzugten Bereiche hat, sondern einfach dorthin wandert, wo es die meiste Beute gibt, so daß sich die Streifzüge von Monat zu Monat, von Jahr zu Jahr ändern.

Das Genghis-Rudel gab mir indes zwei Anhaltspunkte dafür, daß das vielleicht nicht ganz stimmt – und bewies mir zweifelsfrei, daß Wildhunde zumindest einige Bereiche ihres Gebiets sehr genau kennen können. Der erste Hinweis ergab sich, als ich dem Rudel während der kurzen Regenzeit einmal des Nachts folgte. Nachdem ein Beutetier erlegt und gefressen worden war, zog das Rudel weiter. Genghis führte die Hunde etwa vier Meilen weiter über die Steppe, eine leichte Anhöhe hinauf und hinunter zu einem Wassertümpel. Wenn die Hunde nach dem Trinken in derselben Richtung weitergegangen wären, hätte ich angenommen, es sei ein bloßer

Zufall gewesen, daß sie auf diesen Tümpel stießen. Aber nachdem alle getrunken hatten, führte Genghis das Rudel wieder die ganzen vier Meilen zurück, die sie gekommen waren. Hatten sie das Wasser vielleicht gerochen? Ich stellte mir damals diese Frage, aber sechs Monate später, mitten in der Trockenzeit, lieferte mir dasselbe Rudel Beweise dafür, daß es tatsächlich wußte, wo in einigen Teilen ihres Bereichs sich kleine Teiche befanden.

Als ich dem Rudel über das trockene Land folgte, sah ich, daß Genghis einen leichten Richtungswechsel vornahm und die anderen zu einem ausgetrockneten Tümpel führte. Die Hunde hielten einen Augenblick an, schnüffelten herum und trotteten dann weiter. Ich dachte mir nichts dabei. Doch nach sechs Meilen beschleunigten sie plötzlich ihre Geschwindigkeit ein wenig, als sie einen kleinen Grat erklommen. Da standen sie dann wieder vor einem ausgetrockneten Tümpel. Ich hatte den Eindruck, daß sie enttäuscht waren, und in den nächsten zehn Minuten gingen sie hin und her und schnüffelten am trockenen Sand. Ich bin überzeugt, daß das Rudel bloß dorthin gegangen war, um zu trinken. Der Tümpel war nicht sichtbar gewesen, bis wir auf ein paar Meter herangekommen waren, und da er kein Wasser enthielt, konnten weder Sehvermögen noch Geruchssinn zur Beschleunigung des Tempos beigetragen haben, die mir aufgefallen waren, als die Hunde sich dem Ort näherten. Es ist bemerkenswert, daß Wildhunde und Hyänen zwar täglich trinken und stundenlang im Wasser oder Schlamm liegen, wenn es Wasser gibt, aber auch lange Zeit ohne Wasser auskommen können.

Möglicherweise wird innerhalb der riesigen Jagdgründe eines Wildhundrudels eine bestimmte Gegend für die Aufzucht der Welpen bevorzugt. Sicher ist, daß verschiedene Hündinnen des Genghis-Rudels drei Jahre hintereinander ihre Jungen in der Nähe von Naabi Hill aufzogen. Allerdings lagen zwei der Baue mindestens zehn Meilen auseinander, doch bei dem Umfang des Gesamtgebiets ist das eine relativ geringe Entfernung. Ich weiß von einem anderen Rudel, daß es seine Welpen zweimal an genau derselben Stelle aufzog, und Louis Leakey sagte mir, daß ein Rudel immer wieder in die Oldowayschlucht gekommen sei, um dort seine Jungen großzuziehen. Man könnte einen solchen bevorzugten Platz das «Brutrevier» eines Rudels nennen.

Natürlich kann ein Wildhundrudel nicht erwarten, seine gesamten, ausgedehnten Jagdgründe für sich allein zu behalten. Die Bereiche mehrerer Rudel müssen sich überschneiden und tun es auch. Bei zwei Gelegenheiten, die zwei Jahre auseinanderlagen, sah ich, daß das Genghis-Rudel kleinere Rudel aus seinem Brutrevier verjagte. Ein anderes kleines Rudel, das sich etwa zehn Wochen (eine ungewöhnlich lange Zeit, denn ein Rudel, das keine Welpen aufzieht, bleibt sonst nicht so lange in einem recht kleinen Bezirk) im Brutrevier aufhielt, zog sich an dem Tag ganz aus dem Gebiet zurück, als das Genghis-Rudel für eine Weile zurückkehrte. Manchmal bestehen freundschaftliche Beziehungen zwischen verschiedenen Rudeln. Dreimal schlossen sich andere Hunde dem Genghis-Rudel an und wanderten und jagten eine unterschiedlich lange Zeit mit ihm. Bei keinem dieser Hunde habe ich es miterlebt, als er zu dem Rudel stieß, doch als ich das vergrößerte Rudel dann traf, schienen die Beziehungen zwischen den alten und den zeitweiligen neuen Mitgliedern zwanglos zu sein.

Warum werden manche Wildhunde fortgejagt, während andere am Leben des Rudels teilnehmen dürfen? Ich vermute, daß das Vorleben der betreffenden Hunde dabei eine große Rolle spielt. Zum Beispiel zählte vor ein paar Jahren ein Rudel im Mikume-Nationalpark etwa vierzig Köpfe. Dann begann es, sich in drei getrennte Gruppen aufzuspalten, die sich von Zeit zu Zeit immer noch trafen, gemeinsam umherwanderten und jagten. Vermutlich werden ehemalige Rudelmitglieder noch lange Zeit wiedererkannt und geduldet. Wenn sich Wildhunde an einzelne Wassertümpel in ihren Jagdgründen erinnern können, dann sollte es ihnen eigentlich nicht schwerfallen, sich an alte Jagdgefährten zu erinnern. Allerdings werden die alten Hunde, die sich noch kannten, ehe das Rudel sich teilte, einmal sterben, und die jüngeren werden sich allmählich immer fremder werden, bis dann eines Tages statt freundschaftlicher Beziehungen Aggression auftreten mag, wenn sich zwei solche Gruppen treffen. Aber das ist natürlich reine Spekulation, und es erfordert noch viele Jahre der Forschung, ehe sachlich richtige Ergebnisse an die Stelle der Mutmaßungen treten.

Wenn ein Wildhundrudel ein Gebiet betritt, das zu dieser Zeit von einem anderen Rudel besetzt ist, wird es normalerweise durch seinen Geruchssinn ausreichend gewarnt werden vor der Anwesenheit der anderen. Die Eindringlinge werden nicht nur vermittels Urin und Kot die Tatsache feststellen, daß «andere Hunde» da sind, sondern wahrscheinlich auch imstande sein, die Duftsignale genauer zu entziffern: vielleicht werden sie daraus ablesen können, daß «diese bestimmten Hunde» da sind. Notfalls kann sich das eindringende Rudel also vorsichtig zurückziehen, ohne dem anderen überhaupt zu begegnen.

Die Duftmarkierung, deren sich viele Säugetiere bedienen, wird oft in erster Linie mit der Kennzeichnung der Grenzen eines Territoriums in Zusammenhang gebracht, wobei das Territorium der Teil des Heimatbezirks ist, den die Tiere gegen Fremde derselben Spezies verteidigen. Da Wildhunde, soweit wir wissen, kein Territorium als solches haben, können sie seine Grenzen nicht patrouillieren und keine Warnsignale setzen, wie es viele Raubtiere tun. Doch gelegentlich, wenn ein Rudel auf Jagd ist, wird eins seiner ranghohen Mitglieder an irgendeinem hohen Grasbüschel anhalten, ein Hinterbein heben und dort ein kleines Rinnsal Urin hinterlassen. Im Genghis-Rudel waren es meist Havoc und Swift, die auf diese Weise markierten, und ganz gelegentlich leistete auch noch einer der anderen Hunde einen Beitrag. Über Yellow Peril amüsierte ich mich immer, wenn er, was selten vorkam, zu einer solchen Stelle wanderte, denn sein Verhalten ließ erkennen, daß das für ihn eine höchst unwichtige Angelegenheit war. Nachdem er kurz an dem Büschel geschnüffelt hatte, pflegte er seinen Fuß nicht höher als zwei bis drei Zentimeter vom Boden zu heben und gewöhnlich überhaupt keinen Urin zu hinterlassen. Höchstens steuerte er, gleichsam aus Versehen, ein oder zwei Tropfen zu der Botschaft bei.

Es ist die Ansicht vertreten worden, die Duftmarkierung habe sich daraus entwickelt, daß Tiere, die durch eine neue Umgebung oder eine neue Situation erschreckt sind, unkontrolliert urinieren und defäkieren. Danach, so wird behauptet, werde die neue Situation weniger beängstigend, weil das Tier nun von seinem eigenen, vertrauten Geruch umgeben sei. Darüber hinaus hat sich natürlich allmählich noch eine Vielzahl anderer Funktionen der Duftmarkierung entwickelt: zweifellos hilft sie versprengten Mitgliedern einer Gruppe, die anderen wiederzufinden; sie kann Hinweise geben auf Territoriumsbesitz, auf die Anwesenheit einer läufigen Hündin und darauf, ob sie schon einen geeigneten Partner gefunden hat oder nicht.

Bei Wildhunden scheint wie bei domestizierten Hunden das Markierungsverhalten einer Hündin kurz vor und während ihrer Periode sexueller Attraktion verstärkt zu sein. Das war sehr offenkundig bei einem Rudel von vier Wildhunden, zwei Rüden und zwei Hündinnen, das wir fast zehn Wochen lang ziemlich regelmäßig beobachteten. Das Verhalten war nicht nur interessant, sondern auch höchst amüsant.

Der ranghöheren Hündin, die ihren Zustand überall bekanntmachte, wohin sie auch ging, folgte der ranghöhere Rüde auf den Fersen. Jedesmal, wenn sie markierte, stürzte er hin und markierte dieselbe Stelle. Vermutlich fügte er ihrer Ankündigung eine kleine Warnung hinzu, mit der er jedem anderen Freier, der vorbeikommen könnte, kundtat, daß diese Hündin in festen Händen sei und jede Einmischung großen Ärger verursachen würde. Und er hatte seine Warnung nicht nur buchstäblich an *genau* der Stelle, die sie markiert hatte, angebracht, sondern hatte es oft so eilig damit, daß er *im selben Augenblick* markierte wie sie. Das war natürlich nicht einfach: man stelle sich zwei Hunde vor, die nebeneinander stehen und sich fast berühren, wobei der Rüde dieselben Grashalme zu treffen versucht, die seine Dame gerade parfümiert. Wenn er gleichzeitig mit ihr ein Hinterbein seitlich hebt, werden sie sich gegenseitig wegstoßen. Und deshalb vollführte dieser Rüde einen erstaunlichen Akrobatenakt, der eines Zirkushundes durchaus würdig war: Er stellte sich auf die Vorderbeine, die Hinterbeine hoch in der Luft, den Körper vertikal. Sein Gleichgewichtsgefühl war hervorragend – er konnte sogar ein paar Schritte vorwärtsgehen. Das tat er auch und vermochte auf diese Weise denselben Grashalm wie seine Hündin im selben Augenblick zu besprühen. Ihre Düfte waren unwiderruflich vermischt, und keiner, der später vorbeikam, konnte daran zweifeln, daß die Dame die Nähe ihres Freiers durchaus akzeptiert hatte.

Noch bei zwei anderen Rudeln haben wir läufige Hündinnen gesehen. Bei dem einen Rudel kannten wir die Rangordnung der verschiedenen Tiere nicht. In den wenigen Tagen, in denen wir die Hunde begleiteten, hat nur ein Rüde die Hündin bestiegen. Bei dem anderen Rudel umwarben und besaßen zwei Rüden die Hündin nacheinander. Keiner von ihnen war der ranghöchste Rüde. Diese Hündin markierte häufig, und wenn sie sich von der Stelle wegbegeben hatte, ging der ranghöchste Rüde hin und markierte sie auch. Doch die sechs anderen Rüden einschließlich der beiden Freier schnüffelten nur oder wälzten sich an der Stelle.

Allen drei Hündinnen, die wir während ihrer Läufigkeit beobachteten, war ihr Freier dicht auf den Fersen und berührte beim Gehen sogar oft ihr Hinterteil mit der Nase. Jeder der Freier drängte seine Hündin häufig weg, wenn sie den anderen Rüden zu nahe kam, indem er sie mit der Schnauze oder mit der Flanke anstieß. Wenn die Hündin stehenblieb, legte ihr der Rüde oft das Kinn auf die Schulter oder den Rücken, und wenn sie sich niederlegte, lagerte er sich dicht neben sie und lehnte sich gewöhnlich besitzheischend an ihren Körper.

Das Liebesspiel selbst ging etwas brüsk vor sich: der Rüde stand auf, nachdem er und seine Hündin geruht hatten, und begann sie mit einer Pfote zu betatschen und zu kratzen. Wenn sich die Hündin schließlich erhoben hatte, bestieg sie der Rüde. Ein Umstand sollte hier erwähnt werden: es ist behauptet worden, der Wildhund unterscheide sich insofern von den anderen Mitgliedern der *Canidae* (der Familie der Hundeartigen), als es nach der Paarung keine Klammerung gebe. In allen Fällen, in denen wir eine erfolgreiche Paarung sahen, gab es tatsächlich eine Klammerung. Im Gegensatz zu domestizierten Hunden, bei denen die Zeit, in der sie sich nicht lösen können, bis zu zwanzig Minuten betragen kann, dauerte die Klammerung bei den Wildhunden jedoch gewöhnlich nicht mehr als fünfzig Sekunden, in einigen Fällen allerdings drei und einmal fünf Minuten.

Etwas, was uns von Anbeginn unserer Untersuchung interessiert hatte, war die Dominanzhierarchie oder Hackordnung bei einem Wildhundrudel. Es ist oft behauptet worden, es gebe nichts dergleichen, doch wird den Lesern schon klargeworden sein, daß es sie gibt. In allen Rudeln, die ich länger als eine Woche beobachten konnte, sah ich zumindest bei einigen der Tiere Anzeichen für eine Rangordnung. Warum sind dann andere Beobachter nicht zu der gleichen Schlußfolgerung gelangt? Die Situation läßt sich vielleicht mit einer Familie vergleichen mit vernünftigen Eltern, die sich gut verstehen, und wohlerzogenen Teenager-Kindern, die mit ihren Eltern gut auskommen. Viele Tage hintereinander haben die Eltern vielleicht keinen Grund, ein Kind mit mehr als einem freundlichen Wort zu tadeln. Vater oder Mutter werden vielleicht einem Kind befehlen, dieses oder jenes zu tun, womit sie ihre dominierenden Rollen geltend machen, doch ein Beobachter, der die Sprache nicht versteht, ist vielleicht im unklaren darüber, was vorgeht. Nur wenn eine Situation entsteht, die zu einer Unterbrechung des alltäglichen Verhaltens führt, etwa ein Streit, dann hätte ein solcher Beobachter Gelegenheit, den Status der verschiedenen Familienmitglieder herauszufinden.

Und so ist es bei den Hunden. Die Angehörigen eines Rudels kennen sich gewöhnlich gut, und selten entsteht eine Situation, die einen oder mehrere der Hunde veranlaßt, ihre Dominanz hervorzukehren. Und erst nachdem ich viele solcher Situationen beobachtet hatte, war es mir möglich, die Ohren-, Schwanz- und Körperstellungs-«Sprache» der Hunde zu interpretieren.

Bei allen Rudeln mit Ausnahme von einem war es viel einfacher, Dominanz-Interaktionen zwischen den Hündinnen zu entdecken, und die Hündinnen des Genghis-Rudels lehrten mich, worauf ich achten mußte. Havoc war, wie wir gesehen haben, eine ranghohe Hündin. War sie leicht aggressiv gegen eine der anderen Hündinnen, dann stand sie bloß mit hochgerecktem Kopf, aufgestellten Ohren und ganz reglos herabhängendem Schwanz da. War ihr noch aggressiver zumute, dann pflegte sie den Kopf leicht zu senken und sich der anderen zu nähern, wobei ihr Kopf parallel zum Boden war, die Ohren seitlich herabhingen und der Schwanz wiederum reglos war. Es konnte dann sein, daß sie ihre Nase auf den Hals der Rangniederen richtete oder, wenn die Situation es rechtfertigte, die andere tatsächlich in den Hals biß.

Die rangniedere Juno paßte scharf auf die leisesten Anzeichen von Aggression bei allen anderen Hunden auf. Sie reagierte darauf, indem sie den Kopf senkte, die Nase auf den Boden richtete und die Ohren fest an den Kopf zurücklegte. Wenn der ranghöhere Hund sich ihr näherte, wedelte sie immer heftiger mit dem Schwanz und duckte sich oft tief auf die Erde. Wurde sie tatsächlich bedroht, dann ließ sie sich ganz auf den Boden fallen, rollte sich gewöhnlich auf die Seite oder auf den Rücken und streckte die Hinterbeine aus. Manchmal zog sie auch die Mundwinkel zurück und entblößte ihre Zähne in einem ängstlichen Grinsen.

Black Angel, rangniederer als Havoc, war ranghöher als Juno und gewöhnlich bei ihren Interaktionen mit Havoc weniger unterwürfig. Statt vor ihr zu kriechen und ängstlich zu grinsen, leckte und knabberte sie gewöhnlich an den Lippen der Ranghöheren oder rieb immer wieder ihr Kinn am Kopf der anderen. Aber auch sie senkte die Ohren und wedelte heftig mit dem Schwanz von einer Seite zur anderen.

Eine der interessantesten Unterwürfigkeitsgebärden bei Wildhunden, die ebenso von sehr rangniederen wie auch von ranghöheren gegenüber den ihnen übergeordneten ausgeführt wird, ist das Darbieten des Halses, wobei der untergeordnete die Schnauze leicht abwendet und dem ranghöheren Tier den gebogenen Hals hinhält. Indem er das tut, wendet er natürlich seine einzigen Waffen ab, seine Zähne, und die Haltung zeigt daher deutlich, daß er keine aggressiven Absichten hat. Häufig allerdings scheint die Darbietung des Halses zu Verhaltenskonflikten bei dem unterwürfigen Tier zu führen: einerseits der Wunsch zu beschwichtigen, indem die Zähne abgewandt werden; andererseits entweder der Wunsch, ein freundschaftliches Verhalten an den Tag zu legen, indem die Lippen des anderen geleckt werden, oder aber der Wunsch, sich notfalls verteidigen zu können – und in beiden Fällen muß die Schnauze dem Übergeordneten *zu*gewandt werden. Diese Konflikte äußern sich in einem pausenlosen Kopfschütteln, wenn rasch aufeinanderfolgend die Bewegungen des Ab- und Zuwendens unterdrückt werden.

In seinem bekannten Buch ‹*So kam der Mensch auf den Hund*› bezeichnet Konrad Lorenz das Hals-Darbieten als eine Demutsgeste beim Wolf und dem domestizierten Hund. Seit Lorenz das schrieb, ist ihm vorgeworfen worden, seine Beobachtungen seien nicht richtig. Schenkel, der amerikanische Wölfe, Schabrackenschakale und domestizierte Hunde beobachtet hat, behauptet, nur der ranghohe Hund biete seinen Hals dar. Erstens sei das eine gute Ausgangsstellung, um das Hinterteil herumzuschleudern und es gegen den Feind zu schmettern (auf dieselbe Weise, wie es die Goldschakale tun), und zweitens hindere diese vertrauensvolle Haltung den Untergeordneten zu beißen. Schenkel meint, Lorenz habe bei solchen Interaktionen das ranghohe mit dem untergeordneten Tier verwechselt.

Doch als ich diese Geste bei Wildhunden sah, die so unverkennbar das Zeichen von Unterwürfigkeit der rangniederen Tiere war, und als ich dieselbe Geste ganz unverkennbar bei rangniederen Goldschakalen sah, begann ich wieder über Lorenz' Beobachtungen nachzudenken. Und dann traf ich F. R. de la Fuente, der mit *europäischen* Wölfen Erfahrung hat. Er war sehr verwundert, als ich ihn fragte, ob er je eine Halsdarbietung bei einem unterwürfigen Wolf gesehen habe, und antwortete, das sei eine der üblichsten Verhaltensmuster bei Unterwürfigkeit.

Vielleicht hat Konrad Lorenz also doch recht gehabt. Es mag sein, daß sich der Wolf in Europa stärker vom Wolf in Amerika unterscheidet, als Schenkel bewußt war. Ich weiß jedenfalls nur, daß bei einem unterwürfigen Wildhund das Darbieten des Halses eine der üblichsten Gesten der Unterordnung ist, und habe es bei allen von mir bisher beobachteten Rudeln gesehen.

Ein Umstand, der wahrscheinlich mehr als jeder andere zu der allgemein akzeptierten Vorstellung beigetragen hat, es gebe keine Rangordnung in einem Wildhundrudel, ist ihr Begrüßungsverhalten. Denn während dieser kurzen und chaotischen Zeremonie ist es zumeist unmöglich, irgendwelche Unterschiede im sozialen Status der Hunde herauszufinden, es sei denn, man konzentriert sich darauf, nur einen Hund zu beobachten. Selbst dann wird der Rang eines Tiers oft nicht deutlich, denn das Verhalten scheint so ritualisiert zu sein, daß jeder Hund gewöhnlich dieselben Verhaltensmuster zeigt wie der Gefährte, den er begrüßt. Wenn also Havoc mit erhobenem Schwanz und aufgerichteten Ohren herumlief, dann tat Juno dasselbe. Beide haben sich vielleicht gegenseitig die Lippen geleckt und dabei die Köpfe immer tiefer auf den Boden gesenkt, als sei es ein Wettstreit, wer am tiefsten gehen könne. Es kann auch gut sein, wie ich angedeutet habe, daß diese Zeremonie eine rituelle Unterordnung des einzelnen unter die Interessen des Rudels demonstriert und somit als Mechanismus dient, um die erfolgreiche Kooperation jedes Hundes in der Jagdgruppe zu sichern. Ich fand es interessant, als ich erfuhr, daß ein Wolfsrudel, das eine sehr ausgeprägte Dominanzhierarchie besitzt, vor der Jagd eine Begrüßungszeremonie aufführt, die derjenigen der Wildhunde auffällig ähnlich ist.

Ein weiterer Faktor, der zu dem Irrtum beigetragen hat, es gebe keine Dominanz, ist die Tatsache, daß es gewöhnlich keinen Streit gibt, wenn die Hunde ihre Beute vertilgen. Vorausgesetzt, man kann ein Rudel über einen ausreichend langen Zeitraum beobachten, wird es normalerweise möglich sein, auch irgendeinen Hinweis auf die Rangordnung innerhalb der Gruppe, sogar bei der Erlegung eines Beutetiers, zu finden.

Bei einem Rudel, zu dem neun ausgewachsene Hunde gehörten, wurden zwei, wenn sie zum Fressen kamen, immer wieder von den ranghöheren Tieren weggejagt. Einer dieser unglücklichen Hunde war ein junger Rüde, der so lahm war, daß er nur auf drei Beinen laufen konnte, und ich war überrascht, daß er vertrieben wurde, denn ich wußte, daß ein Rudel manchmal für ein verkrüppeltes Mitglied Futter hervorwürgt.

Bei diesem Rudel konnte ich nur ein paar Tage bleiben. In dieser Zeit töteten die Hunde drei Thompson-Gazellen und hielten diesen lahmen Hund und einen alten Rüden beharrlich vom Fressen fern. Dem lahmen ging es am schlechtesten, denn soweit ich feststellen konnte, vermochte er nur einen ziemlich kleinen Knochen von einem der Beutetiere zu ergattern. Und trotz dieses scheinbar intoleranten Verhaltens des Rudels ihm gegenüber gab es kein Anzeichen dafür, daß er oder der alte Rüde in irgendeiner anderen Hinsicht ausgestoßen waren. Einmal, nachdem das Rudel eine Hyäne, ein paar Schakale und zahllose Geier von einem Gnukadaver verjagt hatte, warteten alle Hunde geduldig eine geschlagene Stunde, während sich der lahme Rüde damit abquälte, ein paar vertrocknete Fleischfetzen von den Knochen zu reißen, und als eine Hyäne dem Kadaver zu nahe kam, stürzten mehrere Hunde hin und halfen dem lahmen Rüden, sie wegzujagen. Und bei einer anderen Gelegenheit, als er von einer kleinen Gruppe streitsüchtiger Gnubullen bedroht wurde, rannte das Rudel wiederum zur Unterstützung des lahmen Rüden herbei und vertrieb die Gnus.

Wenn ich mir jetzt diese Episode noch einmal vor Augen führe, möchte ich annehmen, daß das einigermaßen ungewöhnliche Verhalten vielleicht auf die Tatsache zurückzuführen war, daß eine der beiden Hündinnen läufig war. In den meisten Fällen war es ihr Freier, der die beiden Hunde von der Beute vertrieb, und sein aggressives Verhalten mag eine Reaktion darauf gewesen sein, daß sie seiner Hündin, aber nicht so sehr seinem Fressen zu nahe kamen.

Die einzigen anderen Beispiele für anhaltende Aggression unter ausgewachsenen Hunden bei einer erlegten Beute gab es bei einem Rudel von vier Hunden, das Jack, Roger und ich fast zehn Wochen lang regelmäßig beobachten konnten. Während der ersten Wochen wurde die rangniedere der beiden Hündinnen ständig von jedem Beutetier fortgejagt und oft von der anderen Hündin angegriffen. Überdies schloß sich einer der beiden Rüden oft der ranghöheren Hündin bei ihren Angriffen an, etwa so, wie junge Hunde sich zusammenrotten, um eins von den Geschwistern zu mobben, wenn es bei einer Keilerei den kürzeren zieht. Waren die Hunde nicht beim Fressen, dann eilte der ranghöhere Rüde allerdings häufig zur

Verteidigung der rangniederen Hündin herbei, wenn sie von der anderen Hündin bedroht wurde, und dann schob er entweder seinen Körper zwischen die beiden und stieß die ranghohe Hündin sanft beiseite, oder er bedrohte sie sogar mit der starr auf ihren Hals gerichteten Nase. Nachdem wir das Rudel einige Wochen beobachtet hatten, wurde die ranghohe Hündin allerdings aus irgendeinem Grunde weniger aggressiv und ließ ihre ehemalige Feindin in Ruhe fressen.

Von diesem kleinen Rudel lernten wir sehr viel über die Dominanz-Verhaltensmuster, hauptsächlich deshalb, weil die ranghohe Hündin oder Hündin Nummer eins, nachdem wir das Rudel über einen Monat beobachtet hatten, läufig wurde. Als dieser Fall eintrat, ging der ranghöchste Rüde, wie ich oben bereits erwähnt habe, ihr kaum von der Seite. Schon vorher hatte der Rüde Nummer zwei dem ranghöheren Rüden großen Respekt bezeugt; jetzt ging er dem Liebespaar wohlweislich aus dem Weg. Gelegentlich allerdings schien es, als wollte die Hündin Nummer eins von allem – und jedem – das Beste, und dauernd wanderte sie los in Richtung auf den rangniederen Rüden. Ihr Freier war bei diesem ihrem wankelmütigen Verhalten immer sehr auf dem Quivive, und selbst wenn beide schliefen, legte er sich immer so hin, daß er zwischen seiner Hündin und seinem Nebenbuhler war. Wenn sie aufstand, war auch der Rüde Nummer eins im Handumdrehen auf den Beinen und stellte sich eiligst zwischen seine Dame und den anderen Rüden. Kam sie dem anderen zu nahe, pflegte er sie mit der Flanke sanft wegzuschieben. Manchmal ignorierte sie dieses Signal und schob sich an ihm vorbei (immer auf höchst beiläufige Weise), aber erst wenn sie nur noch ein paar Meter von dem rangniederen Rüden entfernt war, richtete Nummer eins seine Aufmerksamkeit darauf, den Rivalen gleich auszuschalten. Dabei brauchte er sich nicht sehr anzustrengen, denn der unglückliche Rangniedere wurde unruhig, sobald er merkte, daß sich die verführerische Hündin näherte, und oft entzog er sich der Versuchung aus eigenem Antrieb. Wenn er sich nicht schon zurückgezogen hatte, dann genügte die leiseste Drohung vom Rüden Nummer eins, damit er schleunigst einen etwas vernünftigeren Abstand einhielt.

Als die Periode der sexuellen Attraktion der ranghöheren Hündin ihren Höhepunkt erreichte, kam der ranghöhere Rüde kaum zur Ruhe. Seine Dame brauchte ihre Stellung nur um ein weniges zu verändern, schon war er besorgt. Er sprang auf, stürzte zu ihr, leckte sie, stürzte zu der Stelle, wo sie gelegen hatte, die er sorgfältig markierte, und dann eilte er zu dem rangniederen Rüden. Der lag während dieser Zeit immer mindestens fünfzehn Meter entfernt, aber wenn der Ranghöhere sich näherte, zog er sich noch weiter zurück; doch der rasend Verliebte markierte bloß nachdrücklich den Platz, wo sein Nebenbuhler gelegen hatte, stürzte dann wiederum zu seiner Dame und legte sich zu unruhigem Schlaf neben ihr nieder.

Das Verhältnis zwischen den beiden ranghohen Rüden und der untergeordneten Hündin erinnerte mich stark an die Beziehungen zwischen Havoc, Black Angel und Lotus im Genghis-Rudel. In diesem Dreiecksverhältnis näherte sich Lotus Havoc oft, als ob sie glaube, daß die Nähe der ranghöchsten Hündin ihren eigenen Status heben würde. Woraufhin Black Angel, die offenbar dasselbe Gefühl hatte, sich schleunigst zwischen die beiden stellte. Ebenso stellte sich in dem Rudel von vier Hunden die unterwürfige Hündin immer so hin, daß sie dem Rüden Nummer eins nahe war, und die ranghohe Hündin reagierte sofort darauf, indem sie sich zwischen die beiden schob. Das war besonders deutlich, wenn die Hunde ruhten. Der Rüde Nummer eins und die Hündin Nummer eins lagen immer nahe beieinander. Hündin Nummer zwei lag gewöhnlich bei ihnen. Aber sie lag nie bei der ranghohen Hündin, wenn der ranghohe Rüde nicht da war – vielleicht verließ sie sich darauf, daß er sie beschützen würde. Aber ebensowenig lag sie bei ihm, wenn die andere Hündin nicht schon bei ihm war – möglicherweise hätte sie sonst deren Feindschaft erweckt und einen Angriff provoziert. Manchmal bin ich erstaunt, wenn ich mir vor Augen führe, wie ein untergeordnetes Tier lernt, schlau zu sein, um Ärger zu vermeiden.

Ich bin auch erstaunt – und hier laufe ich Gefahr, daß Mißfallen der Wissenschaft zu erregen, weil ich den Tieren menschliche Emotionen zuschreibe –, in welchem Ausmaß ein Tier offenbar Rachegelüste hegen kann. Lassen Sie mich ein Beispiel dafür anführen.

Die Sache begann, als ich etwa zwei Monate nachdem Junos Welpen ihre Heimatbaue verlassen hatten, das Genghis-Rudel wiedertraf. Das Rudel war wieder einmal in sein Brutrevier zurückgekommen, und da ich über Geparde arbeitete, traf ich es durch Zufall. Dennoch gab ich meine andere Arbeit sofort auf und beschloß, solange als möglich bei meinen Wildhunden zu bleiben – fast eine Woche, wie sich dann herausstellte, denn der Mond schien nicht, und jeden Morgen fand ich das Rudel ganz dicht bei der Stelle schlafend, an der ich es am Abend zuvor verlassen hatte.

Am ersten Abend erlegte das Rudel nach einer ungewöhnlich langen Jagd eine Beute. Die Welpen, die gerade etwas mehr als ein Viertel ihrer späteren Größe erreicht hatten, blieben weit zurück, und als sie schließlich zum Beutetier kamen – einer Thompson-Gazelle –, war kaum noch etwas zu fressen da, und sie bettelten nun bei den ausgewachsenen Hunden. Havoc reagierte sofort und würgte etwas Fleisch hervor. Auch Black Angel rannte rasch zu den Kleinen und fing in der Nähe an, etwas hervorzuwürgen. Was eigentlich Havocs Angriff auslöste, weiß ich nicht genau – möglicherweise glaubte sie, Black Angel wolle das Fleisch fressen, das sie, Havoc, hervorgewürgt hatte. Jedenfalls stürzte sie sich auf Black Angel und biß sie immer wieder in den Hals. Rasch schloß sich ihr Swift bei diesen Angriffen an. Und dann plötzlich bemerkte Lotus Black Angel, die vor den ranghöchsten Hunden kauerte. Sofort eilte sie hin und machte mit. Aber während Havoc und Swift nicht sehr fest zubissen, ging Lotus aufs Ganze: immer wieder biß sie in Black Angels Hals, bis das Blut über eins der Vorderbeine ihres Opfers floß.

Wenn Lotus geglaubt hatte, sie könne in dieser einen Minute die Dominanz über Black Angel erringen, dann irrte sie sich. Als Havoc und Swift sich zurückzogen, drehte sich Black Angel prompt um und nahm Rache. Zwanzig Minuten lang jagte sie Lotus umher, und trotz ihres vorher errungenen Sieges hielt sich Lotus wohlweislich in respektvoller Entfernung von der wütenden Black Angel.

Dieser Vorfall schien das normale Dominanzmuster zwischen den vier Hündinnen völlig umzustoßen. In den nächsten Tagen war Black Angel besonders aggressiv gegen Lotus, und Streitigkeiten zwischen ihnen beiden und Juno waren ziemlich häufig, wenn das Rudel fraß. Vor allem fiel auf, daß Juno in ihrem Gebaren viel weniger unterwürfig und kriecherisch war als zu der Zeit, als ich sie zuerst beobachtete. Möglich, daß sie jetzt, da sie bei den Vergnügungen der ranghöheren Hündinnen mit den Welpen nicht mehr einzuschreiten brauchte, plötzlichen Bedrohungen und Angriffen weniger ausgesetzt war und allmählich mehr Selbstvertrauen erlangte. Dennoch war ich nicht vorbereitet auf den spektakulären Kampf, der zwischen Juno und Black Angel stattfand.

Die Umstände waren etwas verworren und sollten kurz beschrieben werden, um Havocs Abwesenheit zu erklären, als der Kampf ausbrach. Wäre die ranghöchste Hündin anwesend gewesen, wäre die Sache vielleicht anders ausgelaufen. Ein kleines Rudel von fünf fremden Wildhunden, das über Naabi Hill gekommen war, tauchte auf und bewirkte, daß sich das Genghis-Rudel teilte: Havoc und Lotus und die meisten Rüden rannten hinter den Fremden her, während Black Angel und Juno mit Yellow Peril und einem anderen Rüden bei den Welpen blieben.

In den vorangegangenen Tagen hatte ich bemerkt, daß Black Angel und Yellow Peril, die beiden Hunde, die nur einen halben Schwanz hatten, offenbar ein seltsames Bündnis geschlossen hatten. Es schien eine unwahrscheinliche Art von Partnerschaft zu sein, dennoch trotteten sie ständig zusammen umher oder lagen zusammengerollt nebeneinander. Und Yellow Peril vollführte eine für ihn sehr energische Markierung, als er merkte, daß Black Angel einen Grasbüschel parfümiert hatte. Ich erwähne das nur, weil es möglicherweise mit dem Anlaß des Kampfes im Zusammenhang stand.

Der Kampf begann, als die Welpen alle auf einem Haufen lagen und die vier ausgewachsenen Hunde stehend in die Richtung schauten, in der das restliche Rudel verschwunden war. Juno zögerte ein wenig, als sie an Yellow Peril vorbeiging, und er machte eine Leckbewegung ihr gegenüber.

Vielleicht hielt Black Angel, die gerade in dem Augenblick herübersah, das für eine Beeinträchtigung ihrer besonderen Beziehung zu dem alten Rüden. Jedenfalls machte sie einen Satz auf Juno zu, die Ohren aufgestellt und den Schwanz aggressiv über ihren Rücken gewölbt. Doch statt wegzurennen, stürzte Juno ihr entgegen, und einen Augenblick später hatten sich beide Hündinnen auf die Hinterbeine gestellt und stützten sich mit den Vorderpfoten auf die Schultern der anderen. Die Stellung unterschied sich nicht von der, die ich oft beim Spielen der ausgewachsenen Hunde gesehen hatte, aber diesmal war es alles andere als ein Spiel, denn Black Angel hatte Juno fest an der Kehle gepackt. Sekunden später vermochte sich Juno indes loszureißen und packte nun ihrerseits die Gegnerin an der Kehle. Gleichzeitig schnappte Black Angel nach Junos Ohr und hatte ihr bald einen Fetzen Haut abgerissen. Doch Juno lockerte ihren Griff um Black Angels Kehle keinen Augenblick. Plötzlich sprang Black Angel blitzschnell hoch und vermochte sich noch in der Luft zu drehen und nach Juno zu treten, die losließ und zurücktaumelte.

Es war nur eine kurze Unterbrechung. Ein paar Sekunden später erhoben sich beide wieder auf die Hinterbeine, und in den nächsten Minuten gelang es erst der einen, dann der anderen, kurz die Kehle der Gegnerin zu packen. Inzwischen war das Fell am Hals beider Hündinnen feucht von kleinen Blutflecken, und beiden waren Stücke aus den Ohren gerissen worden. Und dann, ungefähr fünf Minuten nach Beginn des Kampfes, gelang es Juno, richtig fest zuzupacken, und ihre Zähne gruben sich tief in Black Angels Kehle. Bald strömte Juno das Blut ins Maul und tropfte auf den Boden.

Black Angel war mein Liebling unter den Wildhunden, und ich sah mit Schrecken, wie sie sich vergeblich bemühte loszukommen. Bald wurden ihre Bewegungen merklich schwach, und dann sank sie langsam zu Boden, und ihr Kopf hing zur Seite. Plötzlich stieß sie einen herzerschütternden Schrei aus, und als sie auf dem Boden zusammenbrach, ließ Juno los und stand einen Augenblick keuchend über der reglosen Gestalt, und das Blut tropfte ihr immer noch von der Schnauze. Dann ging sie ein Stückchen weiter weg und setzte sich hin, um ihre Wunden zu lecken.

Ich war überzeugt, daß Black Angel tot sei, aber nach einem Augenblick hob sie vorsichtig den Kopf. Sofort stürzte Juno zu ihr zurück, und Black Angel lag wieder ganz still, womit sie vermutlich andeutete, daß sie die Niederlage hinnahm. Juno verzog sich wieder. In den nächsten zehn Minuten kam Juno jedesmal eiligst herüber, wenn sich Black Angel rührte, aber schließlich ließ sie zu, daß sie aufstand. Nun übertraf sich Black Angel mit unterwürfigen Gesten, leckte Junos Lippen und Schnauze, wedelte mit dem Schwanz, legte die Ohren fest an den Kopf und verzog ihre Lippen zum Unterwürfigkeitsgrinsen. Sie machte es absolut deutlich, daß sie, jedenfalls vorläufig, den höheren Status der anderen vollauf akzeptierte. Das reichte offenbar aus: Sie war dem Tode nahe gewesen, aber die Höchststrafe hatte Juno nicht gefordert.

Während des Kampfes hatten Yellow Peril und der andere Rüde sich mit den Welpen im Hintergrund gehalten. Einmal war Yellow Peril näher gekommen, als ob er sich irgendwie beteiligen wolle, aber vielleicht hat ihn die Konzentration und Wildheit der streitenden Hündinnen ferngehalten. Er trottete noch neben Black Angel, als sich die kleine Gruppe in der Richtung auf den Weg machte, die das übrige Rudel eingeschlagen hatte. Ich folge, soweit ich konnte, aber bald brach die Dunkelheit herein. Am nächsten Tag war das Genghis-Rudel weitergezogen.

Als ich das Rudel anderthalb Monate später wiedertraf, war Juno immer noch Nummer zwei in der Hierarchie der Hündinnen und kam gleich nach Havoc. Die Lage schien sich wieder beruhigt zu haben, denn es gab unter den Hündinnen keine Balgereien mehr, wenn das Rudel fraß, und nichts deutete auf die stressreiche Zeit hin, die Black Angel durchgemacht haben mußte. Aber inzwischen hatte die kurze Regenzeit begonnen, die Steppe war grün und gesprenkelt mit Gnu- und Zebraherden. Die ausgewachsenen Hunde verbrachten viel Zeit mit Spielen. Sie jagten einander und die Welpen über die Steppe, Swift schlug Saltos über Havoc, Black Angel und der alte Yellow Peril sprangen aneinander hoch wie Jungtiere, und die Kleinen zogen sich gegenseitig an den Schwänzen.

Es waren immer noch acht junge Hunde, und in dieser Hinsicht hatte das Rudel Glück gehabt, denn in den ersten Tagen ihres Wanderlebens verschwinden viele Welpen. Doch eine große Veränderung hatte es bei dem Rudel gegeben. Der alte Genghis, der Leithund, war nicht mehr.

Goldschakale
die kühnen Aasfresser

Goldschakale
die kühnen Aasfresser

Hugo van Lawick-Goodall

Es ging auf den Abend zu, doch die Sonne brannte noch heiß vom Himmel, als ich die beiden Goldschakale beobachtete, die einer hinter dem anderen über das kurze grüne Gras der Ngorongoro-Kraterebene trotteten. Ungefähr einmal jede Minute blieb der Rüde, den wir später Jason nannten, an einem Grasbüschel stehen und markierte es mit seinem Duft, wobei er das Bein nach Art eines domestizierten Hundes hob. Dann trottete er weiter. Wenn Jewel, seine Fähe (wie *wir* die Goldschakalweibchen nennen, zu einem der Büschel kam, fügte sie dem Duft ihres Gefährten noch etwas von dem ihren hinzu und folgte ihm dann weiter.

Sie waren ein Liebespaar, und obwohl ich es damals nicht wußte, markierten sie einen Teil ihres Territoriums – des Territoriums, in dem sie später ihre Jungen aufzogen und wo sie möglicherweise schon früher Junge aufgezogen hatten. Mit einemmal sah ich, wie Jason stocksteif dastand und wie sich das Haar auf seinem Hals, Rücken und Schwanz sträubte. Jewel blieb neben ihm stehen, und beide starrten unverwandt in dieselbe Richtung. Dann sah auch ich den dritten Schakal, der zusammengerollt dalag und anscheinend schlief. Jasons Lippen kräuselten sich, knurrend lief er hin und stand in Drohhaltung über dem Eindringling, den Rücken gewölbt, den Kopf gesenkt, und mit hängenden Ohren und weit offener Schnauze entblößte er seine weißen Zähne. Der dritte Schakal schien sich tief in den Boden zu pressen.

Mit einemmal kämpften sie. Man konnte die Einzelheiten nicht verfolgen, so schnell bewegten sich die Streiter, doch als der Eindringling zu fliehen versuchte, schoß Jason vor und biß ihn in den Hals, und ein paar Sekunden lang standen beide auf den Hinterbeinen und bissen sich gegenseitig ins Gesicht und in den Hals. Dann machte sich der Eindringling davon und zuckte wie ein Blitz über das kurze grüne Gras, und Jason, dem sich Jewel angeschlossen hatte, folgte ihm dicht auf den Fersen. Bald war der vertriebene Schakal anscheinend weit genug von ihrem Territorium fortgelaufen, und die beiden brachen ihre Jagd ab, blieben stehen und schauten ihm nach, wie er verschwand.

Einen Augenblick erhob sich Jewel kurz auf die Hinterbeine, die Vorderpfoten auf den Schultern ihres Gefährten, und begann ihn dann zu putzen. Nach ein paar Minuten schien Jason sich zu entspannen, erst saß er, dann legte er sich mit fast geschlossenen Augen hin, während seine Fähe an seinem graugoldenen Fell knabberte. Fünfundzwanzig Minuten putzte sie ihn und rutschte um den Liegenden herum, damit sie die verschiedenen Körperteile erreichte, und von Zeit zu Zeit unterbrach sie diese Tätigkeit, um an ihrem eigenen Pelz zu knabbern oder zu kratzen. Dann hörte sie auf, und nun putzte Jason sie fünf Minuten, ehe er wegging, sich zu einer Kugel zusammenrollte und offenbar einschlief. Jewel blickte ihn an und legte sich dann auch hin.

Es war die Paarungszeit der Goldschakale im Ngorongoro-Krater, und in den nächsten Tagen beobachtete ich Jason, wie er Jewel umwarb. Den Schwanz steif hinter sich ausgestreckt, die Mähne gesträubt, die Ohren aufgerichtet, so näherte er sich ihr. Doch gewöhnlich, wenn er ihr Hinterteil beschnuppern wollte, schwenkte sie herum und schnappte nach ihm, ehe sie abzog. Meist jagt der Goldschakal allein, aber während der Paarungszeit schläft und jagt ein Liebespaar wie Jason und Jewel zusammen. Oft putzen sie sich gegenseitig. Jewel pflegte ihren Gefährten immer sehr lange und ausgiebig, aber auch Jason putzte sie oft fünfzehn oder mehr Minuten hintereinander. Gelegentlich, wenn sie beide stehenblieben, um gemeinsam den Boden abzuschnüffeln oder zu markieren oder eine tote Maus oder einen Fetzen Fleisch hervorzuscharren, legte der eine oder andere von ihnen kurz die Vorderpfoten auf die Schultern des anderen – ein Verhalten, das ich nur in der Paarungszeit beobachtet habe. Nur einmal sah ich sie kopulieren, sehr früh am Morgen, und ich vermute, daß sie die Stunden der Dunkelheit vorzogen.

Damals waren wir nur zu einem kurzen Besuch in den Krater gekommen, aber zwei Monate später waren wir wieder da und blieben diesmal sechs Monate, zusammen mit zwei Wissenschaftlern, die uns bei den Beobachtungen helfen sollten. Es kostete uns viele Stunden harter Arbeit, unser Lager um die Munge-Hütte herum aufzuschlagen. Randvoll geladene Autos mußten ausgepackt, Zelte aufgebaut und Sachen verstaut werden. Nachdem der Autoanhänger ausgepackt war, diente er als Lagerraum für Konserven, außer Reichweite für herumstöbernde Hyänen, denn erstaunlicherweise springen diese Geschöpfe nicht vom Boden hoch, wenn sie des Nachts bei einem Lager nach Beute suchen. Wenn man ihnen die Gelegenheit bietet, schleppen sie allerdings ungeöffnete Büchsen weg, auf denen sie herumkauen, bis ihre ursprüngliche Form kaum noch zu erkennen ist.

Wie üblich behinderte Grublin den Arbeitsablauf. Mit seinen zehn Monaten war er noch im Krabbelalter, aber immer wieder brachte er es fertig, an die unpassendsten Orte zu kriechen. War ein Zelt zum Aufstellen bereit, dann saß mit Sicherheit Grublin oben drauf; war eine säuberlich gepackte Kiste einen Augenblick auf dem Boden stehengeblieben, dann fanden wir bestimmt Grublin bald in ihr und den ganzen Inhalt über das Gras verstreut.

Zu guter Letzt war dennoch alles mehr oder weniger fertig, und wir hatten noch Zeit, vor Sonnenuntergang zum Scratching Rocks Hill hinaufzufahren. Das ist ein kleiner Berg, etwa eine Meile von der Hütte entfernt, der eine prachtvolle Aussicht auf die flache Kratersteppe bietet. Langsam ging die Sonne unter, und in schwarzen Linien zogen die Gnuherden auf dem Weg zu ihren nächtlichen Futterplätzen an dem Berg vorbei. Einige junge Hyänen spielten in der Nähe ihres Baues; ein Schwarm weißer Kuhreiher hatte sich für die hereinbrechende Nacht in einem großen, kahlen Baum niedergelassen; und drüben zog durch das grüne Schilf des Sumpflandes langsam eine kleine Elefantenherde hinaus auf die Steppe. Während wir dort saßen, wurde der Himmel golden, dann rot und schließlich dunkel.

Für meine Studie wollte ich Material über die Entwicklung der jungen Schakale sammeln und über die sich ändernden Beziehungen innerhalb der Familie, wenn sie älter werden. Es erschien fast zu schön, um wahr zu sein, daß Jason und Jewel, deren Liebesspiel ich damals beobachtet hatte, nun einen Wurf Junge in genau dem richtigen Alter hatten. Als ich die vier Welpen zum erstenmal zu Gesicht bekam, die in der Nähe ihres Baues standen, waren sie noch dunkel, fast schwarz, und dann lief einer, und ich sah, daß er noch wacklig auf seinen kurzen Beinen war.

Nach einer Weile fuhr ich ein bißchen näher heran. Einer der Welpen machte einen ungeschickten Schritt, stieß mit seinen Geschwistern zusammen, und wie Kegel gerieten sie einer nach dem anderen aus dem Gleichgewicht und purzelten hinunter in den Bau. Bald kamen sie allerdings wieder heraus. Ich sah, daß ihre Augen verschwommen blau waren, und vermutete, daß sie noch nicht lange offen waren. Wir wissen aus Zoo-Aufzeichnungen, daß sich die Augen eines jungen Schakals öffnen, wenn er etwa zehn Tage alt ist. Diese vier Welpen mußten also etwa zwei Wochen alt sein.

Später am Morgen kam ihre Mutter Jewel zum Bau. Sie war zuerst scheu vor dem Landrover, deshalb fuhr ich ein Stück rückwärts. Dann, nachdem sie den Wagen ein paar Minuten angestarrt hatte, trottete sie zum Eingang des Baues, steckte den Kopf hinein und winselte leise. Die Welpen kamen sofort nach oben, folgten Jewel zu einer etwa drei Meter vom Höhleneingang entfernten Stelle und tranken. Um an die Zitzen heranzukommen, stellten sie sich auf die Hinterbeine und stützten sich mit den Vorderbeinen am Bauch der Mutter ab. Manchmal rutschten die Pfoten eines Kleinen ab, dann klammerte es sich an die Zitze, als ob das Leben davon abhinge, während es verzweifelt versuchte, den verlorenen Halt wiederzufinden.

Ich hatte erwartet, daß Jason und Jewel abwechselnd in der Nähe des Baues bleiben würden, solange ihre Welpen noch so klein waren. Aber obwohl beide Eltern täglich eine Reihe von Stunden zusammengerollt in der Nähe verbrachten, waren die Kleinen doch lange Zeit sich selbst überlassen. In den ersten Tagen, als wir sie beobachteten, waren sie oft unten im Bau. Wenn sie heraufkamen, wanderten sie umher, schnüffelten am Boden oder spielten friedlich, krabbelten übereinander und bissen sich gegenseitig. Am dritten Tag sah ich, wie zwei von ihnen bei einem ihrer Spiele versuchten, sich anzuspringen. Sie waren noch unbeholfen, verschätzten sich oft in der Entfernung und sogar in der Richtung. Wenn sie landeten, fielen sie gewöhnlich um – manchmal sogar hinunter in den Bau. Und wenn es ihnen gelang, richtig auf allen vier Pfoten zu landen, dann standen sie ein paar Augenblicke da, als warteten sie darauf, daß das Wackeln ihrer Beine aufhöre, ehe sie einen weiteren Schritt taten.

Es war noch früh am Morgen, fünf Tage, nachdem ich Jasons Welpen kennengelernt hatte, da sah ich zum erstenmal eine Hyäne, die den Bau erforschte. Die Kleinen waren zu der Zeit unten, die Eltern hatten sich zusammengerollt und schliefen jeder für sich, beide etwa zwanzig Meter entfernt. Ich beobachtete, wie die Hyäne langsam auf den Bau zuschlich, von Zeit zu Zeit stehenblieb und in der Luft witterte. Als sie zum Eingang kam, steckte sie sofort den Kopf hinein. Ich stellte mir vor, wie die vier Kleinen unten den letzten Schimmer Tageslicht verschwinden sahen und zweifellos den widerwärtigen Atem der Hyäne rochen. Ich fragte mich, ob die Hyäne zu graben beginnen und die Kleinen ausbuddeln würde.

Plötzlich gab es ein lautes Knurren. Die Hyäne sprang zurück, drehte sich um und schnappte nach Jewel, die herangestürzt war, um in das aus ihrem Bau herausragende feindliche Hinterteil zu beißen. Jewels Bewegungen waren wie Quecksilber – sie flitzte weg, drehte sich zu der Hyäne um, hob ihre Nase gen Himmel und stieß ein lautes Geheul aus. Die Hyäne hatte ihre Aufmerksamkeit auf die Fähe gerichtet und merkte nicht, daß Jason, offenbar auf Jewels Ruf reagierend, ebenfalls heranraste. Den Bruchteil einer Sekunde später biß der Schakalrüde dem Eindringling in den Knöchel. Wieder fuhr die Hyäne herum und drehte damit von neuem ihr Hinterteil Jewel zu, die sich auf sie stürzte und in den zweiten Knöchel biß. Immer wieder griffen die beiden Schakale die Hyäne an, die schließlich eine Hockstellung einnahm und so mit ihrem weniger empfindlichen Hinterteil die Knöchel schützte. In dieser Stellung schlurfte sie langsam davon, und als die beiden Schakale ihr folgten und vorsprangen, um ihr ins Hinterteil zu beißen, pirouettierte die Hyäne grotesk, während sie versuchte, sich nach beiden Seiten zugleich zu verteidigen.

Der Vorfall erinnerte mich an die Beobachtungen eines amerikanischen Wissenschaftlers, der gesehen hatte, wie eine Wolfsfamilie auf ähnliche Weise einen Grislybären aus ihrem Bau vertrieb, indem sie ihn ins Hinterteil bissen. Die Hyäne und der Grislybär sind etwas schwerfällige Geschöpfe, und der Wolf und der Schakal können sich blitzschnell bewegen – sie können also zubeißen und sich davonmachen, ehe das größere Tier die Möglichkeit hat, sich zu rächen. Das ist vermutlich der Grund, warum sie Gegner verjagen können, die viermal soviel wiegen wie sie.

Im Laufe der Zeit sahen meine Assistenten und ich, wie Jason und Jewel noch andere Hyänen verjagten, und zu guter Letzt machten viele Hyänen einen Umweg, wenn sie vorbeikamen, und mieden offenbar diese Gefahrenzone. Tatsächlich habe ich nie gesehen, daß eine Hyäne junge

Schakale fraß – selbst wenn Hyänen in Abwesenheit beider Schakaleltern am Bau vorbeikamen, taten sie nie mehr, als ihren Kopf ins Loch zu stecken und den Boden ringsum zu beschnüffeln. Doch ein Jahr später sah ich, daß eine Hyäne ein wenig an einem bewohnten Schakalbau grub, ehe sie weiterwanderte, und mehrmals habe ich beobachtet, daß Hyänen junge Schakale jagten. Daher bin ich überzeugt, daß eine Hyäne, wenn die Nahrung wirklich knapp wäre, einen Bau aufgraben und junge Schakale fressen würde, so daß zweifellos guter Grund besteht für die Evolution des Verfolgungsverhaltens der Schakaleltern.

Allmählich gewöhnte sich Jewel daran, daß ein Auto in der Nähe des Baues stand, und sie begann, mehr Zeit mit ihren Welpen zu verbringen. Und wenn sie bei ihnen war, pflegte sie gewöhnlich ihr Fell. Jason knabberte gelegentlich an einem Jungen, so wie er auch manchmal seine Fähe putzte, aber wir merkten bald, daß Jewel eine fanatische Putzerin war. Minutenlang konnte sie an lockeren Haaren und Schmutz im Pelz ihrer Kleinen herumbeißen, und wenn ein Junges ungeduldig wurde, ehe sie fertig war, und sich verdrückte, um mit seinen Geschwistern zu spielen, dann rannte Jewel oft hinter ihm her, warf es mit einem Pfotenhieb um und setzte ihr Werk fort. Wenn sie mit einem Kleinen fertig war, wandte sie ihre Aufmerksamkeit gewöhnlich dem nächsten zu. Manchmal beteiligte sie sich sogar an einem Spiel ihrer Sprößlinge, anscheinend aus dem einzigen Grunde, um einen von ihnen von den anderen wegzumanövrieren, ihn auf den Boden zu drücken und zu putzen. Einmal rannte sie sogar ein kurzes Stück neben einem Welpen her und knabberte an ihm, als er einem seiner Geschwister nachsprang.

Alle Schakalmütter putzen natürlich ihre Jungen, obwohl wir keine gesehen haben, die es so energisch und häufig tat wie Jewel. Die Fellpflege ist bei vielen Tieren eine wichtige soziale Angelegenheit geworden, die nicht nur dazu dient, den Pelz zu säubern, sondern auch dazu beitragen mag, zärtliche Bande innerhalb einer Gruppe zu stärken oder das Verhältnis zwischen Männchen und Weibchen in der Paarungszeit zu festigen. In der Gesellschaft der Goldschakale hat sie zweifellos diesen sozialen Sinn. Jason und Jewel putzten sich, als sie sich umwarben, längere Zeit als jemals nachher, und beide Eltern putzten ihre Jungen weit häufiger, als eine bloße Reinigung des Fells rechtfertigen würde. Als die Welpen größer wurden und ihre eigenen, ausgeprägten Persönlichkeiten entwikkelten, da putzten die Eltern sie noch öfter und verwendeten jeweils mehr Zeit darauf.

Sehr kurze Fellpflege oder auch einzelne Teile des Putzverfahrens einer Tierspezies kommen oft bei freundschaftlichen Interaktionen zwischen zwei Individuen vor, zum Beispiel den Begrüßungszeremonien. Wenn Jason und Jewel, nachdem sie getrennt waren, sich wiedertrafen, gingen sie häufig aufeinander zu und knabberten sich gegenseitig kurz an der Schnauze oder den Ohren. Und oft, wenn ein rangniederer ausgewachsener Goldschakal einen ranghöheren trifft, legt er sich auf den Rücken und nimmt die Stellung ein, mit der ein Welpe einen Elternteil oder eins der Geschwister auffordert, es zu putzen.

Als Jasons vier Welpen fast einen Monat alt waren, hatte sich ihre dunkle Höhlenfärbung in die fahle Tönung von sonnengebleichtem Gras verwandelt – eine ausgezeichnete Tarnung für jene Kleinen, die in der Trockenzeit zur Welt kommen, aber wenig nützlich für die Mehrzahl, die, wie diese vier, geboren werden, wenn das Gras grün ist. Inzwischen vermochten wir die einzelnen Welpen auseinanderzuhalten – obwohl es zweifelhaft ist, ob wir sie, abgesehen von Rufus, der frühzeitig einen kleinen, fast unsichtbaren Riß im Ohr davontrug, außerhalb ihrer Familienumgebung wiedererkannt hätten. Innerhalb der Gruppe fielen einem jedoch nicht nur leichte Unterschiede in der äußeren Erscheinung auf (eins der kleinen Weibchen war mehr sandfarben als die Schwester, einer der kleinen Rüden hatte eine längere Schnauze als der andere), aber es gab eindeutige Unterschiede im Verhalten und den Persönlichkeiten.

Ein Weibchen, Amba, entwickelte sich rasch zu einer fast ebenso begeisterten Putzerin wie ihre Mutter. Ständig quälte sie ihre Geschwister mit ihren Aufmerksamkeiten, obwohl sie oft Pech hatte, denn als die Welpen älter wurden, wurden sie immer lebhafter und verbrachten viel Zeit mit Spielen. Gelegentlich, wenn ihre Mutter ein Kleines putzte, half ihr Amba, aber sie ließ sich auch selbst gern putzen und brachte es fertig, sich zwischen Jewel und das Kleine zu schieben, das gerade geputzt wurde – ein Manöver, das gewöhnlich erfolgreich war, denn das andere ergriff die Gelegenheit, seiner Mutter zu entwischen, so daß Amba als einzige greifbar war. Manchmal sah ich sogar, daß sich Amba zwischen ihren Vater und ihre Mutter drängelte, wenn die beiden sich putzten: das Ergebnis war gewöhnlich, daß einer von ihnen sie putzte.

Cinda war das kleinste der Jungen, das Küken. Sie war bei weitem die ängstlichste, verzog sich in den Bau beim kleinsten Schatten, den ein vorbeifliegender Vogel oder eine Wolke warf, und stürzte kopfüber hinunter, wenn ein plötzlicher Donnerschlag sie erschreckte. Sie bezeugte rasch Unterwürfigkeit, wenn die Welpen miteinander spielten und es dabei etwas unsanft herging, und oft beteiligte sie sich überhaupt nicht am Spiel der Geschwister, sondern blieb liegen, während die anderen um sie herumtobten. Trotzdem fielen die stärkeren Welpen oft über sie her oder warfen sie um.

Rufus war das genaue Gegenteil. Von Anfang an war er der Unternehmungslustigste der vier, der erste, der mehr als ein paar Meter vom Bau fortwanderte. Einmal, als er erst ungefähr drei Wochen alt war, beobachtete ich, wie er auf drei Nilgänse zukroch, die am Bau vorbeiwatschelten und ungefähr viermal so groß waren wie er. Je näher er kroch, um so schneller watschelten die Gänse, als ob es ihnen widerstrebe, sich wegen eines so kleinen Schakals in die Lüfte zu schwingen. Rufus war offenbar auch von Natur aus neugierig: wenn eine Pflanze in der Nähe des Baues aufblühte, mußte Rufus unbedingt hingehen und an den Blüten riechen; hatte ein Vogel eine Feder verloren, war Rufus gewöhnlich der erste, der sie bemerkte und untersuchte. Bei den Schakalen ist es wie bei den Jungen vieler Säugetiere: wenn ein Welpe etwas tut, ist die Wahrscheinlichkeit groß, daß die anderen es ihm nachmachen. Stürzte sich Rufus auf Insekten, taten die anderen dasselbe. Entfernte sich Rufus fünf Meter von der Höhle, um sich an dampfendem Nashornkot gütlich zu tun, folgten die anderen bald seinem Beispiel.

Nugget, der andere Rüde, schien immer der Verspielteste der vier zu sein. Dauernd ging er auf eins seiner Geschwister zu mit den kleinen kopfschüttelnden Bewegungen, die bedeuten: «Ich will mit dir spielen.» Wenn die anderen es müde waren, mit ihm herumzutollen, spielte er für sich, zerrte an Grasbüscheln, als ob es die Schwänze seiner Geschwister seien, und wenn dann die Grashalme abrissen, purzelte er hintenüber. Häufig warf Nugget auch kleine Steine oder Stückchen von trockenem Zebrakot mit der Schnauze in die Luft und stürzte sich dann drauf, wenn sie auf den Boden fielen. Eines Tages fand er einen zerkauten, ausgetrockneten Ball aus Haaren und Haut, und dieses «Spielzeug» beschäftigte ihn über eine Stunde; er warf den Ball hoch, stürzte sich drauf, legte ihn eine Weile beiseite, nahm ihn aber mit, wenn er woanders hinging, und spielte dann wieder damit. Einmal sah ich sogar, daß Nugget einen Schmetterling mit Kopfschütteln zum Spielen aufforderte!

Das Spielverhalten der Welpen änderte sich, als sie älter wurden. Die ersten sanften Beiß- und Purzelspiele verwandelten sich allmählich in recht lebhaftes Beißen, Nachjagen und Ringen. Oft, wenn zwei Welpen spielten, legte jeder seine Vorderpfoten auf die Schultern des anderen, während sich beide gegenseitig ins Gesicht bissen. Wenn sie dann das Gleichgewicht verloren und hinfielen, setzten sie oft das Spiel auf dem Boden liegend fort, schnappten nach einander und schlugen mit den Hinterbeinen aus wie Katzen. Häufig schlossen sich einem von zwei Welpen begonnenen Spiel der eine oder die beiden anderen an, bis nur noch ein Haufen von goldenem Fell, sich bewegenden Pfoten und schnappenden Zähnen da war.

Nachdem wir einmal mit den Welpen als Individuen vertraut geworden waren, wurde es interessanter, ihr Spiel zu beobachten. Eines Tages fand Nugget eine Straußenfeder. Er beschnüffelte sie vorsichtig, dann stürzte er sich drauf und zerfledderte sie, wie ein domestizierter junger Hund einen Hausschuh zu zerfledern pflegt. Als Rufus bei Nugget auftauchte, nahm Nugget seine Feder und flitzte davon; Rufus setzte ihm sofort nach, und bald schlossen sich ihm seine beiden Schwestern an. Immer im Kreis jagten sie ihn herum, bis Rufus ihn einholte und knurrend ein Tauziehen mit Nugget veranstaltete. Plötzlich packte Amba Nuggets Schwanz und zog daran, ein beliebter Scherz. Nugget drehte sich um und wollte seine Schwester beißen, dabei verlor er die Feder an Rufus. Und so ging es über eine Stunde, bis nur noch ein paar zerzauste Fetzen von ihrem Spielzeug übrig waren.

Bei einer anderen Gelegenheit beobachtete ich, wie Rufus und Nugget einander immer um ein mit hohem Gras bestandenes Fleckchen herumjagten. Plötzlich blieb Rufus stehen und drehte sich um, und als Nugget um die Ecke kam, so schnell, wie ihn seine kurzen Beine nur trugen, sprang Rufus ihm direkt ins Gesicht. Dann raste Rufus wieder los, aber nachdem er halbwegs um das Grasstück herum war, hielt er wieder an, drehte sich um und wartete wie zuvor auf seinen Bruder. Er sah den kleinen Kopf gar nicht, der über das Gras hinausragte und auf ihn herunterblickte, und Nugget sprang geradenwegs über die Pflanzen und landete auf seines Bruders Rücken. Jetzt stellten sich die beiden Welpen auf die Hinterbeine und bissen sich gegenseitig ins Gesicht. In diesem Augenblick erschien Cinda. Sie schaute einen Moment zu, dann sprang sie los, landete auf den anderen und warf sie aus dem Gleichgewicht. Rufus wühlte sich von unten aus dem Haufen heraus, begann sofort Cinda anzugreifen und biß ihr mit zurückgelegten Ohren heftig ins Gesicht. Dann stieß Nugget, der sich unter Cinda hervorgearbeitet hatte, an seines Bruders Kopf, was dazu führte, daß Rufus in sein Hinterteil biß. Winselnd lief er von Cinda, dem Küken, weg: Hat er geglaubt, daß sie ihn so schmerzhaft gezwackt hatte?

Dieser Vorfall erinnerte mich an die Zeit, als unser Sohn Grublin, damals sechs Monate alt, von einer zahmen Manguste gebissen wurde. Wir waren zum Tee bei Freunden eingeladen, und Jane setzte sich mit Grublin auf dem Arm auf das Sofa. Gerade als unsere Gastgeberin neben ihnen Platz nahm, sprang die Manguste hoch, biß Grublin ins Bein und verschwand unter dem Möbel. Grublin hat sie gar nicht gesehen und war offenbar überzeugt, daß der Biß von der Dame kam, die sich eben neben ihn gesetzt hatte. Den ganzen Nachmittag schrie er jedesmal, wenn sie ihm nahe kam.

Als Jason und Jewel toleranter gegenüber unseren Autos wurden, konnten wir ihnen auf ihren Beutezügen folgen, und allmählich lernten wir den Umfang ihres Lebensbezirks oder Jagdreviers kennen und die Art ihrer Beziehungen, die sie zu einigen der ihnen benachbarten Goldschakale unterhielten. Soweit wir feststellen konnten, jagten sie in einem Gebiet von etwa einer Quadratmeile – einige Goldschakale haben, wie wir später sehen werden, viel größere Jagdgründe. Jason und Jewel verhielten sich nicht immer gleich, wenn sie andere Goldschakale in ihrem Jagdbereich trafen. Manchmal wurden die Eindringlinge verjagt, manchmal nicht beachtet, und manchmal freundschaftlich aufgenommen. Nur eine Langzeitbeobachtung könnte solche Haltungsunterschiede aufklären – aber wir vermuteten, daß manchmal die «Fremden» in Wirklichkeit Verwandte waren. Gelegentlich sahen wir zum Beispiel, daß Jason einen von zweien begrüßte, den anderen nicht beachtete, während Jewel von beiden keine Notiz nahm: das wäre zu erwarten, wenn der eine Jasons Bruder oder Schwester wäre. Zu anderen Zeiten begrüßten sowohl Jason als auch

Jewel einen dieser Eindringlinge: vielleicht war es ein inzwischen erwachsen gewordener älterer Sprößling von ihnen.

Wie dem auch sei, selbst *wenn* benachbarte Goldschakale wirklich mit Jason verwandt waren, stellten wir doch bald fest, daß sie nicht oft weit in seinen Lebensbezirk eindrangen, wenn sie jagten. Erlegten Löwen oder Hyänen innerhalb von Jasons Jagdgründen eine Beute, waren er und seine Fähe gewöhnlich die einzigen Goldschakale, die dort fraßen. In den seltenen Fällen, in denen ein oder zwei «fremde» ausgewachsene Schakale anwesend waren, gab es viel Kampf um die Nahrung. Ebenso hielten sich Jason und Jewel normalerweise fern, wenn im Bezirk ihrer Nachbarn Beute erlegt wurde. Indes schien es, daß sich die verschiedenen Lebensbezirke bis zu einem gewissen Grad überschnitten, und wenn in solchen Gebieten Beute erlegt wurde, erschienen häufig zwei benachbarte Schakalpaare. Einmal fanden wir Jason und Jewel zusammen mit zwei benachbarten Paaren an einem Kadaver fressen, weil der Bereich, wo das Tier getötet worden war, ungefähr zu allen drei Lebensbezirken gehörte. Manchmal waren Jason und Jewel den anderen ausgewachsenen Schakalen gegenüber tolerant; manchmal gab es Drohungen und kurze Kämpfe. Es hing davon ab, welche Nachbarn beteiligt waren.

Es besteht ein großer Unterschied zwischen dem Lebensbezirk eines Schakals und seinem Territorium. Das letztere ist ein relativ kleiner Bereich, in dem er das Weibchen umwirbt und seine Welpen großzieht. Soweit ich feststellen konnte, bestand Jasons Territorium aus einem schmalen Streifen flachen Landes, etwa eine halbe Meile lang und vielleicht hundertfünfzig Meter breit. Nur einmal sah ich einen anderen Goldschakal in dieses Gebiet eindringen, und Jason und Jewel verjagten ihn gemeinsam und kämpften wütend mit ihm, bis es ihm gelang, sich zu befreien und wegzurennen.

Sehr oft, wenn sich Jason oder Jewel auf die Jagd begaben, trotteten sie eine Weile an der einen oder anderen Grenze ihres Gebiets entlang und markierten sie etwa einmal in der Minute mit Urin. Männliche wie weibliche Goldschakale heben gewöhnlich ein Bein, wenn sie markieren, doch das Weibchen hockt sich gleichzeitig hin und hebt eine Hinterpfote nur ein paar Zoll vom Boden. Nach dem Urinieren machten Jason und Jewel oft ein paar Scharrbewegungen mit den Hinterbeinen und verteilten damit den Duft über eine größere Fläche. Gelegentlich markierten die

Schakale auch Grasbüschel mit ihrem Kot (oder ihrer «Losung»), den sie peinlich genau oben auf das Büschel setzten. Der Schakal hat zwei After-Duftdrüsen, und wenn er (oder sie) defäkiert, können offenbar Sekrete aus diesen Drüsen herausgepreßt werden, die eine zusätzliche Möglichkeit der individuellen Kennzeichnung bieten.

Die Baue, in denen Goldschakale ihre Welpen aufziehen, liegen natürlich innerhalb der sorgfältig markierten Territorien. Es scheint auch, daß ihre Heulzeremonien fast immer innnerhalb der Territorien stattfinden. Während einer solchen Zeremonie hebt jedes Familienmitglied mit Ausnahme der Welpen, die noch nicht zwei oder drei Wochen alt sind, die Nase gen Himmel und heult laut und schrill. Gewöhnlich heulen sie nicht unisono, sondern fallen nacheinander ein.

Wenn eine Familie mit Schreien aufhört, kann es sein, daß eine Nachbarfamilie die Melodie aufnimmt, und so mag es weitergehen, hin und her – möglicherweise über Meilen. Im Krater fanden solche Zeremonien oft abends oder früh am Morgen statt, und manchmal auch des Nachts. Vermutlich dient die Zeremonie als zusätzliche Proklamation des territorialen Eigentums wie der Morgenchor der Gibbons und der Territorialgesang vieler Vogelarten.

Als wir im Januar zum Krater kamen, hatten gerade schwere Regenfälle eingesetzt, und regelrechte Wolkenbrüche ließen das Gras grün und üppig bleiben, so daß die Pflanzenfresser eine Fülle von Nahrung hatten. Als wir durch die grasenden Herden fuhren, waren ringsum trächtige Gnukühe. Die Wurfzeit begann etwa zwei Wochen, nachdem wir unsere Beobachtung von Jason und Jewel aufgenommen hatten. Eines Tages, als wir schon eine Reihe ganz kleiner Kälber gesehen hatten, die noch wacklig auf ihren dunklen, nassen Beinen waren, stießen wir auf eine junge Gnukuh, die gerade gebar. Sie lag schon, als wir heranfuhren, und wir sahen die starke Kontraktion ihrer Bauchmuskeln. Niemals habe ich eine so schnelle, so glatte, so komische Geburt gesehen: nachher wurde ich mir darüber klar, daß es fast sicher ihr erstes Kind gewesen war. Als das Kalb auf den Boden glitt und sein Kopf den glänzenden, transparenten Sack durchstieß, machte die Mutter einen Luftsprung, drehte sich mittendrin und landete auf den Knien vor ihrem Neugeborenen. Wenn ich je ein Tier vor Staunen die Augen habe aufreißen sehen, dann hier. Als das Kalb sich rührte, sprang die Mutter zurück, landete wieder auf den Knien und wendete den Blick keine Sekunde von dem seltsamen Geschöpf ab, das so plötzlich hinter ihr aufgetaucht war. Wir fürchteten damals, sie könnte ihr Kleines verlassen, denn jedesmal, wenn es sich auf sie zubewegte, sprang sie zurück, als sei sie erschreckt. Schließlich, nachdem sich das Kalb über eine halbe Stunde bemüht hatte, das Euter der Mutter zu erreichen, ließ sie es jedoch trinken.

Tatsächlich verhindert auch eine erfahrene Kuh gewöhnlich, daß ihr Neugeborenes in den ersten paar Minuten nach der Geburt trinkt. Durch ständiges Wegziehen ihres Hinterteils von dem Kalb zwingt sie es, in Bewegung zu bleiben; je mehr es sich bewegt, um so schneller lernt es, seine wackligen Beine zu gebrauchen, und um so besser sind seine Aussichten, den Raubtieren zu entkommen. Die Methode ist so wirkungsvoll, daß ein neugeborenes Kalb, so unglaublich es klingt, drei bis zehn Minuten, nachdem es das Licht der Welt erblickt hat, schon ziemlich schnell neben seiner Mutter herlaufen kann. Manchmal kommt dann ein anderes Gnu und stößt ein neugeborenes Kalb mit dem Kopf an, was oft dazu führt, daß es hinfällt, und stößt es dann wieder an, wenn es aufsteht, bis schließlich Kalb und Mutter davonrennen. Einmal haben Jane und ich beobachtet, wie eine ganze Gruppe von Gnus hinter einem Neugeborenen herjagte, das trotz der Tatsache, daß seine Beine schräg standen und sich auf die seltsamste Weise bewegten, es fertigbrachte, während der ganzen Verfolgung nicht hinzufallen. Es erschien brutal, doch trug wahrscheinlich auch das dazu bei, die Zeit völliger Hilflosigkeit nach der Geburt möglichst abzukürzen.

Eine weitere Schutzmaßnahme der Natur besteht darin, daß ein sehr hoher Prozentsatz der Gnukühe (und vieler anderer weiblicher Herdentiere) ihre Kälber zu fast genau derselben Jahreszeit werfen. Das bedeutet, daß die Raubtiere rasch übersättigt sind und zu guter Letzt von vielen Jungtieren gar keine Notiz mehr nehmen.

Gleich zu Beginn der Wurfzeit, als ich Jason auf einem seiner Beutezüge folgte, war ich erstaunt, daß er auf ein neugeborenes Gnukalb zustürzte, das neben seiner Mutter lag, und es ins Bein biß. Die Mutter war wie der Blitz auf den Beinen und ging mit gesenktem Kopf auf Jason los. Der Schakal griff das Kalb nicht wieder an, und ich war verblüfft: Jason war wirklich ein mutiger Schakal, aber gewiß würde doch selbst er nicht versuchen, ein Gnukalb zu töten, das zumindest dreimal schwerer war als

er und neben seiner Mutter lag. Es wäre etwa so, wie wenn ein europäischer Rotfuchs ein domestiziertes Kalb mit seiner Mutter auf einer Wiese
angreift – nur daß das Gnu behender ist als eine Kuh.

Zwei Tage später wurde mir in etwa klar, was Jason zu seinem seltsamen Verhalten veranlaßt haben konnte. An diesem Tag verließen Jason
und Jewel den Bau, um gemeinsam zu jagen – es war das erste Mal, daß
ich es sah, seit die Welpen geboren worden waren, denn der Goldschakal
ist, wie erwähnt, oft ein einsamer Jäger. Nachdem er eine Weile durch die
Gnuherden getrottet war, blieb Jason plötzlich stehen und schnüffelte in
der Luft. Dann ging er mit Jewel an seiner Seite zielstrebig auf eine Gnukuh zu, die dastand und ein kleines Kalb neben sich hatte. Als die Mutter
sich umwandte und ihn mit gesenkten Hörnern bedrohte, rannten Jason
und Jewel ein kleines Stück weg, drehten sich aber gleich wieder um und
folgten der Gnukuh mit ihrem Kalb, als diese weiterzogen. Eine halbe
Stunde später hielten sich die Schakale immer noch in der Nähe der beiden
auf, und ich war immer verblüffter.

Plötzlich wurde die Gnumutter unruhig, legte sich hin und stieß die
Nachgeburt aus. Ich wurde mir darüber klar, daß das Kalb, obwohl es
trocken war, nicht mehr als ein paar Stunden alt sein konnte. Jason und
Jewel hatten, vermutlich durch ihr Geruchsvermögen, gewußt, daß die
Placenta noch in der Kuh war: ihre Geduld war schließlich belohnt worden. Das gab mir eine mögliche Erklärung für Jasons Angriff auf das neu-
geborene Kalb. Vielleicht war der Geruch des Fruchtwassers so stark gewesen, daß er einen Augenblick verwirrt war und dem Kalb ins Bein biß
in dem Glauben, es sei ein Stück der Nachgeburt.

In den folgenden zwei Wochen erreichte die Wurfzeit ihren Höhepunkt, und durch die Nachgeburten hatten die Schakale einen Überfluß
an Nahrung. Oft, wenn Jason und Jewel in der Nähe des Baues lagen, sah
ich, daß sie plötzlich aufmerksam den Himmel betrachteten. Dann bemerkte auch ich den winzigen Umriß eines Geiers, der größer wurde, als
er auf die Erde herabstieß. Sobald die Schakale sich versichert hatten, in
welcher Richtung der Vogel flog, rasten sie über die offene Ebene, trafen
oft nur Sekunden später als der Geier ein und bekamen den größten Teil
der Placenta.

Kurz nachdem die Wurfzeit der Gnus begonnen hatte, waren Jasons
Welpen gerade etwas über vier Wochen alt und fingen an, feste Nahrung

zu sich zu nehmen. Genau wie Wildhunde füttern Schakale ihre Jungen mit hervorgewürgtem Fleisch; das erste Mal, als wir Jason dabei zuschauten, trottete er hinüber zu den vier Welpen, würgte etwas Fleisch auf den Boden und fraß dann selbst wieder einen Teil davon, während sich die Kleinen um ihn scharten und mit ihrem Vater fraßen. Später am selben Tag machte Jewel dasselbe. In den ersten paar Tagen ließen die Welpen, obwohl sie die neue Nahrung ohne Zögern fraßen, oft etwas übrig. Damals säugte sie Jewel noch etwa dreimal während des Tages, und die wenigen nächtlichen Beobachtungen, die wir durchführten, ließen vermuten, daß sie sie während der Dunkelheit noch zweimal nährte, obwohl der Mond in dieser Jahreszeit so oft hinter Wolken verborgen war, daß wir nicht sicher sein konnten.

Im Laufe der Zeit und trotz der Tatsache, daß sie immer noch regelmäßig Milch tranken, schienen die Welpen die hervorgewürgte Nahrung immer mehr zu schätzen, und bald sprangen sie hoch, wenn einer der Eltern zum Bau zurückkam, wedelten mit den Schwänzen und leckten den Großen die Lippen und das Gesicht – ein Verhalten, das man auch bei einem ausgewachsenen Schakal beobachten kann, wenn er einen ranghöheren begrüßt. Allmählich schien das Hervorwürgen für die Eltern immer schwieriger zu werden – sie wandten sich ab von ihren stürmischen Sprößlingen und sperrten die Schnauze auf, aber die Kleinen waren schon da und sprangen hoch und leckten. Wieder drehten die Eltern sich um: offenbar hinderten die Welpen die Eltern daran, den Kopf tief genug zu senken, damit sie würgen konnten. Einmal sah ich, wie Jewel tatsächlich pirouettierte, während sie würgte, und das Fleisch spritzte aus ihr heraus wie Funken aus einem Feuerrad.

Manchmal, wenn ein Welpe hartnäckig weiterbettelte, nachdem ein Elternteil schon ein- oder zweimal Fleisch hervorgewürgt hatte, drehte sich der große Schakal um und biß den kleinen in die Nase, eine übliche Form der Bestrafung bei allen drei Schakalarten und auch bei Wildhunden. Ironischerweise war es oft Cinda, die auf diese Weise gebissen wurde, denn beim ersten Hervorwürgen schien, wenn es ihr endlich gelungen war, dicht an ihre Eltern heranzukommen, immer der größte Teil des Fleischs schon aufgefressen zu sein. Ziemlich oft bekam sie überhaupt nichts und mußte sich damit begnügen, das Gras abzulecken, wo das Fleisch gelegen hatte.

Ziemlich viele Gnukälber wurden in der Nähe von Jasons Bau geworfen, und dann sahen wir die Schakaleltern oft mit Fetzen der Nachgeburt
im Maul zu den Welpen zurückkommen. Bei diesen Gelegenheiten erkannten wir, eine wie zweckmäßige Methode, die Welpen zu füttern, das
Hervorwürgen ist. Fünfmal sahen wir Raubadler auf die Eltern herabstoßen, wenn sie Futter im Maul hatten, und dreimal schlugen die Vögel tatsächlich den Schakalen ihre Krallen in den Rücken. Bei einer dieser Gelegenheiten ließ Jewel ihr Fleisch offenbar vor Schreck fallen: ehe sie sich
umdrehen konnte, um den Adler zu bedrohen, war er schon herabgesto-
ßen und trug das Futter davon. Ein anderes Mal ließ Jewel einen dicken
Fleischbrocken fallen, als sie von einer Hyäne gejagt wurde.

In diesen Tagen gab es manchmal eine Überfülle von Nahrung. Einmal
kehrte Jason zum Beispiel zum Bau zurück und würgte nicht einmal, sondern viermal. Die Welpen konnten die vier Gänge einfach nicht schaffen,
und mehrere Stücke Fleisch lagen noch auf dem Boden. Plötzlich sausten
die Welpen auf *einen* Schlag zum Bau, und im selben Augenblick sprang
Jason in die Luft, und seine Zähne schlugen zu, als ein Schwarzmilan auf
das Fleisch herabstieß. Ich war überrascht, denn diese Milane sind zwar
klein, aber verwegen. In Städten habe ich gesehen, daß sie sich Knochen
schnappen, die gerade von Hunden benagt wurden; und einmal, als Janes
Mutter auf dem Viktoriasee Boot fuhr, schoß ein besonders kühner Milan
herab und grapschte nach ihrem Kopf, denn er hatte ihr Haar offenbar mit
irgendeinem braunen Säugetier verwechselt. Viermal sprang Jason hoch,
um nach dem Milan zu beißen, ehe der Vogel es aufgab, und mich amüsierte es, als ich merkte, daß Rufus, nachdem er seinen ersten Schreck
überwunden hatte, vorsichtig die Nase aus dem Bau streckte, um zu beobachten, was vor sich ging.

Gewöhnlich vergraben Schakale überschüssige Nahrung nach Art der
Füchse, Wölfe, Bären und einer Reihe anderer Raubtiere. Jason und
Jewel vergruben immer einzelne kleine Fleischstücke und verteilten ihre
Vorräte auf ein großes Gebiet. Ich ahnte, warum, als ich in einer von
Jasons Speisekammern eine Hyäne langsam und methodisch von einem
Stückchen Nahrung zum anderen gehen sah: weil das Fleisch so weit ver-
streut war, war die Wahrscheinlichkeit viel größer, daß sie etwas überse-
hen würde. Der Fuchs in Europa hat in dieser Hinsicht weniger zu be-
fürchten und kann seine gesamten Vorräte an einer Stelle vergraben – in

einem einzigen Versteck wurden ein Hase, ein Waldhuhn und zehn Mäuse gefunden.

Die Wurfzeit der Gnus war die einzige Jahreszeit, in der ich sah, daß die Goldschakale im Krater mehr Aas vertilgten als jagten: normalerweise taten sie das nur, wenn größere Raubtiere zufällig in ihren Jagdgründen ein Tier erlegt hatten. Bei einer derartigen Gelegenheit erfuhr ich viel über Jasons Charakter, denn niemals habe ich einen Goldschakal beobachtet, der bei der Tötung eines Wildes aggressiver oder kühner war. Einmal sah ich, wie er einem auf seiner Beute liegenden Löwen ganze Fleischbrocken unter dem Ellbogen wegschnappte, und einmal machte er mit einer Hyäne Tauziehen um ein Stück Eingeweide. Er sprang furchtlos nach Adlern und Geiern, die an einem Kadaver fraßen, und eines Tages, als seine Welpen älter waren, rannte er mehr als eine halbe Meile, um einen riesigen Ohrengeier wegzujagen, der seinen Sohn Rufus von einem Stück Fleisch, das er fraß, vertrieben hatte.

Doch trotz seiner Tüchtigkeit in der Rolle des Aasvertilgers ging Jason weit häufiger auf die Jagd und erlegte seine Nahrung selbst. Tatsächlich ist eins der Bilder von Jason, das mir am lebhaftesten vor Augen steht, das einer angespannten Gestalt, die reglos neben einem hohen Grasbüschel steht und dann, als habe eine unsichtbare Hand einen Auslöser betätigt, hoch in die Luft springt und meistens auf einem ungesehenen Nagetier landet, das er mit seinen scharfen Ohren gehört hatte.

Meine Assistenten und ich folgten Jason und Jewel auf vielen ihrer Beutezüge. Am häufigsten fingen sie Insekten, gruben im Boden oder in Kothaufen, um Mistkäfer oder ihre Larven, Termiten und dergleichen auszubuddeln; oder sie sprangen hoch und schnappten mit den Kiefern zu, um Käfer oder Motten im Flug zu fangen; oder sie stürzten sich auf Heuschrecken, Grillen und dergleichen, während sie durch hohes Gras schlichen. Oft fingen sie auch Nagetiere wie Ratten und Mäuse, und zu manchen Jahreszeiten machten sie Jagd auf am Boden nistende Vögel und ihre Jungen. Mehrmals sah ich sie des Nachts Springhasen jagen, und einmal spielten die Welpen morgens mit einem Stück Fell eines Springhasen; ob ihre Eltern ihn erlegt hatten, wußte ich nicht. Gelegentlich sahen wir Jason und Jewel einem gewöhnlichen Hasen nachjagen, aber erfolglos; öfter beobachteten wir, daß die Schakale stehenblieben und einem Hasen nachsahen, den sie aufgescheucht hatten, als ob sie sich darüber klar seien, daß eine Verfolgung zwecklos wäre. Selbst in Gegenden, wo es weniger reichlich Nahrung gibt als im Krater und wo Schakale oft Hasen jagen, haben wir nie gesehen, daß sie einen fingen oder fraßen.

Ich werde nie vergessen, wie ich Jason zum erstenmal mit einer Schlange kämpfen sah. Ich kam gerade rechtzeitig, um zu sehen, wie er zurücksprang, während sich die Schlange um seinen Hals geschlungen hatte. Jason schüttelte sich heftig, und die Giftzähne der Schlange rutschten von der langen, schützenden Mähne des Schakals ab. Den Bruchteil einer Sekunde später hatte Jason die Schlange zwischen seinen Kiefern. Er schüttelte sie kurz, dann ließ er sie los und sprang wieder zurück. Die Schlange landete auf dem Boden und rollte sich im Nu zusammen, den Kopf auf Jason gerichtet. Plötzlich schoß sie vor, ihre Giftzähne schimmerten in der Morgensonne kurz auf. Gerade als sie zustoßen wollte, sprang Jason beiseite, packte wie der Blitz ihren Körper und schüttelte ihn wieder. Danach folgten Jasons Angriffe einander rasch, bis sein Opfer nach ein paar Minuten fast reglos auf dem Boden lag. Dann fraß Jason langsam, am Schwanz beginnend, den schlaffen Körper auf.

Damals glaubte ich, daß Kämpfe zwischen Schakalen und Schlangen selten seien, doch bald fand ich heraus, daß Schlangen zum normalen Speisezettel eines Schakals gehören. Einmal sah ich Jason eine Schlange fressen, die er anscheinend nicht vorher getötet hatte, und ich frage mich seitdem, ob Schakale instinktiv wissen, welche Schlangen tödlich sind. Sein erstes, von mir beobachtetes Opfer war eine gestreifte Sandschlange, die für Menschen nur mäßig giftg ist, aber für ein so kleines Geschöpf wie einen Schakal möglicherweise gefährlicher.

Noch einen anderen Tag werde ich lange in Erinnerung behalten. Jason und Jewel wanderten durch eine Herde Thompson-Gazellen, als Jason plötzlich stehenblieb und nach vorn starrte. Jewel trat neben ihn, und als ich ihren Blicken folgte, sah auch ich das kleine Kitz, das sich flach auf den Boden preßte. In der Nähe graste die Mutter und hatte noch nicht gemerkt, daß ihr Kind in Gefahr war.

Einen Augenblick später schoß Jewel vor und packte das Kitz am Ohr. Doch die Gazellenmutter war ebenso schnell wie der Schakal und griff Sekunden später an, um das Kitz zu verteidigen, den Kopf gesenkt, ihre kleinen, spitzen Hörner auf das Raubtier gerichtet. Rasch flitzte Jewel weg, doch als ihr die Gazellenmutter folgte, lief Jason hin und packte das

Kitz. Nun wandte sich die Gazelle schnell um und griff Jason an. Wie Jewel vorher, ließ Jason die Beute fallen und rannte vor der Gazellenmutter weg. Immer wieder griff die Mutter die Schakale an, erst den einen und dann den anderen, doch obwohl sie Jason zweimal so heftig berannte, daß er kopfüber weggeschleudert wurde, trug er offensichtlich keinen Schaden davon. Nach acht Minuten gelang es Jewel, sich mit der Beute davonzumachen, und, vermutlich, um der Aufmerksamkeit der Mutter zu entgehen, zerrte sie das Kitz in einen nahe gelegenen Bau. Sobald ihr Kleines nicht mehr zu sehen war und nicht länger blökte, ging die Gazelle weg. Jason, der nicht gesehen hatte, wohin seine Fähe gelaufen war, stand da und blickte sich um, bis Jewel nach einer Weile mit dem Kadaver des Kitzes wieder heraufkam. Dann fraßen sie und Jason ihre Beute auf.

In den nächsten Wochen sah ich mehrmals, daß Thompson-Gazellenkitze sowohl von Gold- als auch von Schabrackenschakalen mit Erfolg gejagt wurden: jedesmal jagten die Schakale paarweise. Ich beobachtete auch eine Jagd, bei der das Kitz zwei Schabrackenschakalen entkommen konnte, nachdem es dreimal gepackt und sogar von einem der Jäger fortgetragen worden war. Als beide Schakale von der Mutter angegriffen wurden, rannte das Kitz in eine grasende Gruppe Gazellenböcke in der Nähe hinein und preßte sich an den Boden. Danach schnüffelten die Schakale eine Weile am Boden, schienen aber die Fährte verloren zu haben und zogen schließlich ab.

Der Speisezettel eines Schakals scheint teilweise davon abzuhängen, wo er lebt. Einige von Jasons Nachbarn, die in dem mehr hügeligen Gelände jagten, wo das Gras lang war, hatten mehr Aussicht, Vögel, Schlangen und sogar Nagetiere zu fangen, als Jason und Jewel, deren Jagdgründe hauptsächlich aus Kurzgrassteppe bestanden. Der Bereich einiger Schakale schloß die Ufer des Munge-Flusses ein, und wenn die Feigen reif waren, schmausten sie die herabgefallenen Früchte – eine Delikatesse, die, soweit ich weiß, Jason und seiner Familie versagt war. Tatsächlich waren wenig Früchte in Jasons Jagdgründen zu finden. Wenn es welche gibt, werden viele Arten von Schakalen gern gefressen. Zu manchen Jahreszeiten wuchsen indes Pilze aller möglichen Arten in Jasons Lebensbezirk, die in dem hohen Grasland der Jagdgründe seiner Nachbarn weniger häufig sind. Mehrere Arten davon wurden von Jason und seiner Familie gefressen. Ich werde nie vergessen, wie Rufus einen Pilz von einer Art fraß, die ich Schakale noch nie hatte fressen sehen. Zehn Minuten später schien Rufus verrückt zu werden. Er raste immerzu im Kreis herum und ging dann schlankweg zuerst auf eine Thompson-Gazelle und dann einen Gnubullen los. Beide Tiere, die vielleicht ebenso überrascht waren wie ich, gingen ihm schleunigst aus dem Weg. Konnte der Pilz Halluzinationen hervorgerufen haben? War Rufus auf einem Trip? Die Frage muß unbeantwortet bleiben, denn ich konnte keinen zweiten Pilz dieser Art finden, um ihn zu bestimmen.

Es scheint daher, daß sich der Schakal während eines großen Teils des Jahres eine ausgewogene Kost aus Fleisch, Insekten und manchmal Früchten zu Gemüte führt. Bisher wissen wir noch nicht, in welchem Ausmaß die Ernährungsweise der Schakalwelpen bestimmt wird durch die Art der Nahrung, die ihre Eltern ihnen bringen. Ich werde oft gefragt, ob Schakalwelpen dadurch das Jagen lernen, daß sie ihre Eltern beobachten. Auf einige Nahrungsmittel trifft das gewiß nicht zu. Rufus und seine Geschwister begannen Insekten zu jagen, im Gras zu wühlen und Schnappbewegungen mit den Kiefern zu machen, als sie erst ungefähr drei Wochen alt waren. Sie reagierten vermutlich auf die Bewegungen von Insekten. In diesem Alter waren die Jagdbewegungen entweder spielerisch oder wirkungslos, denn wir sahen sie selten Insekten fressen, ehe sie einen Monat alt waren. Erst später, nachdem sie entwöhnt waren, betrieben die Welpen die Insektenjagd ernstlich.

Jewel begann ihre Sprößlinge zu entwöhnen, als sie knapp über zwei Monate alt waren. Manchmal ließ sie sie noch wie gewohnt saugen, aber zu anderen Zeiten riß sie ihr Hinterteil weg. Waren die Welpen hartnäckig, dann ging sie eilig weg und stolperte dabei manchmal über einen oder zwei der Kleinen. Gelegentlich versuchten die Welpen viele Male, die Zitzen ihrer Mutter zu erreichen, und obwohl Jewel sie manchmal mit einem sanften Biß in die Nase bestrafte, kam es häufiger vor, daß sie die Übeltäter putzte: eine auch von Schimpansen- und anderen Affenmüttern angewandte Strategie, die gewöhnlich dazu dient, die Jungen vorübergehend von ihrem Verlangen nach Milch abzulenken.

Nachdem sie abgestillt waren, wurden die Welpen plötzlich selbständiger. Gewöhnlich unter Führung von Rufus, entfernten sie sich bis zu zwanzig oder mehr Meter vom Bau, wenn sie Insekten jagten oder einfach die Umgebung erkundeten. Bei einer solchen Gelegenheit entdeckte

Nugget einen Frosch. Er sprang auf ihn zu, aber ehe er ihn hatte, hüpfte der Frosch weg. Nugget sprang noch einmal, und ich mußte laut lachen, als ich sah, wie diese beiden so verschiedenen Geschöpfe einer hinter dem anderen herhopsten. Als der Frosch schließlich in einer Regenpfütze verschwand, blieb Nugget wie angewurzelt stehen, und nach einem Augenblick sah ich, wie er unverwandt sein Spiegelbild in der Pfütze betrachtete. Vorsichtig näherte er seine Nase der Nase des Spiegelbildes, sprang zurück, als er das Wasser berührte, nieste und schüttelte den Kopf. Einen Augenblick später gab er seinem Spiegelbild noch einmal einen Nasenstüber und sprang wieder zurück. Als er zum drittenmal zurückkkam, schloß sich Rufus ihm an, und die Brüder starrten einen Augenblick gemeinsam auf ihre beiden Spiegelbilder. Dann zertrümmerte Rufus die Bilder mit einer forschenden Bewegung der Pfote.

In der Zeit der Entwöhnung traten auch die ersten Anzeichen wirklicher Aggression unter den Welpen auf. Manchmal biß Amba beim Spielen so fest zu, daß Cinda jaulte. Dann wieder stand Rufus, nachdem er eins seiner Geschwister auf den Boden geworfen hatte, über dem Opfer und sah genau aus wie ein aggressiver ausgewachsener Schakal, die Hals- und Schulterhaare gesträubt, den Schwanz steif hinter sich ausgestreckt. Brummen und Knurren schlichen sich in das Spielvokabular aller Welpen ein.

Rufus war der erste, der das «Körperschmettern» in seine Spiele aufnahm. Dieses Verhalten sieht man bei ausgewachsenen Goldschakalen in aggressiven Situationen – besonders wenn sie Geier oder Adler bei einer Beute bedrohen. Der Angreifer tritt seinem Gegner gegenüber, springt dann, oft mit allen vier Füßen zugleich, vom Boden ab, schleudert seinen Körper um 180 Grad herum und schmettert ihn gegen den anderen. Es ist eine besonders gute Methode, um Geier zu vertreiben, denn sie schreckt nicht nur ab, sondern schützt auch die Augen des Schakals vor den Krallen und dem Schnabel seines Gegners. Zu guter Letzt wendeten alle Welpen beim Spielen das Körperschmettern an, ebenso wie Spiel-Beißen und Spiel-Kämpfen, aber immer war es Rufus, der am ehesten die anderen schurigelte und bei der geringsten Provokation ein Spiel in einen richtigen Kampf verwandelte. Und natürlich war es Cinda, die am häufigsten das Opfer der Aggressionen der anderen wurde, denn sie wurde am schnellsten unterwürfig. Sie reagierte mit Ducken und Kauern auf ein

Verhalten, das die anderen wahrscheinlich als Spiel interpretiert hätten.
Cinda hielt sich immer mehr für sich und lag häufig allein, während ihre
Geschwister miteinander spielten.

Wahrscheinlich beginnt sich für Schakale wie für viele andere Lebewe-
sen beim Spielen in der Kindheit die soziale Stellung, die sie im späteren
Leben einnehmen werden, herauszukristallisieren – zumindest im Verhältnis zueinander. Als wir die vier Welpen beobachteten, schien es tatsächlich, seit sie zwei Monate alt waren, daß sie alle, mit Ausnahme von
Cinda, ihre Überlegenheit über die anderen festlegen wollten. Nugget und
Amba waren einander ziemlich ebenbürtig, obwohl es Nugget gewöhnlich
gelang, sich zu guter Letzt gegen seine Schwester durchzusetzen. Doch war
es von Anfang an offensichtlich, daß Rufus, der stärkste und aggressivste,
immer über die anderen dominieren würde.

Eines Tages, als die Welpen etwa zehn Wochen alt waren, trottete der
alte Jason mit dem Hinterteil eines neugeborenen Thompson-Gazellen-
kitzes im Maul zum Bau zurück. Es war das erste Mal, daß wir sahen, wie
die Welpen ein wirklich großes Stück Fleisch fraßen, mit Fell und Knochen
und allem Drum und Dran. Ehe Jason die «Beute» überhaupt richtig los-
gelassen hatte, hatte Rufus sie sich schon angeeignet. Nugget und Amba
stürzten herbei und versuchten mitzuhalten, aber Rufus drehte sich mit
wütendem Knurren um und schnappte nach ihren Nasen, und die beiden
wichen zurück. Es erinnerte mich an die Verwandlung, die jedesmal mit
meinem zahmen Großohrfuchs vor sich ging, wenn ich ihm eine ganze
Maus oder ein anderes kleines Tier mit Fell zu fressen gab. Im Handumdrehen wurde er ein wütendes wildes Tier, und nur ein Narr hätte dann
versucht, ihn anzufassen. Ebenso war es bei Rufus. Amba gab es schnell
auf, ihren Anteil zu verlangen, aber Nugget war hartnäckig. Und jedesmal, wenn Rufus ihn bedrohte, schnappte Nugget nach Amba und lenkte
die Aggression, die er seinem Bruder gegenüber nicht zu zeigen wagte,
auf sie.

Cinda hielt sich von alledem fern, und als Jewel eine Stunde später mit
dem Kopf des Kitzes im Maul erschien, bemerkte es daher nur Cinda.
Ausnahmsweise schmauste das Küken unbelästigt. Und sie schmauste immer noch, als sich Rufus nach einer weiteren Stunde mit wohlgerundetem
Bauch von den Resten seiner gigantischen Mahlzeit fortbegab. Für Nugget
und Amba waren nur Knochen, ein paar Hautfetzen und zwei kleine Hufe

1 *Ein Schakalpaar auf der Jagd im Ngorongoro-Krater*

2 *Die Welpen stürzen ihrer heimkehrenden Mutter Jewel entgegen, um sie zu begrüßen*

3 Die Welpen beim Spielen

Nugget stürzt sich auf Rufus, der Insekten jagt

«Tauziehen» ist ein beliebtes Spiel

Rufus mit einem Gnuhorn wird von Nugget und Amba verfolgt

7 *Jason setzt im Sprung einem Nagetier nach*

8 *Jason beim Tauziehen mit einer Hyäne um ein Stück Fleisch*

9 Jason im Kampf mit einer Sandschlange

10 Die Aasvertilgung der Schakale (in diesem Fall Schabrackenschakale) findet
    großenteils nachts statt

11/12/13 Ein
Schakal schnappt
nach einem
Thompson-Gazellen
kitz, läßt es aber
laufen, als die
Mutter angreift

14/15 Ein ranghoher Schabrackenschakal schmettert oft sein Hinterteil seitlich gegen einen Untergeordneten und versetzt ihm manchmal noch einen Tritt

16 Ein Schabrackenschakal verteidigt sein Beutefleisch gegen einen Marabu

17 Nugget und Amba heulen als Antwort auf den Ruf ihrer Eltern

18 Cinda schaut zu, wie ihre beiden Brüder spielen

19 Ein zwei Monate alter Schakal spielt mit seiner einjährigen Schwester

20 Wenn die Welpen älter werden, kommt es öfter zu aggressiven Auseinandersetzungen

21/22 Ein verliebter Rüde duldet keinen Rivalen

23 Obwohl fast
ausgewachsen,
war Nugget
seiner Mutter
gegenüber
immer noch
unterwürfig

24 Jason und
Jewel putzen
Amba

25 Das Heulen
dient dazu,
Kontakt
zwischen Eltern
und Welpen
herzustellen

übriggeblieben. Plötzlich blieb Rufus stocksteif stehen und starrte auf Cinda. Dann watschelte er, so schnell er konnte, hinüber, und als sie vor ihm zurückwich und dabei den Kopf des Kitzes losließ, nahm er ihn auf und torkelte damit weg, und etwa dreißig Meter vom Bau entfernt vergrub er ihn in einem großen Haufen Zebramist. Dann ließ er sich mit dem selbstzufriedenen Gebaren eines, der es gut gemacht hat, nieder und schlief ein. Ich konnte nicht umhin, über diese Neidhammel-Taktik zu schmunzeln, zumal Cinda trotz alledem eine Stunde lang ungestört und genüßlich hatte fressen können.

Auch in anderer Beziehung wurden die Welpen erwachsen. Manchmal, wenn Jason oder Jewel den Bau verließen, um auf die Jagd zu gehen, folgten ihnen die Welpen, zuerst nur etwa zwanzig Meter, im Laufe der Wochen aber auf immer weitere Strecken. Wir bemerkten auch, daß die Kleinen begannen, mehr draußen auf dem Gras zu schlafen als in der Dunkelheit ihres Baues. Eines Tages, als Nugget fest schlafend in einem Grasdickicht lag, kam ein junges Gnu und begann sein Lager aufzufressen. Eine Minute lang geschah gar nichts, aber als es so aussah, als ob das Gnukalb bald an Nuggets strohfarbenem Pelz knabbern würde, hob er plötzlich den Kopf. Das Gnu hielt mitten im Kauen inne und starrte ihn eine Sekunde an; dann flohen beide in entgegengesetzter Richtung. Ich war damals erstaunt, und bin es seitdem noch oft gewesen, über den unglaublichen Mangel an Wachsamkeit von schlafenden Schakalwelpen – das muß sicherlich der Grund sein für eine Reihe von Todesfällen.

Das erste Mißgeschick, das Jasons Familie traf, ereignete sich, als die Welpen etwa zehn Wochen alt waren. Jason lag zusammengerollt dicht beim Bau, und die Welpen hatten sich zerstreut und waren in der Nähe auf Insektenjagd. Es war ein wolkiger Tag, so daß die Sonne keinen warnenden Schatten werfen konnte, und keiner von uns sah den sich schwarz vom grauen Himmel abhebenden Vogel, ehe er die Flügel halb zusammengefaltet hatte, um herabzustoßen. Dann hörten wir, wie die Luft durch sein Gefieder pfiff, als er auf dem Boden landete. Den Bruchteil einer Sekunde waren die Schakale wie erstarrt, aber als sie Cindas entsetzlichen Schrei hörten, die der Adler mit den Klauen gepackt hatte, rannten sie – und zwar die anderen Welpen zum Bau und Jason zum Adler.

Langsam erhob sich der Gaukler mit der schreienden Cinda, während

Jason unter ihm herlief, den Kopf nach oben gerichtet, das Drama beobachtete und nicht helfen konnte. Der Gaukler ist einer der kleineren
Adler, und er hatte Schwierigkeiten, mit der verhältnismäßig schweren
Last Höhe zu gewinnen. Plötzlich ließ er seine Beute los, und Cinda
stürzte auf den Boden. Ich war überzeugt, daß sie weder die Wunden
durch die Krallen des Adlers noch den Aufprall beim Absturz überleben
würde, denn sie war etwa sechs Meter tief gefallen.

Jason rannte sofort zu der Stelle, wo Cinda in einem hohen Grasbüschel
gelandet war. Ich fuhr auch dorthin, als Jason ruhiger aussah, aber ich
konnte keine Spur von Cinda entdecken. Den Rest des Tages beobachtete
ich ohne Begeisterung die übrige Familie. Meist lagen die Welpen am
Eingang zum Bau, und zweimal schossen sie hinunter, als oben Vögel vor-
beiflogen. Jason brach zur Jagd auf, und schließlich ging die Sonne unter.
Vor dem Einschlafen hörte ich in jener Nacht immer noch das Pfeifen des
Windes durch die zusammengefalteten Flügel und Cindas entsetzlichen
Schrei; und immer noch sah ich es vor mir, wie der kleine, goldene Körper
vom Himmel herabstürzte.

Am nächsten Tag ging das Leben am Bau weiter, als ob nichts geschehen sei. Jewel schlief in einem Grasdickicht, Rufus jagte Insekten und
Nugget spielte mit einem Stein, den er zwischen den Vorderpfoten hielt,
während er auf der Seite lag und mit den Hinterpfoten daran kratzte wie
eine Katze, die mit einem Wollknäuel spielt. Dann spielte er mit Amba,
als sie herüberkam, weil sie ihn putzen wollte. Jason war nicht zu sehen,
und ich nahm an, daß er auf der Jagd war.

Zwei Stunden, nachdem ich zum Bau gekommen war, stutzte ich, als
plötzlich eine kleine Gestalt aus dem Bau herauskam. Es war Cinda. Sie
ging steif, und als ich sie mit dem Feldstecher genauer betrachtete, sah ich,
daß sie einen tiefen Riß unter dem Kinn hatte. Andere sichtbare Wunden
bemerkte ich nicht. Sie blinzelte in der Sonne und legte sich dann dicht
am Eingang zum Bau hin. Nach einer Weile putzte Amba sie.

An Cindas Wunde bildete sich ein häßlicher Abszeß, und fast eine
Woche lang war sie lethargisch. Jewel und Amba leckten allerdings die
Stelle häufig, und langsam besserte sich Cindas Zustand, bis sie drei
Wochen später wieder ganz die alte war.

Cinda hatte wirklich Glück gehabt. Ein paar Wochen später sah ich, wie
ein Welpe aus einer benachbarten Schakalfamilie von einem Kampfadler

geholt wurde – ein riesiger Raubvogel, der bekanntlich junge Gazellen, Affen und ähnliche Tiere davontragen kann. Dieser Welpe überlebte nicht. Später im Jahr sah einer unserer Assistenten, wie ein anderer Kampfadler versuchte, mit einem fast ausgewachsenen Schabrackenschakal wegzufliegen. Als er Höhe gewann, wurde er indes von einem großen Geier (wahrscheinlich einem Ohrengeier) angegriffen und mußte schließlich niedergehen. Einige Augenblicke versuchte er, den Geier abzuwehren, und zerrte dabei seinen schreienden Gefangenen über den Boden, aber schließlich ließ er ihn los, und dem Schakal gelang es wegzukriechen. Raubvögel sind wahrscheinlich die Hauptgefahr für junge Schakale. Jane und ich fanden unter einem Baum, in dem ein großer Geier- oder Adlerhorst war, die Überbleibsel von drei Schakalen. Das einzige andere Raubtier, von dem man weiß, daß es ziemlich oft Schakalen nachstellt, ist der Leopard.

Nachdem ich einmal den mörderischen Angriff eines Adlers miterlebt hatte, war ich immer etwas beunruhigt, wenn ich Jasons Junge weit entfernt vom Bau jagen oder spielen sah. Besonders ängstlich war ich bei ihren von Zeit zu Zeit stattfindenden Umzügen von einem Bau zum anderen, was fünfmal geschah, ehe sie zwölf Wochen alt waren. Der größte Abstand zwischen den vier ersten Bauen betrug nur siebzig Meter, aber der fünfte Bau war eine halbe Meile vom vierten entfernt. Dieser letzte Umzug war der einzige, den wir beobachten konnten, weil er bei Tageslicht stattfand. Kurz nachdem ich an jenem Morgen zum Bau gekommen war, standen Jason und Jewel, die in der Nähe gelegen hatten, auf und gingen entschlossen davon. Drei der Welpen gaben ihre Insektenjagd auf und folgten ihnen, aber Cinda blieb, wo sie gesessen hatte, nämlich am Eingang ihres Baues. Es schien, daß von den Schakaleltern irgendein Signal gegeben werden muß, das den Welpen anzeigt, ob sie folgen dürfen oder nicht – warum wären die drei Welpen sonst ohne Zögern mitgegangen, während sie normalerweise nach etwa zwanzig Metern umkehren? Jedenfalls folgten sie Jason und Jewel, bis einige hohe Pflanzen sie meinem Blick entzogen. Ich fuhr ihnen nach und ließ Cinda zurück, eine winzig kleine Gestalt, die sich von dem grünen, betauten Gras abhob.

Die Schakaleltern zögerten keinen Augenblick auf ihrem Weg. Ab und zu sprang einer der Welpen an ihnen vorbei oder blieb zurück, um irgend etwas zu untersuchen, aber im großen und ganzen blieb die Familie beieinander. Als wir etwa eine Viertelmeile zurückgelegt hatten, verschwand die kleine Prozession in einem hohen Grasdickicht. Als sie wieder erschien, merkte ich, daß Amba fehlte. Ich wartete eine Weile, aber sie tauchte nicht auf, und so fuhr ich den anderen nach, von denen sich keiner umgesehen oder auch nur das Tempo verlangsamt hatte.

Warum war Amba nicht weitergegangen? Vielleicht hatte sie Angst so weit entfernt von ihrer vertrauten, heimatlichen Umgebung. Vermutlich konnte sie den Weg zurück finden, da die frische Fährte auf dem taubedeckten Boden gut auszumachen war. Aber ich fragte mich, in welche Gefahren sie geraten könne; würde sie sich retten können, wenn sie sich einer Hyäne gegenübersah oder ein Adler herunterstieß? Es war unwahrscheinlich. Allerdings gab es Höhlen, in die sie laufen konnte, aber was würde sie dort in der düsteren Tiefe finden? Ich hätte gern nach ihr gesucht, aber ich fürchtete, sie würde vor Angst weglaufen, wenn ich mich ihr näherte, wenn sie allein und fern von ihrem Bau war, und sich dann verirren. So fuhr ich weiter und drückte ihr im Geist den Daumen.

Nach einer weiteren Viertelmeile legten sich Jason und Jewel hin, während Rufus und Nugget eifrig die neue Umgebung erforschten. Bald hatten beide den neuen Bau entdeckt, zu dem ihre Eltern sie geführt hatten. Es lag frisch ausgegrabene Erde am Eingang, und ich fragte mich, ob Jewel den neuen Gang für ihre Welpen in der vorigen Nacht vorbereitet hatte.

Später am Tag gingen erst Jewel und dann Jason auf die Jagd. Rufus und Nugget schienen sich in der neuen Umgebung ganz zu Hause zu fühlen. In einem spontanen Entschluß verließ ich sie und fuhr zum vierten Bau zurück. Zu meiner Erleichterung fand ich Cinda und auch Amba dort; sie hatten sich zusammengerollt und schliefen in der heißen Sonne.

In den nächsten Tagen versorgten Jason und Jewel die Welpen in beiden Bauen, aber am vierten Morgen nach dem Umzug fand ich alle vier Jungen wieder vereint in dem neuen Bau.

Wenn man eine Schakalfamilie beobachtet, dann ist man den ganzen Tag vollauf beschäftigt, und wenn man einen Tag ausfallen lassen muß, ist man überzeugt, daß inzwischen etwas unerhört Bedeutungsvolles geschieht. Ohne die unermüdliche Hilfe der anderen Wissenschaftler, insbesondere Ben Grays, der mich so lange bei der Schakalstudie unterstützte, hätte ich über andere Schakalfamilien wenig erfahren können. So aber beobachtete einer von uns häufig mehrere Tage oder Wochen lang die Schakale in der Nachbarschaft, und ich entdeckte, daß ich wirklich Glück gehabt hatte, als ich Jason und seine Familie für meine Studie auswählte. In anderen Familien schien es ungewöhnlich zu sein, daß alle Welpen – in diesem Fall sogar vier – die ersten paar Monate überlebten. Einer von Jasons Nachbarn wurde zuerst mit drei Welpen gesehen. Einer wurde von einem Adler geholt, und ein anderer verschwand, so daß nur einer am Leben blieb und erwachsen wurde. Von einer anderen Familie, zu der zwei ausgewachsene und sechs junge Schakale gehörten, verschwanden zwei Welpen, und ein dritter folgte seinem Vater auf einem Zwei-Meilen-Raubzug und wurde von dem Schakalrüden am Munge-Fluß zurückgelassen. Der Vater kehrte in der Dämmerung zu der Stelle zurück, wo er den Kleinen vor acht Stunden verlassen hatte, aber der Kleine war fort, und ich sah ihn nie wieder. In einem anderen Bau verschwand einer von zwei Welpen während der Nacht. In der Nähe hatten Hyänen ein Beutetier erlegt, und in den Stunden der Dunkelheit war viel Schakalgeheul zu hören gewesen, so daß wir vermuteten, der Tod des Welpen komme auf das Konto der Hyänen. Und bei einem heftigen Regen, durch den ein großer Teil des Kraterbeckens überschwemmt wurde, sind vielleicht zwei kleine Welpen ertrunken, denn nachdem der Wasserspiegel gesunken war und wir den Bau wieder erreichen konnten, fanden wir nur noch zwei statt vier.

Diese Überschwemmung ereignete sich, als die Regenfälle, die in diesem Jahr ungewöhnlich heftig waren, ihren Höhepunkt erreichten, und wir wurden auch davon betroffen. Es geschah eines Nachts. Es war eine schöne Nacht, die Sterne glitzerten hell, und keine Regenwolke, kein Donnergrollen warnte uns vor kommendem Unheil. Ich war es, der die Überschwemmung entdeckte, denn ich ging hinter das Zelt und stand mit einemmal knietief im Wasser. Ich schrie um Hilfe und nach Licht, und als Parker und Ben Gray, unsere beiden amerikanischen Mitarbeiter, und die beiden Afrikaner Lampen aus dem Eßzimmerzelt und der Küche, die auf höherem Gelände lagen, brachten, sahen wir entsetzt um uns. Die Hütte, ebenfalls auf einer leichten Anhöhe, war von Wasser umgeben, und zwischen ihr und dem Flußbett strömte das Hochwasser schon in unsere drei kleinen Zelte. Rasch begannen wir Bettsachen und Kleider zu retten. Der Schein einer Fackel beleuchtete kurz ein Paar Unterhosen, ehe sie weitergewirbelt wurden in pechschwarze Finsternis. Es kam ein Angstschrei, als jemand barfuß auf eine giftige afrikanische Brennessel unter dem Wasser getreten war und, sich vor Schmerz krümmend, einen Stapel Bettzeug fallen ließ. Ein plötzliches Wimmern von Grublin, der aufgewacht war, als immer mehr durchnäßte Sachen in die Hütte geworfen wurden. Eine erschreckte amerikanische Stimme aus der Dunkelheit, die «Hergott noch mal!» rief und dann ein paar Sekunden später: «So was Dummes! Ist ja bloß ein Frosch.»

Und immer noch stieg das Wasser, während wir uns gemeinsam abmühten, die Zelte zu retten. Bei den beiden ersten war es nicht schwierig, aber das dritte, das ebenso wie die beiden anderen einen fest eingenähten Boden hatte, stand auf tieferem Gelände. Das Wasser konnte hinten nicht abfließen, und ich war bis zur Taille in den Fluten, als ich versuchte, die metallenen Knickzeltstäbe herauszuziehen. Plötzlich hörte man etwas reißen: ein Stab hatte sich durch die Leinwand durchgebohrt. Und als das Zelt über mir zusammenbrach, spürte ich, daß die ganze Geschichte in die Dunkelheit davonzuschwimmen begann. Ich geriet einen Augenblick in Panik, denn die schwere Leinwand drückte mich hinunter in das Wasser, aber Jane, Parker, Ben und die beiden Afrikaner waren bald Herr der Lage, und wir vermochten das Zelt zu retten, obwohl wir mehrere Zeltstäbe und die meisten Heringe verloren.

Es war Mitternacht, als wir uns schließlich erschöpft und bis auf die Haut naß zu einer Tasse Kaffee hinsetzten. Dann merkten wir, daß die Nacht seltsam still war. Das Rauschen des Bachs, wenn er über kleine Wasserfälle sprang und gurgelnd zwischen den Wurzeln der Feigenbäume hindurchfloß, war abgelöst von einem Geräusch, das wie eine leichte Brise klang, da das Wasser durch hohes Gras floß.

Nach diesen letzten heftigen Regenfällen der Regenzeit ging das Hochwasser allmählich zurück, und wenn wir heimkamen, waren wir nicht mehr schlammbedeckt wie vorher, als wir fast jeden Tag unsere Wagen aus einem Schlagloch nach dem anderen herauswuchten mußten. Jasons Welpen waren inzwischen fast vier Monate alt und verbrachten immer weniger Zeit unten in ihrem Bau. Allerdings eilten sie normalerweise dorthin, wenn sich eine Hyäne näherte, aber oft drehten sie sich auch um, wenn sie den Eingang erreicht hatten, und sahen zu, wenn ihre Eltern oder einer von ihnen den Eindringling angriffen. Sie schienen fasziniert zu sein von dem Anblick der Hyäne, die pirouettierte, um den scharfen Zähnen zu entgehen, die so zielsicher in ihre Knöchel oder ihr Hinterteil zwickten.

Eines Tages, als Jason und Jewel auf der Jagd waren, beobachtete ich, wie sich ein altes Hyänenweibchen schwerfällig den Welpen näherte. Ich erkannte sie als Mrs. Brown, denn inzwischen hatten wir unsere Hyänenstudie aufgenommen. Rufus, Nugget und Amba lagen zusammengerollt beieinander, Cinda wie üblich für sich. Am Boden schnüffelnd, kam Mrs. Brown langsam näher. Dann blieb sie stehen und blickte zu den Welpen hinüber, das Maul halb offen in der Hitze, ein langer Speichelfaden hing bis zum Boden. Gerade als ich mich fragte, ob sie die schlafenden Schakale sehen oder riechen würde, begann Cinda mit den Ohren zu zucken. Ohne zu ahnen, in welcher Gefahr sie war, setzte sie sich auf, schnappte nach dem Insekt, das sie belästigt hatte, legte sich dann wieder hin und schloß die Augen. Als Mrs. Brown schon weitergehen wollte, zuckte Cinda wieder mit den Ohren, und diese Bewegung verriet deutlich, wo sie war. Mrs. Brown kam näher. Cinda schnappte noch einmal nach dem Insekt und lag dann still.

Rufus stieß ein Geheul aus, mit einer schnellen Bewegung stürzte die Hyäne vor, und ihre Kiefer schnappten nach Cindas schlankem Körper. Aber Rufus' Warnung war rechtzeitig gekommen, und Cinda flitzte davon, ein goldener Ball, der durch das Gras sprang. Mrs. Brown schleppte sich ihr noch ein paar Meter nach, gab die Jagd aber bald auf, denn Cindas Schnelligkeit kam jetzt der ihrer Eltern gleich.

Ein paar Tage später beobachteten wir wieder, daß Hyänen sich den Schakalwelpen näherten, aber diesmal sahen die Schakale sie kommen, und statt wegzurennen, gingen sie bis auf ein paar Meter auf die Besucher zu, hoben dann die Nasen in die Luft und stießen den Alarmruf der ausgewachsenen Schakale aus. Ich fand es interessant, daß Jewel, die in der Nähe gelegen haben oder auf der Jagd gewesen sein mußte, zwar auf den Ruf der Kleinen reagierte und angelaufen kam, aber in einiger Entfernung stehenblieb und, nachdem sie einen Blick auf den Schauplatz geworfen hatte, sich umdrehte und wieder wegging. Sie schien sich darüber klar zu sein, daß ihre Sprößlinge auch ohne ihre Hilfe die Situation meistern würden.

Während unserer letzten Wochen im Krater bemerkten wir, daß die mittlerweile zu halber Größe herangewachsenen Schakalwelpen immer weniger Zeit mit Interaktionen untereinander verbrachten. Wenn sie zu-

sammen spielten, ging es dabei gewöhnlich recht grob zu und endete oft
mit Kämpfen. Manchmal, wenn zwei sich zu kabbeln begannen, schlossen
sich einer oder die beiden übrigen dem Angriff gegen den untergeordneten an – in solchen Fällen erwies sich der Bau immer noch als guter
Schlupfwinkel für das Opfer. Oft war das Opfer natürlich Cinda. Meistens
fanden wir, daß jeder Welpe für sich jagte, fünfzig oder mehr Meter von
dem nächsten seiner Geschwister entfernt, und oft ruhten sie sich auch getrennt aus. Obwohl Jason und Jewel die Welpen immer noch fütterten,
verbrachten sie dennoch immer weniger Zeit in der Nähe des Baues, und
ich war überzeugt, daß die Familie, die den Eindruck erweckt hatte, so fest
zusammengefügt zu sein, sich allmählich auflöste.

Schließlich kam der Tag, an dem wir fort mußten, denn so gern ich die
Beobachtungen über einen längeren Zeitraum ausgedehnt hätte, so
drängte die Zeit, und ich mußte damit beginnen, Material über die Wildhunde zu sammeln. Indes hatte ich vor, in den nächsten achtzehn Monaten
noch ein paarmal für kürzere Zeit zum Krater zurückzukehren, um zu sehen, wie es Jason und seiner Familie ging. Tatsächlich konnten wir noch
eine ganze Menge über Goldschakale erfahren, als wir unser Lager am
Legajasee aufgeschlagen hatten. Insbesondere war es interessant, gewisse
Aspekte des Verhaltens der Schakale in der offenen Steppe mit dem Verhalten der im Krater lebenden zu vergleichen.

Ein Unterschied besteht im Umfang der Jagdgründe. Im Krater hatte
der größte, von dem ich wußte, etwa zwei Quadratmeilen, während viele
der Schakale dort, unter ihnen auch Jason, durch Gebiete streiften, die nur
halb so groß waren. Auf der Kurzgrassteppe der Serengeti schienen indes
die meisten Goldschakalpaare auf einem Gelände von vier bis neun Quadratmeilen zu jagen. Der Grund dafür ist, glaube ich, ziemlich klar. In der
Trockenzeit, wenn alles Oberflächenwasser verdunstet ist, ist diese Steppe
eine wahrlich unwirtliche Umgebung, und die dort lebenden Schakale
brauchen zweifellos ein großes Jagdgebiet, um genug Nahrung zu finden.
Tatsächlich habe ich auf dem Höhepunkt der Trockenzeit einmal einen
Schakal beobachtet, der fast eine Meile trabte, gelegentlich anhielt, um im
Boden zu graben oder zu lauschen, und nicht das geringste zu fressen
fand.

Dennoch schienen die Schakale, die wir dort sahen, auch dann gesund zu sein, wenn die Verhältnisse am ungünstigsten waren. Wir untersuchten soviel von ihrer Losung, wie wir konnten, und stellten fest, daß sie eine Reihe von Insekten, vor allem Mistkäfer und ihre Larven, Eidechsen, Nagetiere und gelegentlich Schlangen fraßen. Einige Monate lang bestand ihre Losung fast völlig aus den Resten verschiedener Früchte. Als ich einige dieser Schakale besser kennenlernte, war ich immer mehr davon überzeugt, daß diese Spezies lange Zeit ohne Wasser leben kann, doch da ich keine detaillierte Untersuchung anstellte, konnte ich nicht völlig sicher sein, daß sie niemals lange Entfernungen zurücklegten, um zu trinken.

Ich merkte bald, daß es auf der Kurzgrassteppe üblicher war als im Krater, vier, fünf oder sogar sechs ausgewachsene Schakale bei einem Beutetier zu finden. Die Tatsache, daß die Nahrung während eines großen Teils des Jahres knapp ist, stellt für diese Steppenschakale wahrscheinlich einen größeren Anreiz dar, tiefer und häufiger in die Jagdgründe der anderen einzudringen, wenn sie von einem erlegten Wild Wind bekommen, als ihn die gastfreundlichere Umgebung des Ngorongoro bietet. Bei einer derartigen Gelegenheit fuhren Jane und ich zu einem toten Zebra und waren erstaunt, nicht weniger als vierzehn anscheinend ausgewachsene Goldschakale dort versammelt zu finden. Bei näherem Hinsehen merkten wir allerdings, daß nur sechs voll entwickelt waren, die anderen waren kleiner und von schmächtigerem Körperbau und waren fast gewiß die annähernd ausgewachsenen Welpen der großen Schakale. Wir fanden es aufschlußreich, daß, obwohl so viele Schakale dort waren, selten mehr als sechs oder sieben auf einmal fraßen, und gewöhnlich nicht mehr als drei der vollentwickelten Tiere. Von Zeit zu Zeit brachen zwischen den ausgewachsenen Rüden recht heftige Kämpfe aus.

Wie erwähnt, habe ich die Goldschakale am Legajasee nicht genau studiert, aber dennoch lernte ich eine Reihe von Paaren recht gut kennen, und es schien, daß sie jedenfalls wie die Schakale im Ngorongoro-Krater das ganze Jahr hindurch in einem Gebiet blieben. Bisher habe ich nicht herausgefunden, was mit ihren herangewachsenen Welpen geschieht, wenn sie schließlich ihre Eltern verlassen, und ebensowenig weiß ich, ob diese Jüngeren je den wandernden Herden von Gnus, Zebras und Gazellen folgen. Doch haben wir in dieser Hinsicht etwas über die Gewohnheiten des Schabrackenschakals herausgefunden. Wenn sich die wandernden Herden um unser Lager am Legajasee sammelten, sahen wir, wohin

wir auch immer fuhren, Schabrackenschakale, oft in Gruppen von sechs
oder mehr. Aber wenn die Herden weiterzogen, zog die Mehrzahl dieser
Schakale mit, und es blieben nur einige seßhafte Paare zurück, die in dem
Buschgebiet um den See jagten und die wir dann gut kennenlern-
ten.

Es war also offensichtlich, daß viele Schabrackenschakale für einige
Monate des Jahres Nomaden werden und den wandernden Herden zumindest auf einem Teil ihres jährlichen Trecks folgen. Gewöhnlich schienen diese Nomaden ungepaarte ausgewachsene Tiere oder Jungtiere beiderlei Geschlechts zu sein. Möglicherweise ist es so wie bei den Löwen,
daß die Schabrackenschakale mit festgelegten Territorien und Jagdgründen diese nie verlassen, während diejenigen, die zu jung oder zu schwach
sind, um sich eigene Territorien zu schaffen, den wandernden Herbivoren
folgen.

Jane und ich waren besonders daran interessiert, das soziale Verhalten
dieser Nomaden zu beobachten. Vermutlich trifft ein solcher Schakal auf
der Wanderschaft gelegentlich andere Nomaden seinesgleichen, die er nie
zuvor getroffen hat, und auch viele, die er nur flüchtig kennt. Außerdem
muß er manchmal die Jagdgründe seßhafter Schabrackenschakale durch-
queren. Wir fragten uns, ob er versuchen würde, Begegnungen mit fremden Artgenossen zu vermeiden. Wenn er bei der Erlegung eines Wildes
zwangsläufig in ihre Nähe käme, würde es dann viele Kämpfe geben, wenn
jeder versucht, seinen sozialen Status zu bestimmen?

Wir beobachteten das Verhalten der Schabrackenschakale lange genug,
um Gefallen daran zu finden – es muß faszinierend sein, sie zu studieren.
Ich erinnere mich deutlich an das erste Mal, als Jane und ich eine Begeg-
nung zwischen zweien dieser wandernden Schakale sahen. Der ziemlich
blaß-silberfarbene Rüde, den wir beobachteten, setzte sich plötzlich auf,
die Ohren dicht an den Kopf gelegt, die Schnauze weit offen. Wir schauten
uns um und sahen, daß ein zweiter, auffällig gezeichneter Rüde sich forschen Schritts näherte, den Schwanz horizontal ausgestreckt, die Ohren
aufgestellt. Seine ganze Haltung war so, wie sie normalerweise ein ranghohes Tier an den Tag legt. Vielleicht hatte unser Schakal ihn schon früher
getroffen; wenn nicht, dann genügte das selbstbewußte Auftreten, um ihn
von der Überlegenheit des anderen zu überzeugen. Als der offenkundig
ranghöhere Schakal sich näherte, hob der unterwürfige Rüde eine Vor-

derpfote hoch in die Luft, und als der andere dicht bei ihm stehenblieb, berührte er ihn leicht an der Schulter, als wolle er ihn abwehren. Einen Augenblick blieb der ranghöhere Rüde still stehen, und dann schwang er mit einer blitzschnellen Bewegung sein Hinterteil um 180 Grad herum und schleuderte es gegen den anderen. Noch zweimal wiederholte er in rascher Folge dieses Körperschmettern und beendete es mit einem Tritt nach hinten, der den kauernden Rangniederen an der Schulter traf.

Danach machte sich der ranghöhere Schakal davon und verschwand hinter einem Busch. Kurz darauf kam er zurück mit einem Stückchen trokkenem Kot in der Schnauze. Er legte es vor dem anderen Rüden auf den Boden. Das erinnerte uns an die rituellen Geschenke, die manche Vögel und Spinnen während der Paarungszeit dem anderen Geschlecht machen, und das Ganze war uns rätselhaft. Als der rangniedere Schakal keine Anstalten traf, den Kot zu akzeptieren, nahm ihn der andere wieder auf und warf ihn mit der Schnauze hoch in die Luft. Als er auf den Boden fiel, sprang er hin und stieß ihn mit der Nase weiter. Dann warf er ihn noch einmal hoch, und diesmal fing er ihn auf. Jetzt endlich erhob sich der rangniedere Rüde, und eine halbe Stunde lang sahen wir nun zu, wie sie spielten, immer um einen Busch herumjagten, Tauziehen mit Zweigen machten und von einem umgestürzten Baum herunter aufeinander sprangen. Die Darbringung des Kots war eine Aufforderung zum Spiel gewesen.

In den nächsten Tagen sahen wir, daß sich diese Schakale immer wieder trafen. Zu ihrer Begrüßung gehörte fast immer das Körperschmettern, und oft spielten sie dann anschließend. Auch Begegnungen von zwei Gruppen von Schabrackenschakalen beobachteten wir häufig; nach den verschiedenen Begrüßungen zwischen den einzelnen Tieren spielten sie dann vergnügt zusammen.

Die Begrüßungszeremonie mit ihrer harmlosen Form von Aggression ist nicht schwer zu begreifen, denn zweifellos ermöglicht sie den fremden Schakalen herauszufinden, welcher der stärkste oder kühnste ist, und zwar eher durch Bluff als durch Kampf. Wenn sie sich schon früher getroffen hatten, dann dient die Begrüßung dazu, den Rangniederen an seinen Status zu erinnern. In beiden Fällen trägt die Zeremonie dazu bei, die Gefahr ernstlicher Kämpfe zu vermindern, deren Ergebnis sein könnte, daß einer oder beide Beteiligte zum Krüppel werden.

Die Häufigkeit und Lebhaftigkeit der Spielveranstaltungen bei den Schabrackenschakalen war rätselhafter. Früher hatten wir nur selten ausgewachsene Schakale spielen sehen. Manchmal spielten Eltern (sowohl Schabracken- als auch Goldschakale) kurz mit ihren Welpen. Häufiger geben sich jüngere ausgewachsene Schakale ziemlich wilden Spielen hin. Aber an den Spielen der nomadischen Schabrackenschakale, die wir sahen, beteiligten sich manchmal sechs voll entwickelte Tiere, und sie dauerten bis zu einer halben Stunde. Warum geschieht das – warum tollen ausgewachsene Tiere, die normalerweise nicht verspielt sind, plötzlich wie Kinder umher? Lag es vielleicht daran, daß der Überfluß an Nahrung, der damals vorhanden war, sie gleichsam wieder in die sorgenfreien Tage ihrer Kindheit versetzte? Das trifft zweifellos zum Teil zu. Vor allem aber dient eine Spielveranstaltung nach einer Begrüßungszeremonie dazu, daß sich jeder Schakal genau seiner relativen sozialen Stellung in einer Gruppe von Tieren bewußt wird, mit der er nicht vertraut oder verhältnismäßig wenig vertraut ist. Und je besser er über seine Stellung Bescheid weiß, um so leichter wird es für ihn sein, wenn er später die anderen bei einem erlegten Beutetier findet: Er kann sich davor hüten, den Ranghöheren in die Quere zu kommen, und so die Gefahr vermeiden, angegriffen zu werden.

Im Ngorongoro-Krater haben wir keine ausgewachsenen Schabrackenschakale miteinander spielen sehen, und auch nicht oft die spektakuläre Begrüßungszeremonie mit Körperschmettern, wenn sie sich begegnen. Im Krater können sich ebenso wie in der Steppe fünfzehn oder mehr Schakale um eine einzige Beute scharen, aber soviel wir wissen, wandern diese Schabrackenschakale nicht, und daher kennen sich die ausgewachsenen Tiere vermutlich gut. Jeder weiß über seinen Status im Verhältnis zu den anderen Bescheid, und so scheinen Zeremonie und Spiel nicht notwendig zu sein.

Unsere vielleicht interessantesten Beobachtungen der Goldschakale betrafen ihr Jagdverhalten, und wir sahen es zuerst, als die Gnus und Zebras auf ihrer Wanderung das Gebiet schon verlassen und Tausende von Thompson- und Grant-Gazellen noch zurückgeblieben waren. Ich blickte über die Steppe, und plötzlich wurde meine Aufmerksamkeit erregt, als ich durch den Feldstecher in einer halben Meile Entfernung vier Gestalten über die Ebene rasen sah. In der flimmernden Hitze waren sie nur verzerrt zu erkennen, so daß sie wie Geister aussahen, die durch eine Fata Morgana fliegen. Dennoch war ich überzeugt, daß es drei Schakale waren, die eine ausgewachsene Thompson-Gazelle jagten. Die Gazelle schien sich umzudrehen und den Schakal hinter ihr zu bedrohen, ehe sie weiterrannte. Ein paar Augenblicke später drehte sich das verfolgte Wild wieder um und rannte auf den nächsten Schakal zu, der beiseite sprang. Dann holten die anderen Jäger es ein, und einen Augenblick später schienen die vier Gestalten im Boden zu verschwinden. Die Entfernung war so groß und der Dunst so stark, daß ich nicht sicher war, was ich eigentlich gesehen hatte. Ich hatte den Wagen schon angelassen, aber es dauerte ganze zwei Minuten, bis ich eine Landmarke in der riesigen offenen Steppe fand, so daß ich einigermaßen sicher sein konnte, in die annähernd richtige Richtung zu fahren.

Als ich hinkam, bot sich dort kein anderes Bild als an der Stelle, die ich verlassen hatte. Ringsum grasten Gazellen, und da es allmählich Abend wurde, spielten einige und jagten einander in zickzackförmigen Kreisen. Nachdem ich mich eine Weile umgeschaut hatte, war ich überzeugt, daß ich mir die ganze Geschichte eingebildet hatte, beschloß aber, noch ein wenig umherzufahren, um mich zu vergewissern. Ich war nicht mehr als zwanzig Meter gefahren, da tauchte aus dem Boden kurz ein blutverschmiertes Gesicht auf und verschwand wieder. Rasch fuhr ich zu der Stelle, und dort, hinter einer kleinen Bodenerhebung, waren die drei Goldschakale und fraßen eine ausgewachsene Gazellenkuh. Als einer der Schakale in ihr Fleisch biß, schlug sie schwach aus, rührte sich aber dann nicht mehr.

Soweit uns bekannt, wußte damals kein anderer Wissenschaftler genau, ob Schakale imstande seien, ausgewachsene Thompson-Gazellen zu erlegen, obwohl wir oft gehört hatten, daß die Frage diskutiert wurde. Es war wirklich aufregend, Aufschluß aus erster Hand zu erhalten, und in den nächsten Tagen unterbrach ich meine Wildhundstudie, weil ich versuchen wollte, mehr über dieses Verhalten zu erfahren.

Immer wieder beobachteten wir Jagden, bei denen das verfolgte Wild entkam, und zweimal kamen wir gerade dazu, als eine ausgewachsene Gazelle ihren letzten Kampf lieferte, doch sahen wir nie den eigentlichen Augenblick des Fangens. Da indes niemals Spuren an der Nase oder Kehle eines Opfers zu sehen waren, kann man sicherlich annehmen, daß der

Schakal ebenso wie der Wildhund, die Hyäne und der Wolf der noch lebenden Beute den Leib aufreißt. Es interessierte mich, als ich hörte, daß der dem Schakal in mancher Hinsicht nahe verwandte Kojote in Amerika, wenn er kränkliche Weißwedelhirsche jagt, ihnen an die Kehle geht.

Ich merkte bald, daß die Schakale die Jagd auf ausgewachsene Gazellen fast immer in Gruppen von drei bis sieben unternahmen. Einmal allerdings beobachtete ich einen einzelnen Schakal, der eine solche Jagd versuchte. Er verfolgte eine Gazellenkuh mehr als zwei Meilen weit, und dann verlangsamten Jäger und Gejagte, schwer keuchend, ihr Tempo zu etwas mehr als einem schnellen Trab. Die Gazelle verschwand schließlich in einer großen Herde von Artgenossen, und der Schakal gab auf, entweder weil er seine Beute aus den Augen verloren hatte oder weil er erschöpft war.

Im großen und ganzen schien es allerdings, daß diese Schakale ebenso wie Wölfe und Wildhunde in Rudeln jagten. Es brauchte einige Zeit, bis ich erkannte, daß diese relativ großen Gruppen von Schakalen im Gegensatz zu allem, was ich im Krater gesehen hatte, tatsächlich nicht gänzlich aus ausgewachsenen Tieren bestanden; zwei waren fast immer ein voll ausgewachsener Rüde und ein Weibchen, während die übrigen etwas kleiner waren, also höchstwahrscheinlich erwachsene Nachkommen dieses Paares. Nur mit einer Langzeitbeobachtung dieser Steppenschakale läßt sich nachweisen, ob dem wirklich so ist.

Vier Monate nachdem wir Jason und seine Familie verlassen hatten, konnten Jane und ich den ersten unserer kurzen Kontrollbesuche im Ngorongoro-Krater machen. Als wir den steilen Weg vom Kraterrand herunterfuhren, sah das Becken unten trocken und verlassen aus, aber wie gewöhnlich fanden wir mehr Gnus, Zebras und Gazellen, die auf dem braunen Gras weideten, als wir erwartet hatten. Nachmittags kamen wir zur Munge-Hütte und packten rasch den Wagen aus. Im Vergleich zu unserem früheren großen Lager kostete dieses aufzuschlagen kaum Zeit, und bald machten wir uns, zusammen mit Grublin, auf den Weg, um die Schakale zu suchen.

Es war aufregend, wieder über das vertraute Gelände zu fahren, aber das Land sah ebenso trocken und kahl aus wie die Serengeti-Steppe, aus der wir kamen. Vor uns lag eine halbe Wüste, die übriggebliebenen Reste

von trockenem Gras führten einen anscheinend hoffnungslosen Kampf
gegen den Staub, der bei jedem Windhauch in der Luft wirbelte und tanzte
und herabsank und alles, was unten war, dick bepuderte. Als wir schließlich das Gebiet erreichten, wo wir die Welpen zuletzt gesehen hatten,
schien alles verlassen und ohne Leben zu sein. Eine zerrissene und ver-
staubte Spinnwebe klebte am Eingang des fünften Baues. In der Nähe lag
ein Gnuskelett, stellenweise noch mit Fell an den ausgetrockneten Knochen. Der Bart flatterte im Wind, als wolle er wie irgendeine Vogelscheu-
che alles Lebendige aus seiner Nähe vertreiben und das grüne Gras schützen, das eines Tages kommen muß und die Gefährten des Gnus
wiederbringt.

Wir hatten nur ein paar Stunden Zeit, in denen wir suchen konnten, und
so war es eigentlich nicht überraschend, daß wir weder Jason noch seine
Familie fanden, aber ich war trotzdem bedrückt. Am nächsten Morgen
machte ich mich allein auf den Weg. Als ich in die Gegend kam, wo Jasons
Welpen geboren worden waren, sah ich zu meiner gewaltigen Erleichterung vier ausgewachsene Schakale. Keiner von ihnen war im mindesten
beunruhigt, als ich näher heranfuhr, und da wußte ich, daß sie zu Jasons
Familie gehören mußten. Tatsächlich erkannte ich Jason auf der Stelle; die
anderen drei waren jünger. Ehe ich ausmachen konnte, wer sie waren,
kam ein fünfter Schakal angetrottet und steckte seinen Kopf in den Eingang des Baues.

Ich konnte es kaum glauben, als fünf winzige Welpen aus dem Eingang
herauspurzelten, genauso klein wie Rufus und seine Geschwister gewesen
waren, als ich sie kennenlernte. Als diese Welpen zu trinken begannen,
merkte ich, daß Jewel ihre Mutter war, und ich war erstaunt, daß sie einen
neuen Wurf hatte, nachdem sie die vorigen Welpen erst vor sechs Monaten entwöhnt hatte.

Im Laufe des Vormittags wurde ich mir auch allmählich klar, wer die
anderen Schakale waren, und verglich meine Identifizierungen mit Groß-
aufnahmen, die ich gemacht hatte, ehe ich den Krater verließ. Wir hatten
nämlich entdeckt, daß jeder Schakal ein eigenes, charakteristisches Bart-
wuchsmuster hat. Amba, Cinda und Nugget waren die drei ausgewachsenen Nachkömmlinge am Bau. Nugget war zu einem gut aussehenden jungen Rüden herangewachsen, aber als Rufus später am Tag herantrottete,
übertraf er seinen Bruder: nirgends habe ich einen prächtigeren Schakal

gesehen. Sein Fell hatte die Farbe von dunklem Gold, rotbraun gefleckt, und die Mähne um seinen Hals war lang und dick.

Als der Tag seinem Ende zuging, hatte ich den Eindruck, daß die vier erwachsenen Geschwister weit freundlicher miteinander waren als vor vier Monaten, als ich sie verließ. Rufus zeigte keinerlei Aggression den anderen gegenüber – vermutlich hatte er seine Position gefestigt und brauchte die anderen nicht mehr zu drangsalieren. Auch Cinda hatte sich verändert, sie schien viel von ihrer früheren Schüchternheit verloren zu haben und zögerte nicht, bei einem etwas stürmischen Spiel ihrer Geschwister mitzumachen.

Amba war es, die die meiste Zeit mit den kleinen Welpen verbrachte; sie konnte ihnen offensichtlich einfach nicht widerstehen. Sie putzte sie unaufhörlich, wenn sie oben waren, und einmal sah ich, wie sie einen von ihnen am Fell ganz vom Boden hochhob, und nachdem sie ihn wieder aufs Gras gelegt hatte, hielt sie ihn da fest, indem sie beide Vorderpfoten auf seinen Rücken legte, während sie mit den Zähnen weiter an seinem kurzen Pelz zupfte. Bei einer anderen Gelegenheit bemerkte Amba, daß ein Welpe ein wenig verstopft war. Sie eilte zu ihm, entfernte mit den Zähnen das harte Kügelchen und ließ es auf den Boden fallen, und der Welpe, offensichtlich erleichtert, torkelte zurück zum Bau.

Es machte mir Spaß, als Nugget auf seine winzigen Geschwister zuging und spielerische Kopfschüttelbewegungen machte. Aber die Kleinen waren noch nicht alt genug, um darauf zu reagieren, und Nugget schien unentschlossen, ob er mit ihnen spielen sollte oder nicht. Zu guter Letzt legte er sich in der Nähe hin und beobachtete sie, die Ohren aufgestellt und den Kopf leicht zur Seite geneigt.

Als ich am nächsten Morgen ankam, bot sich mir ein erstaunlicher Anblick. Etwa fünfzehn Meter entfernt von dem Bau, wo ich sie verlassen hatte, war eine kleine Reihe von Schakalen – Jason, Jewel und Amba mit vier kleinen, torkeligen Welpen. Offensichtlich waren sie auf dem Weg zu einem der anderen Baue und hatten noch etwa zehn Meter zu gehen. Ich hätte mir nie vorstellen können, daß so winzige Welpen die Strecke auf den eigenen Füßen würden zurücklegen können. Sie waren so unsicher auf den Beinen, daß sie immer wieder durch bloße Grashalme das Gleichgewicht verloren. Zweimal, als ich zu nahe heranfuhr, wurde Jewel unruhig und legte ihre Schnauze um den Hals eines Welpen, als ob sie ihn tragen wolle, aber als ich den Wagen anhielt, war sie beruhigt und ließ den Kleinen auf seinen wackligen Beinen weiterlaufen. Der Bau wurde ohne Unfall erreicht, und die Welpen stolperten in ihr neues Heim. Als sie nach einer halben Stunde wieder heraufkamen, waren es immer noch vier. Ich nahm an, daß der fünfte im alten Bau geblieben war und später herübergebracht würde, aber ich bekam ihn überhaupt nicht zu Gesicht, obwohl ich von meinem Platz in der Nähe des neuen Baues den alten sehen konnte. Auch habe ich nicht gesehen, daß Jason oder Jewel dort hingingen.

Am nächsten Tag waren es nur noch drei kleine Welpen, die um den Bau herumtorkelten, und ich war von bösen Ahnungen erfüllt. Als ich am folgenden Morgen nur noch zwei Welpen am Eingang des Baues sitzen sah, war ich noch besorgter. Es mag Einbildung gewesen sein, aber ich fand, sie sahen lethargischer aus als früher. Ich war bedrückt, obwohl ich immer noch hoffte, ohne es wirklich zu glauben, daß die drei anderen Welpen in einem anderen Bau sein könnten.

Am nächsten Morgen kam ich zum Bau, als die Sonne gerade über den Rand des Kraterwalls kletterte. Ihr orangefarbenes Glühen färbte den frühen Morgennebel, der dicht über dem Boden hing, denn es hatte in der Nacht geregnet. Einige Thompson-Gazellen, die nur verschwommen zu sehen waren, fraßen in der Nähe die nassen Stengel des vertrockneten Grases. Ich fand Jason, Jewel und alle vier ausgewachsenen Nachkommen am Bau. Amba schnüffelte in der Nähe des Eingangs; Cinda fraß etwas in einem hohen Grasdickicht. Die anderen lagen da und ruhten. Ich beobachtete, wie Amba den Kopf in den Eingang zum Bau steckte und hörte das leise Winseln, als sie die Kleinen rief. Sie zog ihren Kopf zurück, blieb stehen und blickte hinunter, aber keine Welpen kamen herausgekrabbelt. Nun ging Amba zu einem nahen Loch im Boden, und wieder hörte ich sie rufen. Dann ging Jewel zum Bau und winselte, aber es kam keine Antwort.

Plötzlich stieß Amba ein paar leise, wimmernde Rufe aus, und dann hob sie ihre Nase gen Himmel und heulte immer wieder und wieder. Die anderen Schakale schauten auf und fielen einer nach dem anderen mit ein. Als ich das hörte, wußte ich mit einemmal, daß ich die kleinen Welpen nicht wiedersehen würde. Für mich war dieses klagende Geheul das Ende.

Als alles still war, suchte Cinda mit der Schnauze im Gras und nahm das auf, was sie gefressen hatte; es war die kleine Leiche eines Schakalwelpen. Sie trug sie ein Stückchen weg und vergrub sie. War sie eine Mörderin innerhalb der Familie gewesen? Hatte sie es fertiggebracht, eins ihrer kleinen Geschwister nach dem anderen zu töten? Es ist möglich, denn die meisten Karnivoren töten und fressen gelegentlich einen Artgenossen. Jedoch kommt es weit häufiger zu einem derartigen Kannibalismus, *nachdem* ein Tier gestorben ist. Schakale sind anfällig für verschiedene Krankheiten. Daher ist es wahrscheinlicher, daß die Welpen eines natürlichen Todes gestorben sind. Mir fiel wieder ein, einen wie teilnahmslosen Eindruck die beiden Welpen am Tage zuvor gemacht hatten und daß alle vier so häufig über Grashalme gestolpert waren, als sie zum neuen Bau umzogen – vielleicht ein Anzeichen von Schwäche.

Noch ein Faktor, der für Cindas Unschuld spricht, ist die Tatsache, daß üblicherweise die älteren, besonders die weiblichen Nachkommen eines Schakalpaares bei den Eltern bleiben und ihnen helfen, den nächsten Wurf zu versorgen. Diese «Kindermädchen» sind behilflich, Hyänen und andere Gefahren vom Bau fernzuhalten, und sie würgen für ihre kleinen Geschwister ebenso häufig wie die Eltern Fleisch hervor (obwohl sie oft zusammen mit den Geschwistern bei den Eltern betteln und gewöhnlich auch etwas bekommen). Abgesehen von diesen Pflichten spielen die älteren Geschwister im allgemeinen lebhaft mit den Kleinen und verbringen viel Zeit damit, sie zu putzen.

Nach dem Tod der fünf kleinen Welpen zogen Jason und seine Familie wieder zurück in den Bereich des fünften Baues, und nach einer Weile wurde mir klar, daß das ihr Treffpunkt war, denn obwohl sie gewöhnlich getrennt jagten, ruhten sie normalerweise an dieser Stelle. Auch Wölfe haben Treffpunktgebiete, wo sie sich einfinden, wenn ihre Jungen groß geworden sind und den Bau verlassen haben.

Als ich sechs Monate später wieder zum Krater kam, fuhr ich gleich zum Treffpunkt und hoffte, obwohl die Aussichten gering waren, wenigstens einige von Jasons Familie noch zusammen zu finden. Ziemlich bald entdeckte ich einen Schakal, der zusammengerollt am Schilf neben einem Wassertümpel lag. Ich fuhr näher, überprüfte das Bartmuster und stellte fest, daß es Jewel war.

Eine Stunde lang wartete ich bei ihr, und in dieser Zeit rührte sie sich nicht, abgesehen von einem leichten Zucken ihrer Ohren, wenn die Fliegen sie belästigten. Dann sah ich einen anderen Schakal herankommen. Als er eine leichte Bodenerhöhung etwa sechzig Meter von Jewel entfernt erreicht hatte, blieb er stehen und schaute sich um. Er war ganz dicht bei mir, und nach einem Augenblick sah ich, daß es Jason war. Offenbar konnte er seine Fähe nicht sehen, die immer noch schlief, und plötzlich hob er die Nase und heulte fünfmal. Jewel sprang sofort auf und rief ihm eine Antwort zu, und dann hörte ich aus dem Schilf noch das Geheul anderer Schakale. Einen Augenblick später erschienen drei ausgewachsene Tiere, stürzten schwanzwedelnd zu Jason und begrüßten ihn nacheinander, beschnupperten und leckten zuerst seine Lippen, ließen sich dann vor ihm auf die Seite fallen, streckten die Hinterbeine aus und wedelten immer noch heftig mit dem Schwanz. Jason putzte jeden von ihnen einen Augenblick und trottete dann zu Jewel.

Es dauerte einige Minuten, bis ich die drei jungen Schakale unterscheiden konnte, aber bald war ich sicher, daß es Cinda, Amba und Nugget waren. Mit sechzehn Monaten waren sie jetzt voll ausgewachsen, und Nugget war sogar eine Spur größer als seine Mutter. Ein wenig später sah ich allerdings, daß Nugget trotz seiner körperlichen Überlegenheit seiner Mutter immer noch Respekt erwies. Als Jewel zu ihrem Ruheplatz zurückkehrte, warf sich Nugget zweimal vor ihr auf die Seite und präsentierte sich, um geputzt zu werden. Jewel schien indes nicht in Putzstimmung zu sein und ging um ihn herum. Als er sich ihr ein drittes Mal in den Weg legte, schnappte sie nach ihm und biß ihn in die Schnauze, wie sie es getan hatte, als er noch ein Welpe war. Dann zog sich Nugget zurück, den Schwanz unterwürfig zwischen den Beinen, und ließ seine Mutter in Frieden.

Ich konnte eine Woche im Krater bleiben. Jeden Tag fand ich mehrere Mitglieder der Jason-Familie, wenn sie im Treffpunktgebiet ruhten oder für sich in Jasons Lebensbezirk jagten. Doch obwohl ich mehrmals die Eltern und drei ihrer Nachkommen zusammen ruhen sah, war Rufus niemals bei ihnen. Ich fragte mich, ob er einen Unfall gehabt oder die Familie für immer verlassen habe. Die anderen waren indes immer noch vereint.

Eines Tages wanderte ein fremdes Goldschakalpaar vorbei, ganz dicht am Treffpunkt. Jason sah sie sofort und stürzte mit gesträubtem Fell und knurrend hin. Er griff den fremden Rüden an, und während des Kampfes rannten vier von seiner Familie aus dem Schilf herbei und halfen Jason, die Eindringlinge aus dem Territorium zu vertreiben.

Am letzten Abend meines Aufenthaltes fand ich nur Cinda am Treffpunkt. Als die Sonne unterging, stand sie auf und trottete davon, wobei sie dann und wann innehielt, um ein Insekt zu fangen, bis sie zur südlichen Grenze des Lebensbezirks ihrer Familie kam. Dort legte sie sich hin, rollte sich zusammen und schloß die Augen, als ob sie schlafen wolle. Ein paar Minuten später öffnete sie sie wieder und schaute sich um. Plötzlich straffte sie sich und starrte nach Süden, und als ich ihrem Blick folgte, sah ich einen Schakalrüden mit gesträubtem Fell auf sie zugehen. Cinda stand nicht auf, sondern blieb liegen, die Ohren an den Kopf gepreßt, ihre Nase auf den Fremden gerichtet.

Langsam näherte er sich und begann dann, in immer engeren Kreisen um Cinda herumzugehen. Nach ein paar Augenblicken glättete sich sein Haar wieder, und er ging auf sie zu und schnüffelte kurz an ihrem Hinterteil. Cinda rührte sich nicht. Dann ging der Fremde fort, aber nur zehn Meter, und legte sich auch hin. Ich wartete eine halbe Stunde bei ihnen, solange es noch hell war. Ab und zu hob der Rüde den Kopf und warf einen raschen Blick auf Cinda. Jedesmal war sie zusammengerollt und schien zu schlafen. Wenn er nicht zu ihr schaute, warf sie ihm rasch einen Blick zu.

Es war frustrierend, daß ich am nächsten Tag wegfahren mußte. Als ich aus dem Krater hinausfuhr, kam ich durch Jasons Territorium, aber ich sah keine Spur von Cinda und dem Rüden, und erst sechs Monate später konnten Jane und ich wieder für eine Woche hinfahren. Und dann fand ich, soviel ich auch in Jasons Jagdgründen und der unmittelbaren Nachbarschaft suchte, nur ein Mitglied seiner Familie: Cinda. Jeden Tag fand ich sie ruhend am alten Treffpunkt – und jeden Tag lag ein fremder Rüde bei ihr. Das heißt, ein fremder für mich. Ich war nicht sicher, ob der Rüde der künftige Freier war, den ich bei meinem letzten Besuch gesehen hatte, aber es war ein prächtiger Schakal, viel größer als Cinda, das Küken. Es war November, und der Rüde umwarb Cinda, wie zwei Jahre zuvor Jason ihre Mutter umworben hatte.

Doch wo waren die übrigen Familienmitglieder? Vielleicht hatte Cindas schöner junger Rüde Jason herausgefordert und um das Recht gekämpft, Cinda am Ort ihrer Geburt den Hof zu machen, und hatte den älteren Rüden aus seinen Jagdgründen vertrieben. Vielleicht hatten jetzt auch die anderen Geschwister ihre Gefährten und ihre eigenen Territorien, die sie markierten und verteidigten. Ich habe die Hoffnung nicht aufgegeben.

Als ich Cinda zuletzt sah, lag sie zusammengerollt dicht bei ihrem Gefährten in der Nähe des fünften Baues ihrer Kindheit. Jane und ich hatten gesehen, daß die Ehe vollzogen wurde – Cinda wenigstens würde Jasons kämpferisches Blut ihren Nachkommen vererben. Die tropische Dämmerung wich der Dunkelheit, und schon wollte ich den Wagen wenden und zum Lager zurückfahren. Plötzlich hörte ich in der Ferne einen Schakal heulen. Ein zweiter und dann ein dritter fielen ein. Als das Trio still war, nahmen ihre Nachbarn den Ruf in seltsam hoher Tonlage auf, und dann hörte ich weitere Schakale im Süden und noch zwei im Westen. Schließlich heulten Cinda und ihr Gefährte, nebeneinander sitzend. Ihr Duett war, zumindest für meine Ohren, das letzte.

Wie schwierig ist es für den Menschen, sosehr er sich auch bemüht, die Geheimnisse der Tiere zu ergründen, die er studiert. Das Heulen der Schakale, das hin und her über die Steppe schallte, enthielt vermutlich die Aufschlüsse, die ich so dringend brauchte. «Hier bin ich, Jason. Und Jewel ist auch da», könnte die Botschaft vom Westen gelautet haben. Und vielleicht hatten Nugget und seine Gefährtin aus dem Osten geantwortet. Aber ich war bloß ein Mensch und würde monatelang forschen müssen, um mir die Nachricht zusammenzureimen, die Cinda in diesen wenigen Augenblicken in ihrem goldenen Kopf aufgenommen hatte. Ich seufzte ein wenig, als ich den Wagen wendete und zum Lager zurückfuhr.

Tüpfelhyänen
die kichernden Jäger

Tüpfelhyänen
die kichernden Jäger

Jane van Lawick-Goodall

Bloody Mary und Lady Astor, die führenden Stammütter des Scratching Rocks Clans, begannen rasch über die mondhelle Ebene zu laufen, ihre Schwänze aggressiv über ihren breiten Hinterteilen geringelt. Hinter ihnen rannten etwa achtzehn andere Angehörige des Clans. Ungefähr sechzig Meter vor ihnen lagen zwei Hyänen vom benachbarten Lakeside Clan dicht an der Grenze ihres Territoriums. Offenbar hatten sie fest geschlafen, denn als sie aufstanden, waren Bloody Mary und Lady Astor nur noch ein paar Meter von ihnen entfernt. Einer der beiden hatte Glück und entkam, als er um sein Leben rannte, doch der andere war nicht schnell genug. Bloody Mary und Lady Astor packten ihn, und ein paar Augenblicke später war praktisch nichts mehr von ihm zu sehen, als eine immer größere Zahl seiner Feinde heranstürmte, um in seinen Körper zu beißen und ihn zu reißen. Die Nacht war erfüllt von gräßlichem Gebrüll, tiefem Geheul und Geknurr des siegreichen Scratching Rocks Clans und den entsetzlichen Schreien ihres Opfers.

Plötzlich tauchten jedoch aus der Nacht zehn Hyänen des Lakeside Clans auf und stürmten in geschlossenem Verband auf das Schlachtfeld. Diese Gruppe war klein, aber sie befand sich auf ihrem Territorium, und die Hyänen, die losrannten, um ihre «Rechte» zu verteidigen, waren selbstsicher und aggressiv. Die ungestüme Bande Scratching Rocksters zog sich eilig zurück und ließ ihr schwerverwundetes Opfer liegen. Ein kurzes Stück verfolgte der Lakeside Clan sie noch, doch nachdem die Gruppe die Grenze zum Scratching Rocks-Territorium überschritten hatte, blieb sie, unsicher auf fremdem Boden, stehen.

Inzwischen waren auch die Scratching Rocksters, nun auf ihrem eigenen Territorium, stehengeblieben, und die beiden rivalisierenden Clans standen sich gegenüber, beide Seiten in geschlossenem Verband. Jedes Tier hielt den Schwanz steif geringelt über dem Hinterteil, und das tiefe, knurrende Geheul erschallte immer lauter in der Nachtluft. Und ständig vergrößerte sich die Zahl der Hyänen, denn immer mehr Angehörige der beiden Clans, angelockt durch das Schlachtgeschrei, eilten zum Schauplatz.

Plötzlich sah ich die schattenhaften Gestalten von Bloody Mary und Lady Astor Seite an Seite nach vorn stürzen, und einen Augenblick später folgte der Rest des Clans den Führerinnen. Eine kurze Weile hielten die Lakesiders stand, und unter lautem Gebrüll und schrillem Gekicher und Gelächter griffen die Hyänen kurz an und setzten einander bei diesem Scharmützel nach. Und dann zog sich der Lakeside Clan auf sein eigenes Territorium zurück. Nachdem die Scratching Rocksters sie noch ein kurzes Stück verfolgt und dabei wiederum ihre Grenze überschritten hatten, begannen sie sich ihrerseits unbehaglich zu fühlen und blieben stehen. Wieder standen sich die beiden Clans gegenüber, und das Geheul erfüllte die Luft, bis die Raserei der Lakesiders einen Höhepunkt erreichte und sie vorwärts stürmten, um die Feindseligkeiten von neuem zu eröffnen. Wieder ein kurzes Scharmützel, und dann zog sich der Scratching Rocks Clan erneut auf sein Territorium zurück.

Und so ging es weiter, abwechselnd stießen die beiden Clans hinter ihren Führern vor und zogen sich unter dem heftigen Angriff des anderen wieder zurück. Schließlich waren auf jeder Seite zwischen dreißig und vierzig Hyänen, und die Kakophonie ihrer unheimlichen Rufe, das Rascheln und Stampfen ihrer schweren Pfoten, ihre bedrohlichen dunklen Gestalten waren überall rings um uns im Mondschein.

Zwanzig Minuten nach Beginn der Auseinandersetzung endete das Scharmützel plötzlich, und die Angehörigen beider Clans zogen sich immer weiter in ihre eigenen Territorien zurück. Einige schauten dabei über die Schulter zurück, als wollten sie sich überzeugen, daß es keine weiteren Grenzverletzungen gebe. Hugo und ich hatten schon früher eine Reihe von Territorialstreitigkeiten zwischen den verschiedenen Hyänenclans des Ngorongoro-Kraters gesehen, aber niemals eine, die der eben beobachteten an schierer, scheinbar unprovozierter Feindseligkeit gleichkam. Denn wenn sich die zwei schlafenden Lakesiders, die den Zwischenfall heraufbeschworen hatten, vielleicht der Grenzüberschreitung schuldig gemacht hatten, dann hatte es sich höchstens um ein paar Meter gehandelt. Was für einen Preis hatte eine von ihnen für ihre Unvorsichtigkeit bezahlt, denn fast gewiß würde sie an ihren Wunden sterben!

Als sich die Hyänen zerstreut hatten, fuhren Hugo und ich nach Hause, denn unser Sohn, der zweijährige Grublin, wartete auf uns in der Munge-Hütte auf der anderen Seite der Kraterebene. Auf unserem Weg kamen wir an mehreren Scratching Rocks-Hyänen vorbei und sahen, daß einige von ihnen hinkten, und zwei hatten zerfetzte und blutende Ohren. Unser Weg führte über den Scratching Rocks Hill, die kleine Erhebung in der flachen Steppe, die dem Hyänenclan, den wir studierten, den Namen gegeben hat. Vom Gipfel des Hügels konnten wir das Licht der Munge-Hütte wie ein Glühwürmchen schimmern sehen. Sie war unser Zuhause.

Damals hielten Hugo und ich uns mit Grublin und Moro und Thomas, unseren beiden afrikanischen Dienern, zum viertenmal im Krater auf, um die Hyänen zu studieren. Hugo verbrachte einen großen Teil des Tages damit, sein Material über die Schakale und Wildhunde zu sichten, und konnte deshalb bei Grublin im Camp bleiben. Dadurch war ich frei, um die Hyänen zu studieren. Nur abends, wenn wir Grublin ungefährdet mit Moro in der Hütte lassen konnten, fuhren wir manchmal gemeinsam fort. Dann brauchten wir uns um die Sicherheit unseres Sohnes wenig Sorgen zu machen, denn die Fenster der Hütte waren vergittert, die Vorhänge zugezogen, die schwere Tür verriegelt.

Hugo und ich aßen in der Hütte Abendbrot, Grublin saß zwischen uns und versuchte, uns mit den unzusammenhängenden Wörtern und Sätzen eines Zweijährigen alles zu erzählen, was sich in unserer Abwesenheit ereignet hatte. Und bald waren wir im Bett, die Blätter des riesigen Feigenbaums raschelten über uns, der Munge-Fluß plätscherte hinter uns, und der Mondschein erhellte die kleinen Quadrate der Hüttenfenster.

Jedesmal, wenn ich in den Krater zurückkam, brauchte ich drei oder vier Tage, um mit den Hyänen des Scratching Rocks Clans wieder vertraut zu werden. Von den etwa sechzig Clanmitgliedern kannte ich über die Hälfte sehr gut, und die Mehrzahl der übrigen kann ich identifizieren, wenn ich sie mit den Fotografien in meinen Hyänen-Fahndungsblättern vergleiche. In diesem Album sind Aufnahmen, die jede Hyäne von beiden Seiten zeigt. Wenn man eine gewisse Übung erlangt hat, ist es nicht schwierig, die einzelnen Tiere nach dem Muster ihrer Tüpfel zu identifizieren, denn ebenso wie Fingerabdrücke bei Menschen ist jedes Muster anders. Nach einer Weile werden einem viele Hyänen auch durch andere individuelle Eigenschaften ebenso vertraut, zum Beispiel durch ihren Gang, ihre Kopfhaltung oder ihre Körperform.

Als ich zuerst Hyänen zu beobachten begann, mochte ich sie, das muß ich gestehen, nicht besonders gern – obwohl ich von Anfang an von ihrem sozialen Verhalten fasziniert war. Doch damals konnte ich es jenen Leuten, das heißt den meisten Leuten, nachfühlen, die keine Sympathie für Hyänen empfinden. Das war allerdings, ehe ich Bloody Mary, Lady Astor, die alte Mrs. Brown und Nelson und die anderen Angehörigen des Scratching Rocks Clans kannte. Jede Hyäne hat eine Persönlichkeit, die allein ihr eigen ist, und nachdem ich die Hyänen eine Weile beobachtet hatte, merkte ich, daß ich sie wirklich sehr gern habe.

Bloody Mary ist das ranghöchste Weibchen des Scratching Rocks Clans, und da Hyänen eine matriarchalische Gesellschaft haben, ist Bloody Mary die führende Hyäne des Clans. Sie ist blind auf dem linken Auge, dennoch wird ihr von allen ihren Untergebenen Respekt gezollt, und wenn sie bei der Erlegung einer Beute angreift, ihr kurzer Schwanz aufgerichtet und ihre Mähne gesträubt, gibt es keinen, der sich ihr widersetzen würde.

Keine Erwähnung von Bloody Mary ist vollständig, wenn Lady Astor nicht erwähnt wird, denn meist tun die beiden alles gemeinsam. Lady Astor erfreut sich einer Position, die der von Bloody Mary fast gleichkommt, und sie sehen sich so ähnlich, daß ich vermute, sie könnten tatsächlich Schwestern sein. Beide sind aggressiv, aber vielleicht wegen ihres ein wenig höheren sozialen Status ist Bloody Mary gesetzter als ihre Freundin, weniger geneigt, über Kleinigkeiten zu streiten. Jedes dieser beiden Weibchen hat einen Taillenumfang, der ebenso imponierend ist wie ihr sozialer Status, und jede wiegt zweifellos gut und gerne hundertzwanzig Pfund. Wenn die beiden an der Spitze einer Gruppe ihres Clans aufbrechen, vielleicht mit der Absicht, eine ihrer Grenzen mit einer Duftmarkierung zu versehen, dann bieten sie ein unvergeßliches Bild, wenn sich beim Gehen oder im leichten Galopp ihre fetten Flanken berühren und ihre kurzen Schwänze über ihren drallen, schaukelnden, runden Hinterteilen fest geringelt sind.

Seit ich sie kenne, hat Bloody Mary Zwillinge zur Welt gebracht, Vodka und Cocktail, und Lady Astor hat eine Tochter bekommen, Miss Hyena.

Doch keine der beiden Mütter hat sich bei ihren sozialen Aufgaben durch die Pflichten der Kinderaufzucht behindern lassen.

Mrs. Brown dagegen war durch ihre Welpen in Anspruch genommen, seit ich sie vor vier Jahren kennenlernte. Damals hatte sie bei irgendeinem Kampf ihre Nasenspitze eingebüßt; der übriggebliebene Teil war auffällig, denn er leuchtete scharlachrot. Heute ist die Wunde verheilt, und zwischen ihren beiden Nasenlöchern ist gähnende Leere. Mrs. Brown, deren sozialer Status weder hoch noch niedrig ist, ist sanft und ältlich. Vor drei Jahren entwöhnte sie ein Junges und brachte prompt ein weiteres zur Welt, Brindle. Als Brindle klein war, schien Mrs. Brown nur zu gern stundenlang in der Nähe seines Baues zu liegen, ihn oft zu säugen und untätig seinem lebhaften Herumtollen zuzusehen. Heute ist Brindle zwanzig Monate alt, doch Mrs. Brown nährt ihn immer noch und liegt meistens dicht bei ihrem übergroßen Baby.

Ebenso wie Bloody Mary hat Mrs. Brown eine Busenfreundin, die gewichtige alte Baggage. Baggage ist ein ebenso mütterlicher Typ wie Mrs. Brown und verbringt ganze Stunden mit ihren beiden Welpen, Sauce und Pickle. Sie ist kenntlich an einem Hängebauch, der über die Grasspitzen streicht, wenn sie von einem erlegten Wild nach Hause wandert, und an ihren riesigen, feuchten braunen Augen. Außerdem hat sie eine Leidenschaft für Frühjahrsgroßreinemachen. Sie fühlt sich immer bemüßigt, den Eingang zum Bau der Zwillinge nachzugraben und zu säubern, wann immer sie hinkommt, und sei es auch nur mit ein paar Pfotenkratzern. Ich stelle mir im Geist Baggage immer in eine ständige Staubwolke gehüllt vor.

Ihre Welpen sind, wie die meisten Zwillinge, unzertrennlich, aber sie sind leicht zu unterscheiden, sowohl äußerlich als auch charakterlich. Sauce ist der kühnere von beiden, der erste, der auf eine den Bau besuchende Hyäne zurennt und sie begrüßt, der erste, der sich jedes vorbeikommende Tier und jeden Vogel genau ansieht. Und wo immer Sauce hingeht, da geht auch Pickle hin, und was immer Sauce tut, macht Pickle auch. Und so sind die Zwillinge ein mächtiges Gespann, denn wenn es eine Balgerei unter den Welpen gibt, treten sie gemeinsam auf. Sogar voll ausgewachsene Hyänen rennen oft davon, den Schwanz nervös zwischen die Beine geklemmt, wenn die Zwillinge, das Haar vor Entrüstung gesträubt, gemeinsam angreifen.

Der alte Rüde Nelson ist auf dem rechten Auge blind, und seine Ohren sind zerfetzt von endlosen Streitereien um Nahrung und Weibchen, denn er erfreut sich keines sehr hohen sozialen Ranges. Wenn er geht, hält er den Nacken ziemlich steif und den Kopf leicht gedreht, so daß das sehende Auge nach vorn blickt. Dadurch erinnert er ein wenig an einen Clown. Auch stolpert er oft über Grasbüschel oder andere Unebenheiten des Bodens, und einmal, als er an einem Bau vorbeiging, strauchelte er genau am Rand und verschwand kopfüber in dem tiefen Gang.

Doch Nelsons charakteristischstes Merkmal ist seine Stimme. Es ist schwierig, denjenigen, die es nicht gehört haben, das unheimliche, heulende «Uuuuh-wup» der Hyänen zu beschreiben. Jedes «Uuuuh-wup» ist ein Teil einer Serie von zehn oder mehr Rufen; sie beginnen laut und enden oft sehr, sehr leise mit einem tiefen, einsilbigen «Uuuh». Dies ist der am häufigsten zu hörende Laut aus dem phantastischen Repertoire der Hyänen, und er dient unter anderem dazu, den Kontakt zwischen verstreuten Clanmitgliedern herzustellen. Zweifellos können sich Hyänen allein an ihren Stimmen erkennen, denn selbst ich kann viele von ihnen danach identifizieren. Nelson hat einen ziemlich reinen Bariton, der ihm selbst zu gefallen scheint: sein Rufen ist bei fast jeder sozialen Gelegenheit zu hören, und recht häufig wandert er umher und macht leise und offenbar nur so vor sich hin «Uuuuh-wup».

Bis vor kurzem war sehr wenig über die Lebensweise der Hyänen bekannt. Die meisten Menschen stellten sich darunter einen feigen Aasfresser vor, der von den Überbleibseln der von Löwen erlegten Tiere und anderem Aas lebt, und zwischendurch vielleicht von einem einzelnen (dem schlafenden Eigentümer gestohlenen) Lederstiefel. Schon einige der frühen Naturforscher hatten geschrieben, daß die Hyänen manchmal nachts in Rudeln jagen, aber dieser Aspekt ihres Verhaltens wurde von der Mehrzahl der Menschen übersehen, bis kürzlich Hans Kruuk, ein junger holländischer Wissenschaftler, der im Serengeti Research Institute arbeitet, darauf hinwies.

Durch die sorgfältigen Beobachtungen von Hans wurde zum erstenmal deutlich, daß die Hyänen in sozialen Verbänden leben, die er Clans nannte und die bis zu hundert Tiere umfassen. Er stellte fest, daß der Ngorongoro-Krater in acht verschiedene Territorien unterteilt ist und jeder Clan regelmäßig seine territorialen Grenzen patrouilliert und sie dann und wann mit Duft aus den Drüsen markiert, die sich unter dem Schwanz der Hyäne befinden.

Vom Gipfel des Scratching Rocks Hill kann man die ganzen territorialen Jagdgründe – etwa sechs Quadratmeilen – der Hyänen vom Scratching Rocks Clan überblicken. Wenn man nach Südwesten zum Kratersee schaut, erstreckt sich ihr Territorium über eine Meile weit über die flache Steppe, und auch links vom Berg gehört dem Clan ein kleiner Streifen Steppe. Hinter dem Berg haben die Hyänen Zugang zu einem Uferstück des schmalen Munge-Flusses und dahinter zu einem recht kleinen Teil des Hügellandes unterhalb des Kraterrandes. Etwa vierhundert Meter rechts vom Scratching Rocks Hill fließt der Munge-Fluß in den Munge-Sumpf, ehe er sich in den Kratersee ergießt. Diesen Sumpf, von hohem Schilf umgeben, tagsüber von Nashörnern und Riedböcken heimgesucht, nachts von Elefanten und Büffeln, lieben die Scratching Rocksters sehr, denn es ist ein kühler Ort in der Hitze des Tages. Und hier sind sie ziemlich sicher vor spähenden menschlichen Augen, weil die meisten Schilfdickichte für Autos nicht erreichbar sind. Am jenseitigen Ende des Sumpfes steigt steil ein Berg mit abgeflachtem Gipfel auf, den wir «Table Mountain» (Tafelberg) nennen, und das Territorium des Scratching Rocks Clans erstreckt sich noch über diesen Berg und schließt einen großen Teil des dahinterliegenden Berglandes ein.

Drei weitere Clans haben Territorien, die an das der Scratching Rocks-Hyänen angrenzen: der Lakeside Clan, der mächtige Munge River Clan und der Table Mountain Clan. Die Grenzen zwischen den Clans sind nicht über lange Zeiträume hinaus unveränderlich. Noch vor einem Jahr lag zum Beispiel der Table Mountain, wie man erwarten könnte, innerhalb des Territoriums des Table Mountain Clans. Aber allmählich, im Laufe vieler Monate, gelang es den Scratching Rocks-Hyänen, ihre Nachbarn immer weiter in die Berge in Richtung auf den Kraterrand zurückzutreiben. Und das geschah zu einer Zeit, da die Scratching Rocksters selbst auf ihrer entgegengesetzten Flanke Boden verloren, denn der Munge River Clan verschob seine Grenze über die Steppe zum Scratching Rocks Hill. Eine Weile setzten die Markierungstrupps vom Munge-Fluß ihre Duftmarken tatsächlich genau auf dem Gipfel des Berges. Doch nachdem der Scratching Rocks Clan ein riesiges Stück Land vom Table Mountain Clan gewonnen hatte, schickte er sich an, den Munge River Clan wieder auf seine alte Grenze zurückzutreiben. Ein Jahr lang hatten die Scratching Rocksters daher ihr Territorium fast verdoppelt – ich wünschte nur, ich hätte die ganze Zeit da sein können, denn es muß viele aufregende Schlachten gegeben haben.

Alle Mütter des Scratching Rocks Clans ziehen ihre Welpen in einem relativ kleinen Bereich der Steppe in der Nähe des Scratching Rocks Hill auf. Eines Nachmittags wäre es mir fast gelungen, eine Hyänengeburt zu sehen, als ich Bloody Mary traf, die ein neugeborenes Junges im Maul hatte. Es kann nicht älter als eine halbe Stunde gewesen sein, denn es war noch naß, und die Nachgeburt hing noch an der Nabelschnur. Ich folgte der Mutter und sah, daß sie das winzige schwarze Baby in eine große Höhle in einem verlassenen Termitenhügel brachte. Ich wartete dort bis zum Abend, aber dann wurde es dunkel, und Bloody Mary war nicht wieder aus ihrem Bau herausgekommen.

In den nächsten beiden Tagen lag Bloody Mary fast den ganzen Tag vor dem Bau. Wenn sie aufstand, dann nur, um hinunterzugehen, vermutlich um die Kleinen zu säugen. Im Gegensatz zu den meisten Karnivoren sind Hyänen schon weit entwickelt, wenn sie geboren werden. Ihre Augen sind offen, viele Zähne sind schon durchgebrochen, und sie sind erstaunlich beweglich, denn sie ziehen sich mit ihren Vorderpfoten vorwärts. Obwohl ich jeden Tag eine Zeitlang an Bloody Marys Bau verbrachte, sah ich dennoch keine Spur von ihren Welpen. Erst am zehnten Tag fand ich sie beide am Eingang zum Bau, an ihrer Mutter trinkend. Sie sahen winzig aus und sehr schwarz neben dem massigen Körper von Bloody Mary, wie sie da einer über dem anderen lagen und mit ihren kleinen Pfoten das milchstrotzende Euter kneteten.

Als die Fütterung vorbei war, kletterten Vodka und Cocktail über Bloody Marys Beine, und sie leckte sie kurz einen nach dem anderen. Ihre Augen waren noch verschwommen graublau, und wenn sie liefen, torkelten sie, stolperten oft und fielen auf die Nase. Ihre Schwänze waren lächerlich kurze, spitze Spieße, und sie hatten große Pfoten und kurze dicke Nasen wie domestizierte junge Hunde. Plötzlich wanderten sie zurück zum Bau. Cocktail, den ich an einem kleinen Makel an einem Ohr erkannte, ging vorsichtig hinein, aber Vodka verlor am Rand den Halt, verschwand jäh und schickte eine Staubwolke nach oben.

Noch eine Woche überließ Bloody Mary die Kleinen sich selbst, und je-

1 *Bloody Mary, das ranghöchste Weibchen des Scratching Rocks Clans, führt ihre Gruppe während eines Grenzzwischenfalls mit einem rivalisierenden Clan an*

2 Nelson

3 Countess Dracula

4 Baggage säugt die
einjährigen
Zwillinge

5 Mrs. Stink

6 Lady Astor

Gegenüber:
7 Miss Hyena,
Lady Astors
Tochter ▶

8 Eine junge Hyäne küßt ein erwachsenes Weibchen zur Begrüßung

9 Welpen begrüßen Erwachsene, die des Abends bei ihrem Bau Visite machen

10 *Bloody Mary und ihre Welpen Vodka und Cocktail am «Bau zum Vergoldeten Gras (Den of the Golden Grass)»*

11 *Die Welpen setzen Nelson nach. Baggage im Hintergrund setzt sich auf, ist aber zu vollgefressen, um mitzumachen*

12 *Master Beige spielt mit seinem kleinen Bruder Brindle*

13 *Sauce jagt Vodka*

14 Hyänenmütter ziehen mit ihren Kleinen oft von einem Bau in einen anderen um

15 *Ein vier Wochen alter Welpe bleibt dicht bei seiner Mutter*

16 *Miss Hyena schubst Master Beige, als er sie spielerisch am Ohr zieht*

den Tag standen sie fester auf den Beinen, ihre Augen wurden heller, und sie blieben längere Zeit hintereinander draußen. Sie wurden verspielter, zogen sich gegenseitig an den Ohren und Bloody Mary am Schwanz, und sie zeigten mehr Neugier. Eines Tages landete ein Schmutzgeier nahe beim Bau auf der Suche nach Abfall. Als er daherwatschelte, sah ich, daß erst Vodka und dann Cocktail vorsichtig den Kopf aus dem Bau steckten und mit großen Augen den weißen Vogel anstarrten. Ganz langsam kamen sie einer nach dem anderen heraus und taten ein paar forschende Schritte auf ihren Besucher zu. Doch als der Vogel zufällig auf sie zukam, purzelten sie in wilder Flucht wieder in den Bau.

In dieser Woche hatte Bloody Marys Freundin, Lady Astor, der jungen Mutter häufig Gesellschaft geleistet und mit ihr beim Bau gelegen. Oft war auch Lady Astors Tochter, Miss Hyena, bei den beiden ranghohen Weibchen. Miss Hyena hatte ihren Namen erhalten, als ich sie dabei erwischte, wie sie ihr Spiegelbild in einer Wasserpfütze betrachtete. Damals war sie etwa ein Jahr alt und außergewöhnlich hübsch, denn das Schwarz und schimmernde Kastanienbraun ihrer großen Tüpfel hob sich lebhaft von einem blaß cremefarbenen Untergrund ab. Ihre Augen funkelten und hatten einen besonderen Glanz, ihre Ohren waren niedlich und wohlproportioniert zu ihrem gutgeformten Kopf. Sie würde, fand ich, eine Hyänen-Schönheitskonkurrenz mit Leichtigkeit gewinnen.

Bloody Mary, Lady Astor und Miss Hyena waren die einzigen Beschützerinnen der beiden winzigen schwarzen Welpen, als in einer mondhellen Nacht ein Stoßtrupp aus sieben Rüden des Lakeside Clans am Bau erschien. Bloody Mary und ihre Freundinnen ruhten, als die Gruppe ankam, aber sie schreckten schon hoch, als die sieben noch zwanzig Meter entfernt waren. Alle drei starrten einen Augenblick und flohen dann. Die Lakesiders liefen weiter bis zum Bau, die Schwänze geringelt. Ich hatte keine Ahnung, was sie vorhatten, aber mir stand plötzlich das Bild einer zahmen junge Hyäne vor Augen, die Hans Kruuk gehörte und die er eines Nachts vor einem raubenden Hyänenrüden gerettet hatte. Dieses Kleine hatte eine aufgerissene Kehle, eine durchbohrte Luftröhre und einen gebrochenen Kiefer davongetragen, und nur sorgfältige Pflege hatte sein Leben gerettet.

Bloody Mary und Lady Astor rannten nicht weit, blieben dann stehen und schauten zurück zu den Lakesiders. Plötzlich begann Bloody Mary zurückzulaufen. Entweder war ihr mütterlicher oder ihr Territorialinstinkt erwacht, und ihr Schwanz sträubte sich vor Aggression, als sie auf die sieben Rüden zurannte, Lady Astor dicht neben ihr. Miss Hyena war zu jung, um an solchen Auseinandersetzungen teilzunehmen. Es waren zwei gegen sieben. Ich fuhr ein wenig dichter an den Bau heran. Und nun werde ich niemals wissen, ob es das plötzliche Motorengeräusch war oder das Herankommen der beiden ranghohen Weibchen eines rivalisierenden Clans, was die sieben Lakesiders veranlaßte, sich schleunigst in ihr eigenes Territorium zurückzubegeben.

Bloody Mary und Lady Astor stürmten den Rüden noch laut knurrend ein kurzes Stück nach. Dann kehrten sie um und rannten zum Bau zurück, schnüffelten am Boden und knurrten immer noch. Eine Weile irrten sie dort umher, und nun begann erst Bloody Mary und nach ihr Lady Astor eine lange Folge von «Uuuuh-wups». Miss Hyena, die zurückgekommen war, fiel mit ein. Dann rannten die beiden Weibchen hinüber zu einer Gruppe ihres eigenen Clans an einem etwa hundert Meter entfernten Bau. Sie knurrten immer noch, und es sah so aus, als versuchten sie die anderen aufzustacheln, sie bei einem Vergeltungsangriff zu begleiten, denn zweimal begannen sie, in Richtung des Lakesider Territoriums zu rennen, und schauten sich dabei nach den anderen Hyänen um. Aber niemand folgte ihnen, und schließlich kehrten sie zurück und legten sich dicht bei Bloody Marys Bau nieder, wo sie noch eine halbe Stunde lang nach dem Lakesider Territorium starrten und tiefe Knurrlaute ausstießen. Wahrscheinlich war es kein Zufall, daß Bloody Mary am nächsten Tag ihre drei Wochen alten Welpen in einen anderen Bau brachte, den sie mit Mrs. Browns Brindle und den beiden Kleinen von Baggage teilen sollte.

An diesem Punkt könnte es zweckmäßig sein, ein Wort über das Geschlecht der Hyänen einzuflechten. Visuell lassen sich ein männliches und ein weibliches Hyänenjunges nicht voneinander unterscheiden, denn das Weibchen ist mit Fortpflanzungsorganen ausgestattet, die denen des Rüden äußerlich verblüffend ähnlich sind. Diese kuriose Erscheinung hat auch zu der falschen Annahme geführt, die Hyäne sei ein Hermaphrodit. Ein Trapper wurde zum Beispiel beauftragt, sechs Hyänen zu fangen, drei von jedem Geschlecht. Er fing rasch drei «Rüden», doch hatte er Schwierigkeiten, auch nur ein einziges Weibchen zu finden. Während er noch suchte, brachte einer seiner «Rüden» Drillinge zur Welt.

Die Ähnlichkeit zwischen den Geschlechtern wird noch größer durch die Tatsache, daß die Mündungen der Vaginal- und Harnwege des Weibchens tatsächlich innerhalb der enorm verlängerten Klitoris liegen – die ebenso erigierbar ist wie ein Penis. Erst wenn ein junges Weibchen geboren hat, werden ihre beiden schwarzen Zitzen sichtbar und machen es relativ einfach, ihr wirkliches Geschlecht zu erkennen. Die alten Weibchen stellen kein Problem dar, denn durch das ausgedehnte Nähren von immer neuen Würfen sind ihre Zitzen permanent langgestreckt und überaus auffällig.

Theoretisch sollte das Skrotum einer jungen männlichen Hyäne größer aussehen als das falsche Gegenstück eines jungen Weibchens. Doch scheint mein Skrotalverständnis mangelhaft zu sein: kürzlich wurden einige Hyänen wie Dracula und Hubert kraft unerwarteter Mutterschaft zu Countess Dracula und Huberta. Und deshalb habe ich, um die Dinge zu vereinfachen, den Hyänenwelpen neutrale Namen gegeben und bezeichne sie einstweilen als «er».

Die geschlechtlich nicht einzuordnenden Jungen von Mrs. Brown und Baggage bewohnten zu der Zeit, als Bloody Marys Welpen zu ihnen kamen, einen gemeinsamen Bau unmittelbar am Fuß des Scratching Rocks Hill. Ich nannte diesen Bau *Den of the Golden Grass*, weil die untergehende Sonne allabendlich jeden Grashalm gleichsam mit Gold überzog. Mrs. Browns Brindle war etwa zweieinhalb Monate alt und begann, seinen schwarzen Geburtspelz zu verlieren: sein Kopf hatte eine blaßgraue Farbe, ebenso Hals und Schultern, wo sich die ersten Tüpfel zeigten. Sauce und Pickle waren ein paar Monate älter, und nur ihre Hinterteile und Beine waren noch dunkel gefärbt.

Eines Abends, als Brindle bei Mrs. Brown trank und die Zwillinge in der Nähe des Baues spielten, kam Bloody Mary mit Vodka. Mit ihren starken Zähnen hatte die Mutter den Kleinen am Hals gepackt, sein Körper baumelte. Einer von Bloody Marys Eckzähnen schien seinem linken Auge gefährlich nahe zu sein. Er hatte es fest zugekniffen und betrachtete die Welt, etwas mit Schlagseite, durch das andere.

Als Bloody Mary herankam, flitzten die Zwillinge in den Bau, und Brindle, erschreckt durch ihre plötzliche Bewegung, stürzte ihnen nach. Mrs. Brown blieb auf dem goldenen Gras liegen. Bloody Mary ging bis zum Bau und setzte Vodka am Rand ab. Er hatte keine Möglichkeit, sein

Gleichgewicht zu finden, sondern purzelte gleich hinunter und machte so auf etwas formlose Weise die Bekanntschaft seiner zukünftigen Bau-Genossen.

Ehe sich Bloody Mary aufmachte, um ihr zweites Kleines zu holen, begrüßte sie Mrs. Brown. Hyänen haben eine Reihe von Begrüßungszeremonien entwickelt, von denen die üblichsten sind, das Gesicht und die Geschlechtsteile zu beschnüffeln und zu lecken. Als Bloody Mary sich näherte, blieb Mrs. Brown liegen und verzog ihre Lippen zu einem unterwürfigen Grinsen, das an ein nervöses Lächeln von Menschen erinnerte. Bloody Mary fuhr mit der Nase in die Lendengegend des rangniederen Weibchens. Wie es die Hyänen-Etikette erfordert, hob Mrs. Brown ein Hinterbein, und als Bloody Mary dasselbe tat, schnüffelten und leckten beide Weibchen an den Zitzen des anderen. Dann ging Bloody Mary, lässig mit dem Schwanz wedelnd, zu ihrem alten Bau zurück.

Zehn Minuten später war sie mit dem baumelnden Cocktail wieder da. Sie legte ihn in den Bau, schlug ein paarmal mit dem Schwanz und legte sich nahebei nieder. Bald kamen die älteren Welpen aus dem Bau, zuerst Sauce, gleich darauf Pickle und schließlich Brindle. Sie standen in einer Reihe und betrachteten das ranghohe Weibchen. Wie üblich, war Sauce der erste, der Bloody Mary begrüßte. Er ging ganz ruhig zu ihr hinüber und steckte seine schwarze Nase unter ihren Oberschenkel. Sie hob ihr Bein ein paar Zentimeter, übersah aber das Bein, das er höflich über ihren Kopf hob. Pickle folgte seinem Beispiel, und die Zwillinge schnüffelten gemeinsam unter Bloody Marys Schenkel. Auch Pickle hob ein Bein, doch da er auf der anderen Seite von Sauce stand, konnte Bloody Mary die Geste nicht einmal sehen.

Als die Zwillinge abgezogen waren, näherte sich Brindle unendlich vorsichtig Bloody Mary. Seinen kurzen Hals hatte er vorgereckt, den Schwanz fest zwischen die Beine geklemmt. Er bewegte sich ruckweise, und sein grauer Kopf wippte dabei rasch auf und ab. Zwischen jedem Schritt schien er drauf und dran zu sein, sofort zu fliehen. Schließlich kam er dicht genug heran, um mit seiner stumpfen Nase blitzschnell nach Bloody Marys Oberschenkel zu stoßen, aber als das große Weibchen als Erwiderung leicht ein Bein hob, stürzte Brindle mit kleinen Sprüngen davon, schlug einen Bogen um sie und wiederholte das ganze Verfahren. Diesmal schoß er nicht davon, als Bloody Mary ihr Bein bewegte, und als dieses ganz kleine Junge sein schwarzes Bein hob, reagierte sie zu meiner Belustigung und schnüffelte zur Begrüßung lange und ausgiebig.

Brindle kehrte dann zu seiner unterbrochenen Mahlzeit zurück, und die Zwillinge begannen wieder zu spielen, zogen sich gegenseitig an den Ohren, Wangen, Haaren und Schwänzen, jagten sich im Kreis um den Bau, und Mrs. Brown und ihr Kleines machten Tauziehen mit einem Stock. Gelegentlich erschienen die schwarzen Gesichter von Vodka und Cocktail im Eingang zum Bau, wenn die Winzlinge mit großen Augen und angespannt den lärmenden Zwillingen zuschauten, verschwanden aber schleunigst nach unten, wenn ihnen die Spieler zu nahe kamen.

Von Welpen bewohnte Hyänenbaue sind die Brennpunkte im sozialen Leben eines Clans. Die «Besuchszeit» beginnt gewöhnlich bei Sonnenuntergang und erstreckt sich, mit Unterbrechungen, über die ganze Nacht. Manche Hyänen kommen auf ihrem Weg woandershin einfach vorbei und bleiben nur stehen, um ihre Freunde zu begrüßen, aber viele statten einen längeren Besuch ab, legen sich in der Nähe des Baues hin, spielen mit den Kleinen oder Großen, die schon da sind, und begrüßen Neuankömmlinge. Gewöhnlich wandert eine Anzahl Welpen, die alt genug sind, um ihre Mütter zu begleiten, jeden Abend zu einem Bau, wo kleinere Welpen wohnen, bleiben die Nacht über dort und kehren morgens zu ihren heimischen Bauen zurück. Das ist typisch für die zwanglose und unbekümmerte Art und Weise, wie sich das soziale Leben der Hyänen um die Gemeinschaftsbaue abspielt.

Lady Astor, Bloody Marys Freundin, war die erste, die an jenem Abend eintraf. Sie begrüßte Bloody Mary, und als diese kräftig gähnte, wie es die ranghöhere von zwei sich begrüßenden Hyänen so oft tut, rümpfte Lady Astor die Nase und leckte Bloody Mary direkt im Maul. Inzwischen hatten sich die Welpen um Lady Astor geschart und schnüffelten unter ihrem Oberschenkel; sie übersah das erhobene Bein, das jedes von ihnen anbot, hob aber selbst, unparteiisch für alle, ein Bein. Dann ließ sie sich unter Schwanzwedeln in der Nähe von Bloody Mary nieder.

Miss Hyena kam hinter ihrer Mutter drein, machte die Begrüßungsrunden und legte sich dann hin, um zu trinken. Lady Astor hob eine Vorderpfote, als ihre Tochter sich dicht an sie drängte, und legte sie dann kameradschaftlich auf Miss Hyenas Flanke.

Ehe es dunkel wurde, kamen noch verschiedene andere Hyänen zum

Bau. Fünf Welpen unterschiedlichen Alters waren dabei und schlossen sich den Zwillingen und Brindle bei ihren wilden Zeckspielen an. Dann erschien der alte einäugige Nelson und kündigte seine Ankunft mit einer Folge von «Uuuuh-wups» an, die in ein Gekicher in hoher Tonlage übergingen, als sich die Kleinen auf ihn stürzten, um ihn zu mobben. Diese Behandlung wird rangniederen Rüden oft zuteil, wenn sie sich einem Bau nähern. Jetzt rasten die Kleinen unter Führung von Sauce und Pickle, alle mit erhobenem und gesträubtem Schwanz, auf Nelson zu. Doch obwohl er ein paar Meter wegrannte, blieb er bald stehen und drehte sich zu den Kleinen um, und ihre eindrucksvolle Schaustellung lief nur auf eine Begrüßungszeremonie hinaus. Manche Rüden rennen in solchen Fällen weiter, und dann kann es sein, daß die Welpen sie tatsächlich beißen und völlig aus der Umgebung ihres Baues vertreiben.

Schließlich, als es dämmerte, schob sich gemächlich die massige Gestalt von Baggage heran. Die Zwillinge, die sich im Gras balgten, hatten sie nicht kommen sehen. Auch sie hatte offenbar die Welpen nicht gesehen, denn sie ging direkt zum Bau, steckte den Kopf hinein und begann zu graben. Sie grub immer noch, als die Zwillinge sie bemerkten und zu ihr stürzten, um sie zu begrüßen. Sie leckte sie heftig einen nach dem anderen und legte sich dann, mit einem tiefen Seufzer, hin und säugte sie. Wie gewöhnlich dauerte es drei bis vier Minuten, in denen sie sich wanden und hin und her schoben, bis sie geklärt hatten, wer oben liegen sollte. Wie gewöhnlich hatte zu guter Letzt Sauce die bessere Stellung.

Es ist immer frustrierend, wenn man wegfahren und die Hyänen gerade dann verlassen muß, wenn es dunkel wird, denn nachts sind sie am lebhaftesten und tatendurstigsten. Das ist die Zeit, da die Hyäne am ehesten große Tiere jagt, ihre Territorialgrenzen mit Duft markiert und sich paart. Zum Glück gibt es indes den Mond, und im Krater erscheint er immer besonders hell, denn sein Licht wird noch reflektiert vom See und dem durch die Sonne ausgebleichten Gras, und es fängt sich zwischen den grauen und dunkellila und schwarzen Schatten des Kraterrandes. In Afrika ist der Mondschein kein kaltes Licht; seine Silbrigkeit beraubt die Welt ihrer Farbe und Gegenständlichkeit, entwendet der Luft indes nicht die Wärme. Wenn man dabei das Gefühl von Verzauberung hat, dann gewiß, weil wir Menschen Geschöpfe der Sonne sind – die Hyänen, davon bin ich überzeugt, finden nichts Geheimnisvolles am Mondschein.

Nur des Nachts habe ich ausgewachsene Hyänen lebhaft spielen sehen. Das erste Mal, als ich ein solches Spiel beobachtete, werde ich nie vergessen. Am *Den of the Golden Grass* (das im Vollmond silbern war) hatte ich geparkt, und Grublin, damals etwa ein Jahr alt, schlief hinter mir auf dem großen Bett in unserem Volkswagenbus. Die Hyänen spielten ringsum. Lady Astor lag auf dem Rücken, alle vier Pfoten hoch in der Luft, und während die Zwillinge sich gegenseitig pufften, um ihr rechtes Ohr fest zu packen, zerrten zwei andere Kleine knurrend am Haar ihres Halses, und Brindle klammerte sich an ihren Schwanz. Gerade als ihre Tochter einen Kopfsprung auf sie zu machte, hievte sie sich auf die Seite, schüttelte sich und stand auf, wobei die Kleinen alle durcheinandergeworfen wurden und auf den Boden fielen. Einen Augenblick stand das große Weibchen da, das Maul leicht geöffnet zu einem törichten Grinsen, und dann, als Sauce und Pickle nach ihrem Schwanz sprangen, war sie fort und raste in einem weiten Bogen über das kurze, trockene Gras. Die Kiefer der Zwillinge schnappten mitten in der Luft zu, wo vor einer Sekunde noch Lady Astors Schwanz gewesen war, und als sie landeten, stießen sie aneinander und fielen hin. Aber einen Augenblick später waren sie wieder auf und stürzten hinter den anderen Welpen drein, die Lady Astor schon verfolgten. Es war eine fröhliche Jagd im silbrigen Mondschein.

Es war nicht das einzige Spiel, das im Gange war. Rechts von mir rannten drei ausgewachsene Hyänen in immer kleiner werdenden Kreisen umher, bis sie sich, während eine von ihnen schrill und hysterisch kicherte, in einem Haufen von schnappenden Zähnen und boxenden Pfoten wälzten. Während ich zuschaute, stießen zwei andere große Hyänen mit dem Trio zusammen und beteiligten sich an der Balgerei. Eine von ihnen ließ plötzlich ein knurrendes Stöhnen vernehmen, und als ich kurz meine Scheinwerfer einschaltete, sah ich, daß es Bloody Mary war. Sie wurde am Hals gezwackt und gebissen und gleichzeitig am Schwanz gezogen. Sie klang wie jemand, der unerträglich gekitzelt wurde, als die dalag, ganz hilflos aussah und ihre Beine in der Luft krampfartig zuckten. Aber einen Augenblick später stand sie auf, und dann fegten alle fünf davon, galoppierten im Mondschein, und nichts war zu hören als der Aufschlag ihrer Pfoten auf dem harten Boden.

Am Eingang zum Bau sah ich flüchtig eine leichte Bewegung, und ich brauchte keinen Scheinwerfer, um zu wissen, daß das eins von Bloody

Marys schwarzen Jungen war. Die kurze Stummelnase und die runden Ohren lugten aus dem sicheren unterirdischen Schlupfwinkel hervor, als der Kleine das wilde Tun und Treiben ringsum beobachtete, und als dann Lady Astor vorbeirannte, war er wieder verschwunden. Ein paar Minuten später kam wieder einer von ihnen heraus, und so ging es weiter. Gelegentlich guckten die beiden winzigen Welpen auch gleichzeitig.

Mit verblüffender Plötzlichkeit hörte das Spielen auf. Alle Hyänen standen reglos da und starrten zum See hinüber. Ich strengte meine Augen an und hörte nichts, aber die Hyänen müssen das ferne Donnern von Hufen gehört haben, denn plötzlich rannte Bloody Mary schnell in Richtung auf den See, dicht gefolgt von Lady Astor und den anderen ausgewachsenen Hyänen. Als ich ihnen nachschaute, sah ich nach einem Augenblick das erste helle Aufflammen von Hugos starkem Blitzlicht. Denn ich beobachtete die Hyänen nicht allein. Wann immer der Mond hell genug war, daß er ihnen nachfahren konnte, war Hugo auch draußen und folgte verschiedenen Individuen des Scratching Rocks Clans, machte Notizen über ihr Verhalten und hoffte, daß eins von ihnen dasjenige sein würde, das eine Jagd beginnt, so daß er sie von Anfang beobachten und fotografieren könne.

Es gab viele Gelegenheiten, bei denen ich mit Hugo jagende Hyänen beobachtete. Eine der spektakulärsten Jagden fand statt, als wir Countess Dracula folgten, deren Oberlippe gespalten und zu einem ewigen Hohnlächeln verzerrt ist. Mehrere Stunden fuhren wir langsam hinter ihr her, als sie dahinwanderte, stehenblieb, um andere zu begrüßen, sich dann und wann einer anderen Gruppe anschloß und dann wieder allein weiterging. Schließlich legte sie sich hin und schien eine halbe Stunde zu schlafen, ehe sie wieder weiterschlenderte. Es kam uns alles ganz ziellos vor, und wir gelangten zur der Überzeugung, daß wir schlecht gewählt hatten, als wir uns Countess Dracula als Führerin aussuchten. Aber plötzlich begann sie eine Jagd und raste auf einen Gnubullen zu. Er rannte ein Stück weg, und als Countess Dracula ihm nachsetzte, schlossen sich ihr drei weitere Hyänen an. Plötzlich blieb der Bulle stehen und wandte sich zu den Hyänen um. Das war ein verhängnisvoller Fehler, denn binnen weniger Augenblicke tauchten noch mindestens zehn Hyänen aus dem Mondschein auf, und der Bulle war umzingelt. Er versuchte dann durchzubrechen, aber vier Hyänen stürzten von der Seite her auf ihn zu, sprangen hoch und bissen nach ihm. Wieder war er gestellt, er machte eine Schwenkung und stand ihnen nun gegenüber. Doch bald versuchte er einen neuen Durchbruch, und diesmal gelang es ihm, unseren Landrover zu erreichen. Dort blieb er stehen, preßte sein Hinterteil gegen den Wagen und wandte sich gegen seine Peiniger. Hugo hätte ihn durch das offene Fenster berühren können. Minute nach Minute verging. Knurrend und leise heulend, umschlichen ihn die Hyänen, wagten aber keinen Angriff. Der Bulle stand da und fuhr mit seinen geschwungenen Hörnern durch die Luft. Doch plötzlich, vielleicht weil Hugo oder ich ein kleines Geräusch gemacht hatten, drehte er sich um und griff den Landrover an, seine Hörner krachten auf die Tür und zerbeulten das schwere Metall. Ein Horn ging durch das Fenster und verfehlte Hugos Arm nur um Zentimeter. Und so mußten wir wegfahren, und damit war das Schicksal des Gnus besiegelt, denn als er von dem fahrenden Wagen fortrannte, packten ihn die Hyänen. Auf der Fotografie, die Hugo aufnahm, sahen wir später, daß Lady Astor den letzten Angriff angeführt hatte. Nach ein paar Minuten lag das Gnu am Boden, und die Scratching Rocks-Hyänen balgten sich um sein Fleisch; wenige Minuten später war der Bulle tot.

Genau wie Wildhunde töten Hyänen, indem sie der noch lebenden Beute den Leib aufreißen, und es ist ebenso greulich mitanzusehen. Wie wir schon an einer früheren Stelle in diesem Buch gesagt haben, ist es unwahrscheinlich, daß das Beutetier so viel leidet, wie man sich vorstellt. Dennoch habe ich gefunden, daß ich meinen physischen Ekel nur dadurch überwinden kann, daß ich mich auf das Verhalten der Hyänen selbst konzentriere. Es ist ein unglaublicher Anblick, wenn die Angehörigen eines Hyänenclans einer nach dem anderen heranstürzen und sich vordrängen, um einen Anteil an der Beute zu bekommen. In jener Nacht war innerhalb von Sekunden, nachdem der Bulle zu Boden gegangen war, sein Körper unsichtbar, verborgen unter dreißig oder mehr Hyänen.

Bloody Mary und Lady Astor fraßen zusammen, ihre fetten Flanken berührten sich und dehnten sich langsam aus, als sie riesige Fleischbissen abrissen und verschluckten. Miss Hyena, Lady Astors Tochter, fraß dicht neben ihrer Mutter. Mrs. Brown, die ein wenig später gekommen war, machte einen gewaltigen Satz und landete buchstäblich mit dem Kopf zuerst im Gewühl. Wellington, der Leitrüde des Clans, kletterte auf die Rücken seiner fressenden Gefährten und saß da einen Augenblick, bis er eine winzige Lücke entdeckte, durch die er sich hindurchzwängen konnte. Und rings um den dichten Haufen sahen wir Nachzügler, die auf dem Bauch kriechend dem Fraß zusteuerten und sich zwischen den Beinen ihrer Gefährten hindurchschlängelten.

Bald war eine heftige Balgerei im Gange, und die Geräusche wurden immer lauter, das Heulen und Knurren, das plötzliche Gebrüll, das einem die Glieder erstarren läßt, das nervöse Gelächter und Gekicher. Und mit diesen Lauten vermischten sich die schlürfenden, kauenden, reißenden und knirschenden Geräusche von etwa dreißig Mäulern, die Fleisch, Haut und Knochen fraßen. Kein Wunder, daß in solchem Gedränge manchmal unbeabsichtigter Kannibalismus vorkommt und in Ohren, Nasen und Pfoten gebissen wird, denn nach einer Weile muß es schwierig sein, das Fleisch des Beutetiers von dem blutgetränkten, fleischigen Fell einer anderen Hyäne zu unterscheiden. In jener Nacht büßte Nelson ein weiteres Stück Ohr ein. Ich vermute, daß auch Mrs. Brown ihre Nasenspitze bei einem derartigen Hyänenfestmahl verlor.

Allmählich war das Beutetier auseinandergerissen, und der Lärm verebbte. Ich sah Mrs. Brown mit einem Gnubein wegrennen, hitzig verfolgt von Lady Astor und Wellington. Nelson, schrill kichernd, sein sehendes Auge nach vorn gerichtet, raste plötzlich mit einem Stück Haut weg, Black Watch dicht hinter ihm. Baggage machte sich mit einem Schienbein davon und kicherte leise und nervös, wobei sie über die Schulter Mrs. Stink anschaute, die ihr den Leckerbissen wegnehmen wollte. Quiz, ein junger Rüde, verdrückte still und leise dicht bei unserem Wagen und damit vor seinen Clangenossen verborgen, ein saftiges Stück Fleisch. Miss Hyena flitzte mit dem Schwanz des Gnus davon ließ ihn aber nach ein paar Minuten fallen, als sie merkte, daß nichts als Haar dran war. Der rangniedere Old Gold stahl sich mit einem winzigen Stück Gedärm davon. Es erinnerte mich an einen Ausverkauf im Warenhaus, jeder Kunde grapscht wie verrückt nach irgendeinem Sonderangebot und läßt es manchmal nach genauerem Hinsehen wieder fallen. Und die ganze Zeit schoben sich die quecksilbrigen Schakale zwischen den Beinen der Hyänen hindurch, schnappten hier und dort kleine Stückchen und leckten das Blut vom Gras. Ich zählte elf Schabracken- und drei Goldschakale.

Fünfzehn Minuten nachdem der Bulle zu Boden gegangen war, waren nur noch der Kopf und das Rückgrat übrig. Wellington und Honeydew zerrten an einem Ende, und mit einemmal löste sich das Rückgrat vom Kopf. Bloody Mary, das ranghöchste Weibchen, behielt den Kopf. Zu guter Letzt bekommt Bloody Mary fast immer den Kopf. Das ist ihr Vorrecht.

Das Befriedigende an der Erlegung einer Beute durch Hyänen ist, daß nichts umkommt. Jedes Fetzchen, das möglicherweise eßbar ist, wird gefressen, und der letzte Blutstropfen wird vom Gras abgeleckt. Nur Mähne, Schwanz und Bart des Gnus sowie die Hörner und ein Teil des Schädels bleiben übrig. Und die Hörner werden, wenn die ausgewachsenen Hyänen sie schließlich loslassen, oft zu einem der Baue gebracht, wo die Welpen stundenlang darauf herumkauen und damit spielen.

Nicht alle Jagden, die die Hyänen beginnen, sind erfolgreich. Am zweckmäßigsten ist es vielleicht für ein gejagtes Tier, mitten in eine dichte Herde seiner Artgenossen hineinzurennen, denn das verwirrt die Jäger manchmal. Gelegentlich versucht ein Gnu zu entkommen, indem es in den Munge-Fluß springt, aber Hyänen haben keine Angst vor dem Wasser und springen ihrer Beute nach.

Einmal, als Hugo und ich am Munge-Fluß entlangfuhren, stießen wir auf eine Gruppe Hyänen, die am Ufer umherirrten und ins Wasser starrten. Das Ufer war an dieser Stelle steil, und der Wasserspiegel lag etwa einen Meter tiefer. Als Hugo und ich hinunterschauten, kam ein glatter Kopf, der eher nach einem Seehund aussah, an die Oberfläche des ziemlich stark strudelnden Bachs. Das Geschöpf schüttelte sich, und aus der Masse umhersprühender Tropfen starrte uns das vertraute Gesicht von Lady Astor an. Eine Sekunde später tauchte ein zweiter Kopf auf, und Bloody Mary erschien. Die beiden tauchten fast sofort wieder unter, gerade als die massige Baggage vom Ufer aus einen Kopfsprung machte, ihr Aufklatschen die an Land stehenden Hyänen durchnäßte und eine Welle verursachte, die sich den schmalen Fluß hinunterwälzte.

Wir wurden uns bald darüber klar, daß im Wasser der Kadaver eines Tieres liegen müsse, das wahrscheinlich ertrunken war, als es versuchte, vor jagenden Hyänen zu fliehen. Das Wasser war an dieser Stelle etwa anderthalb Meter tief, und offenbar wagten viele der am Ufer versammelten Hyänen nicht hineinzuspringen – vermutlich mehr aus Angst vor ihren Leittieren als vor dem Wasser, denn alle ranghöheren Hyänen sprangen ohne zu zögern hinein.

Als wir Bloody Mary beobachteten, sahen wir, daß sie unter Wasser mit den Vorderpfoten sorgfältige Bewegungen machte, ehe sie mit dem Kopf untertauchte, so daß dann nur noch ein kleiner Höcker ihres Hinterteils herausragte. Sie kam herauf mit dem Maul voll Fleisch. Wieder bewegte sie die Pfoten, und wieder fand sie Fleisch, und es schien, daß sie nach der Lage des Kadavers tastete. In dem aufgewühlten schlammigen Wasser hat sie gewiß nichts sehen können. Später fiel uns auf, daß diejenigen Hyänen, die nicht mit den Pfoten tasteten, oft mit leerem Maul auftauchten.

Die ganze Zeit über trieb der Kadaver in dem raschfließenden Bach allmählich flußabwärts in seichteres Wasser und gelangte schließlich zu einer Stelle, wo das Ufer weniger steil war. Bloody Mary vermochte sich ein Hinterbein zu schnappen und nach oben zu bringen, und dann zerrten die Hyänen Zoll um Zoll den Kadaver eines Gnus aufs trockene Land. Sofort begann das typische, knurrende, kichernde Gedrängel um die Beute. Aber es gab einen Unterschied, denn wenn rangniedere Tiere mit Leckerbissen flohen und sich nervös umschauten, dann fielen sie immer wieder Hals über Kopf das Ufer hinunter und ins Wasser. Manchmal tauchten sie noch ein zweites Mal unter, wenn ihre Verfolger in den Bach fielen.

Im Krater jagen die Hyänen des Scratching Rocks Clans häufig Gnus und selten Zebras, doch der benachbarte Munge River Clan jagt gewöhnlich Zebras in dem hügeligen Gelände hinter der Munge-Hütte. Einmal begleitete ich Hugo, als er Angehörigen des Munge River Clans auf einer solchen Jagd folgte. Es war eine strahlend klare Nacht, aber das Hügelland war heimtückisch, denn es gab plötzlich Löcher, die unter dem langen Gras verborgen waren, und wir schnallten unsere Sicherheitsgurte an und drückten uns die Sturzhelme fester auf den Kopf. Wir folgten einer Gruppe von dreizehn Hyänen, denn während nur eine oder zwei Hyänen eine Jagd auf Gnus eröffnen, ist ihre Zahl gewöhnlich größer, wenn sie Zebras nachstellen. Plötzlich begannen die Hyänen zu rennen, bogen seitwärts ab und hielten genau auf den Berg zu. Wir folgten ihnen, und ich erwartete jeden Augenblick, daß der Landrover auf dem steilen Hang umkippen würde. Indes erreichten wir ohne Panne den Gipfel und hatten dort ein ganz unglaubliches Bild vor Augen.

Die verstreuten Zebragruppen hatten sich zu einer riesigen gestreiften Schar zusammengeschlossen, die gut und gern über zweihundert Tiere zählte. Als diese Herde dahintrabte, sahen wir, daß mehrere Hengste die

Nachhut verteidigten und immer wieder anhielten, um mit fest nach hinten gelegten Ohren nach den vordersten Hyänen zu beißen. Die Luft vibrierte unaufhörlich von dem schrillen, kreischenden Gekläff der gejagten Zebras, und ihre Hufe donnerten über den mondhellen Berghang. Es ließ sich nicht genau feststellen, wieviel Hyänen mittlerweile dort waren, die teils in dichtem Verband, teils ausgeschwärmt hinter der Herde her waren, aber es müssen über dreißig gewesen sein. Ich sah, wie eine plötzlich hoch in die Luft flog, etwa dreißig Zentimeter höher als ein Zebrarücken, und ich nahm an, daß sie einen Fußtritt erhalten hatte. Sie überschlug sich zweimal, als sie landete, stand aber auf und lief weiter.

Ungefähr fünfzehn Minuten folgten wir der Jagd, und dann fielen die Hyänen zurück, einzeln, zu zweit und in kleinen Gruppen; sie hatten aufgegeben angesichts dieses festgefügten Walls von Zebras und der tatkräftigen Verteidigung der Hengste.

Zebras sind ein harter Brocken für die jagende Hyäne, und die Jäger geben unweigerlich auf, wenn ein Zebra, das sie verfolgen, zu rennen aufhört. Es scheint, daß Hyänen ebenso wie Wildhunde und Wölfe darauf gefaßt sind, Fußtritte von großen Beutetieren zu erhalten, aber sie haben Angst vor Zähnen und Hörnern, wenn sich das gejagte Wild umdreht und sie angreift. Wir haben einen lahmen Zebrahengst gesehen, der vier Nächte hintereinander von Hyänen gejagt wurde. Nachdem er ein kurzes Stück gelaufen war, blieb der Hengst jedesmal stehen, drehte sich um und biß nach den Hyänen. Die Jäger blieben auch stehen, liefen noch eine Weile um ihn herum, zogen dann ab und ließen ihr in Aussicht genommenes Abendessen in Frieden grasen.

Was die Ernährung anbelangt, so ist für die Hyänen im Krater das Leben am leichtesten in der Zeit, wenn die Gnus kalben. Es ist auch die Zeit, die den Ruf der Hyänen am stärksten schädigt. Denn man kann das Fangen und Töten eines noch unsicher auf den Beinen stehenden neugeborenen Kalbs kaum mitansehen, ohne tiefes Mitgefühl mit dem Kalb und seiner Mutter zu empfinden. Wie oft haben Hugo und ich die Geburt eines Kalbs beobachtet, haben gesehen, wie die Mutter sein nasses Fell leckt, haben über seine ersten mühsamen Versuche gelacht, mit seinen langen Beinen zurechtzukommen, und gestaunt über die kurze Zeit, in der es lernte, diese Beine zu gebrauchen und zu laufen – und dann merkten wir, daß sich eine oder mehrere beutelüsterne Hyänen näherten. Manchmal vergingen nach seiner Geburt kaum zehn Minuten, da war es schon gefangen und gefressen, denn in dieser ergiebigen Jahreszeit jagen die Hyänen ebensooft während des Tages wie nachts.

Es machte mir einen tiefen Eindruck, als ich einen Monat, ehe mein Sohn geboren wurde, im Krater arbeitete: ich konnte nicht umhin, ständig über die scheinbare Verschwendung von Mühe und Leben nachzudenken. Die Gnukuh hat ihr Kalb so lange getragen, endlich hat sie es zur Welt gebracht, und dann war das eben erschienene Wunder im Nu tot, ehe es eine Gelegenheit hatte zu leben. Eine unwissenschaftliche Art, die Natur zu betrachten, aber schwangeren Frauen muß man solche Gedanken zubilligen. Und Mitgefühl in Grenzen kann nicht falsch sein. Selbst die überzeugteste Katzenliebhaberin bedauert den eben flügge gewordenen Vogel, der ihr so stolz auf den Wohnzimmerfußboden gelegt wird, aber sie wird ihre Katze nicht verurteilen. Und im Gegensatz zu den so streng getadelten Hyänen braucht ihre Katze gar nicht auf die Jagd zu gehen, um sich zu ernähren.

Noch ein Punkt ist zu bedenken. Für die Hyäne ist es nicht völlig gefahrlos, ein Gnukalb zu erbeuten, denn gewöhnlich verteidigt die Mutter ihr Kleines entschlossen und tatkräftig. Ich beobachtete einen spektakulären Kampf zwischen einer wütenden Kuh und dem ranghöchsten Rüden des Scratching Rocks Clans, Wellington.

Als Wellington auf die Mutter und das Kalb zurannte, galoppierten sie fort, doch als er näher kam, drehte sich die Kuh um und griff an, warf ihn zu Boden, schoß herum und rannte wieder weiter. Im Handumdrehen war Wellington auf den Beinen und setzte ihr nach. Diesmal holte er sie ein und packte das Kalb an der Schulter, aber wieder fuhr die Kuh herum, und mit einem kräftigen Hochwerfen des Kopfes beförderte sie Wellington zusammen mit seinem Opfer ungefähr einen Meter hoch in die Luft. Als Wellington wieder auf dem Boden landete, wartete die Mutter schon auf ihn, ging in die Knie, stieß ihn mit dem Kopf aufs Gras und hielt ihn dort mit ihren geschwungenen Hörnern fest. Sie führte einen verlorenen Kampf, denn das Kalb war verwundet, und als Wellington schließlich der Mutter entkam, hatte er keine Schwierigkeit, noch einmal nach ihm zu schnappen und mit ihm wegzurennen. Er hielt es am Hals und tötete es mit Schüttelbewegungen seines Kopfes und einem Knirschen seiner mächtigen Kiefer. Diesmal galoppierte die Gnumutter bloß in einem

Kreis um die Hyäne herum. Vielleicht griff sie nicht an, weil ihr Kalb nicht länger blökte. Als dann noch drei Hyänen auf dem Schauplatz erschienen, stand die Mutter jedenfalls nur da und sah zu, wie ihr Kleines in Stücke gerissen wurde. Dann drehte sie sich um und wanderte grasend weiter, allem äußeren Anschein nach keineswegs bekümmert. Als Wellington schließlich abzog, sah ich, daß er beim Laufen eine Vorderpfote hochhielt. Mehrere Tage würde er nicht jagen können.

Ziemlich oft gelingt es Kälbern, den jagenden Hyänen zu entkommen. Manchmal ist das der Fall, wenn ein Gnubulle die Hyäne angreift und damit der Mutter und dem Kalb einen Vorsprung verschafft. Es sind nicht unbedingt altruistische Motive, die einen Gnubullen zu einem solchen Verhalten veranlassen – ein streitsüchtiger Bulle kann eine Hyäne angreifen, ob sie nun ein Kalb verfolgt oder nicht. Einmal wurde Nelson viermal angegriffen und einmal zu Boden geworfen, als er gerade eine junge Thompson-Gazelle fressen wollte, die er erbeutet hatte.

Wenn eine Gnumutter einfach weitergaloppiert und nicht stehenbleibt, um eine verfolgende Hyäne anzugreifen, dann hat ihr Kalb die besten Aussichten zu entkommen. Denn gewöhnlich dreht sich ein Kalb auch um, wenn seine Mutter sich umdreht, und läuft während ihres Angriffs im Kreis um sie herum, so daß es von der Hyäne leicht geschnappt werden kann, sobald sie sich vor der Gnukuh in Sicherheit gebracht hat. Einmal rannte allerdings ein sehr kleines Kalb weiter, während seine Mutter sich herumdrehte und eine von zwei jagenden Hyänen zu Boden warf. Gerade in dem Augenblick lief das Kalb durch eine Zebraherde, und ein Zebra schien nach dem fliehenden Kleinen ausgeschlagen zu haben, warum, das wird ein Geheimnis bleiben. Das Kalb viel längelang auf den Boden, und es sah ganz so aus, als ob die zweite Hyäne, die jetzt nur noch zwanzig Meter entfernt war, ein leichtes Spiel haben würde. Doch während das Kalb sich wieder aufrappelte, griff die Mutter die Hyäne an und schleuderte sie auf den Boden. Einen Augenblick hielt sie sie dort mit den Hörnern fest, und das Kalb setzte seine unterbrochene Flucht fort. Dann galoppierte die Mutter los und rannte bald rasch und leichtfüßig dicht bei ihrem Kleinen. Die erste Hyäne hatte aufgegeben – vielleicht hatte die Gnukuh sie bei ihrem Angriff verletzt. Die zweite setzte die Verfolgung noch ein paar Minuten fort, schien dann aber auch aufzugeben, fiel immer weiter zurück und blieb schließlich stehen.

Gnukälber sind natürlich nicht die einzigen Jungtiere, die eine Hyäne angreift. Sie macht sich an die Jungen von fast allen Tieren heran, sogar an junge Löwen und Nashornkälber. Eine Nashornmutter bleibt mit ihrem Neugeborenen gewöhnlich in dichtem Pflanzenwuchs, bis es zwei Monate alt ist, und dann ist es schon zu groß, als daß eine Hyäne noch mit ihm fertig würde. Doch eine Nashornmutter im Krater wanderte ganz unverfroren mit ihrem einen Monat alten Kalb über die Steppe. Sie behielt es nicht lange! Eines frühen Morgens fanden wir die Mutter und ihr Baby von etwa fünfzehn Hyänen des Scratching Rocks Clans umzingelt. Als wir näher heranfuhren, sahen wir, daß das Baby ein gebrochenes Bein hatte – doch ob die Hyänen daran schuld waren oder nicht, werden wir nie erfahren. Im Laufe des Morgens zerstreute sich die Mehrzahl der Hyänen, aber ein paar, unter ihnen Wellington, Nelson und Baggage, blieben bei dem verwundeten Kalb und stürzten immer wieder hin, um es zu beißen. Die Mutter, die ihr Kind wahrscheinlich die ganze Nacht über verteidigt hatte, wurde immer lethargischer, und schließlich erschoß John Goddard, der in dieser Gegend Nashörner studierte, das Baby und beendete sein Leiden.

Zu unserer Verwunderung kam dieselbe Nashornmutter zwei Jahre später wieder mit einem einen Monat alten Kalb auf die Kratersteppe. Mindestens drei Wochen lang plagten Gruppen von Scratching Rocks-Hyänen die beiden jede Nacht, verfolgten sie, standen im Kreis um sie herum und rannten plötzlich auf das Kalb zu. Doch diesmal verteidigte die Mutter ihr Kind erfolgreich. Das Kalb selbst, obwohl nicht größer als eine Hyäne und ohne auch nur eine Spur von Horn auf seiner Babynase, griff mit steif aufgerichtetem Schwanz seine Peiniger immer wieder an, unterstützt durch die massige Gestalt und das gewaltige Horn seiner wachsamen Mutter. Schließlich war das Kalb so groß geworden, daß keine Gefahr mehr bestand, und die Hyänen verloren das Interesse an ihm.

Der Ngorongoro-Krater ist berühmt für seine Nashörner. Man findet sie auf der offenen Steppe, im Schilfdickicht, auf den Hügeln und in den Wäldern des Kraterrandes. Ich habe mir nie Sorgen über die Nashörner gemacht bis zu jenen mondhellen Nächten, als Grublin hinten im Volkswagen schlief und ich den *Den of the Golden Grass* beobachtete. Die meisten Nashörner sind friedlich – so viele Touristenwagen fahren täglich bis zu ihnen und um sie herum, daß sie bald vor Erschöpfung zusammenbrechen würden, wenn sie jeden angriffen. Aber just damals war zufällig ein «böses» Nashorn vom Kraterrand heruntergekommen. Dreimal wurde Hugo von ihm angegriffen! Einmal hat er sich gerade im letzten Augenblick retten können.

Eines Abends, als die Dämmerung fast unmerklich dem Mondschein gewichen war, ertönte plötzlich ein lautes Schnauben dicht beim Wagen. Ich hatte am Hyänenbau geparkt, das Licht war eingeschaltet und der Gaskocher brannte, denn ich gab Grublin sein Abendessen. Rasch schaltete ich das Licht aus. Ein großes Nashorn stand etwa sechs Meter vom Wagen entfernt. Während ich noch hinschaute, schnaubte es wieder, warf den Kopf hoch und scharrte mit einem Vorderfuß. Dann machte es ein paar steife, hüpfende Schritte zur Seite, den Schwanz hoch in die Luft gereckt. Wahrscheinlich wollte es sich darüber klarwerden, was der unbewegliche Wagen eigentlich war und was es mit ihm tun sollte. Jedes plötzliche Geräusch hätte einen Angriff provozieren können, und das Tier war viel zu dicht, als daß ich es hätte wagen können, den Motor anzulassen und zu versuchen wegzufahren. Vorsichtig stellte ich das Gas ab, und irgendwie gelang es mir, ohne ihn zu beunruhigen, Grublin verständlich zu machen, daß wir leise sein mußten. Zusammen beobachteten wir das Nashorn.

Nach acht Minuten, die sich hinzogen, als seien es achtzig, beschloß unser Besucher unter vielem Scharren und Hörnerschütteln, uns zu verlassen. Als er davonging, blieb er häufig stehen und drehte sich um und starrte den Wagen an, dieses seltsame weiße Gebilde, das im Mondschein schimmerte. Die jungen Hyänen, die während des Besuchs alle sehr dicht am Bau geblieben waren, stellten sich nun hinter den Zwillingen auf und wanderten ein kurzes Stück hinter dem Nashorn her. Bald blieben sie stehen, um sich dem Genuß der Visitenkarte hinzugeben, die das Nashorn hinterlassen hatte – ein Haufen dampfenden Kots. Denn genau wie junge Schakale halten junge Hyänen die frischen Exkremente von Vegetariern für eine Delikatesse.

Es ist schade, daß Grublin sich später nicht an diese Nächte wird erinnern können, die er am *Den of the Golden Grass* verbrachte. Er schlief oft ein, während er noch den Mondaufgang oder die Sterne beobachtete, und wenn er aufwachte, dann hörte er die muhenden, grunzenden Schreie der Gnus oder das seltsame Geheul der Schakale, vielleicht auch das

«Uuuh-wup» einer vorbeikommenden Hyäne. Natürlich tat ich, was ich konnte, um zu verhindern, daß er aufwachte, denn das störte meine Beobachtungen. Sowie er sich rührte, versuchte ich ihn mit einem Lied zu beruhigen, damit er wieder einschlief. Manchmal, wenn die Hyänen gerade in solchen Augenblicken sehr viel unternahmen, sang ich einfach meine Beobachtungen in mein Tonbandgerät. Die Ergebnisse waren sehr erheiternd, wenn sie am nächsten Tag abgespielt wurden. Man stelle sich zum Beispiel zu der sanften Melodie von Brahms' ‹*Wiegenlied*› folgenden Text vor: «Bloody Mary kommt, Gesicht und Hals rot von Blut, ein Bein im Maul», oder nach der Weise von ‹*Schlaf, Kindchen, schlaf*›: «Nelson kichert hysterisch, als die Zwillinge seinen Penis lecken».

Etwas, was Grublins Schlummer jede Nacht zu stören drohte, war der von allen jungen und vielen ausgewachsenen Hyänen unternommene Versuch, den Volkswagen zu verzehren. Die ganze Nacht hindurch unternahmen die Hyänen immer neue Angriffe, kauten und bissen an den Scheinwerfern, den Reifen, dem Auspuff herum – tatsächlich an allem, was sie mit den Zähnen erreichen konnten. Einmal kam Pickle unter dem Wagen hervor und schnitt fürchterliche Gesichter, fuhr sich mit der Pfote über die Schnauze und schüttelte den Kopf. Warum, das entdeckte ich, als ich nach Hause fuhr und die Bremse nicht funktionierte: Pickle hatte den Bremsschlauch durchgebissen und ein wenig Bremsflüssigkeit geschluckt.

Die Zwillinge waren die ärgsten Bösewichter. Einmal, als Sauce immerzu auf einem Nebelscheinwerfer herumkaute, während Pickle am anderen nagte, versuchte ich alles, um sie davon abzubringen. Daß ich die Scheinwerfer einschaltete und den Motor anließ, ignorierten sie völlig und sahen mich nur mit verschwommenen Augen an, als ich mich aus dem Fenster beugte und gegen das Auto schlug. Dann besprühte ich Pickle, der auf meiner Seite war, mit Aerosol-Insektenspray. Er fuhr zurück, schnüffelte aufmerksam in der Luft, kam dann aber gleich wieder. Schließlich mußte ich die Tür aufmachen und einen Fuß hinausstrecken: daraufhin zog sich erst Pickle und dann Sauce schleunigst zum Bau zurück, wo sie sich einem Spiel hingaben, das sie vorübergehend von dem Auto ablenkte.

Indes waren es nicht die Zwillinge oder die anderen Welpen, die Grublin am häufigsten aufweckten, sondern die älteren Hyänen. Wenn sie mit ihren kräftigen Kiefern irgendein vorstehendes Stück Metall packten und daran zerrten, klang es oft, als ob der Wagen auseinandergerissen würde. Die schlimmsten Missetäter waren Mrs. Browns älterer Sohn, Master Beige, und Miss Hyena, Lady Astors Tochter. Diese beiden kamen jede Nacht zu stundenlangen Besuchen zum Bau, und sie gehörten zu den verspieltesten unter den Hyänen. Einmal gaben sie sich zwanzig Minuten lang einem Spiel hin, das halb Zeck, halb Tauziehen mit einem Gnuschwanz war, und einmal spielten sie lange Zeit mit einem bunt angestrichenen hölzernen Lastwagen, den Grublin hatte aus dem Fenster fallen lassen.

Master Beige spielte auch oft mit seinem kleinen Bruder Brindle. Damals war Master Beige voll ausgewachsen, obwohl er wohl noch etwas stämmiger werden würde, während Brindle erst ungefähr drei Monate alt war. Einmal begann das Spiel, als Brindle auf einen großen und sehr glatten, runden Stein zusprang. Er riß die Schnauze auf, so weit er konnte, und bemühte sich krampfhaft, ihn aufzunehmen, aber er war zu groß, und seine Zähne rutschten immer wieder ab. Gerade als es so aussah, als ob er ihn endlich hatte greifen können, schlenderte Master Beige heran, packte seinen kleinen Bruder am Ohr und zog. Brindle fiel längelang hin, war aber im Nu wieder auf und versuchte von neuem, seinen Stein aufzunehmen. Aber dadurch, daß Master Beige Brindle am Genick packte, an seinen Ohren zerrte und an den Barthaaren zog, machte er es ihm unmöglich, sein Spielzeug zu fassen.

Plötzlich ließ Brindle den Stein sein und schoß herum, um seinen Peiniger am Schwanz zu packen, hängte sich fest dran und stemmte sich mit seinen kräftigen Beinen ab, als Master Beige sich umdrehte, um nach ihm zu beißen. Allmählich kamen sie immer weiter von der Stelle weg, und Brindle hing immer noch am Schwanz seines Bruders. Und dann rannte Brindle, so schnell ihn seine kurzen Beine trugen, zu dem unbewachten Stein zurück. Aber Master Beige war zu schnell für ihn und schnappte sich das Spielzeug selbst, rannte im Mondschein damit fort und sah dabei über die Schulter zurück, eine Aufforderung, ihm nachzusetzen. Brindle trottete hinterdrein. Master Beige verlangsamte seinen Schritt, bis sein Bruder nach dem Stein in seinem Maul beißen konnte, dann ließ er ihn auf den Boden fallen. Brindle versuchte wieder, ihn zu fassen, aber immer, wenn es gerade so aussah, als ob er ihn tatsächlich aufnehmen würde, machte Master Beige einen Satz, nahm den Stein selbst auf und sprang ein paar Meter damit weg. Brindle folgte ihm, Master Beige ließ den Stein wieder fallen, und so ging es immer weiter.

Nach einer Weile gab es Brindle scheinbar auf. Er wanderte ein Stückchen weg, bis er zu einem niedrigen Dornengewächs kam und an einem Zweig zog, bis er abbrach. Master Beige beobachtete ihn. Brindle schüttelte seinen Zweig, ließ ihn fallen und sprang drauf: Master Beige konnte nicht länger widerstehen. Mit großen Schritten kam er an, um mit seinem Bruder Tauziehen zu spielen. Aber in dem Augenblick, da ein Ende des Zweigs fest in Master Beiges Maul war, ließ Brindle sein Ende fallen und raste zurück zu dem Stein. Natürlich konnte er ihn wieder nicht aufnehmen, aber diesmal, als sein großer Bruder angeschossen kam, um sich das Spielzeug zu schnappen, saß Brindle fest drauf.

Wenn die Welpen spielten, pflegte sich Mrs. Brown in der Nähe niederzulegen. Auch die alte Baggage hielt sich ziemlich lange am *Den of the Golden Grass* auf, nicht nur wegen ihrer Kleinen, sondern auch weil ihr die Gesellschaft von Mrs. Brown zusagte. Oft zogen an einem heißen Tag die beiden ältlichen Matronen gemeinsam los, um sich in dem Morast der Schilfdickichte abzukühlen. Immer noch gemeinsam kamen sie dann naß und schlammbedeckt um vier oder fünf Uhr nachmittags zurück. Langsam gingen die beiden Mütter zum Bau, schauten hinunter und stießen manchmal den tiefen Ruf aus, der die Jungen veranlaßte, nach oben zu krabbeln. Baggage grub fast immer am Eingang zum Bau, während sie auf die Zwillinge wartete. Gefolgt von ihren jeweiligen Sprößlingen, begaben sich die beiden Weibchen nun in kleine Mulden in der Nähe des Baues und egten sich dort hin, um sie zu säugen – eine Mahlzeit, die eine bis anderthalb Stunden dauerte.

Solange ihre Kleinen noch keine zwei Monate alt waren, verbrachte Bloody Mary – die als Weibchen Nummer eins des Clans sich außer um ihre Kinder noch um viele andere Dinge zu kümmern hatte – ziemlich viel Zeit in der Nähe des Baues. Der Grund dafür war vermutlich, daß die ganz Kleinen häufiger trinken, obwohl jeweils kürzere Zeit, als wenn sie drei Monate oder älter sind. Während Brindle und die Zwillinge in vierundzwanzig Stunden gewöhnlich nur dreimal tranken, nährte Bloody Mary damals doppelt so oft.

Von Anfang an hatten Vodka und Cocktail sehr unterschiedliche Persönlichkeiten. Cocktail war in jeder Beziehung stiller und weniger ungestüm. Er konnte minutenlang ununterbrochen Bloody Marys Ohren und Hals putzen, wenn sie in der Nähe des Baues lagen, und dann pflegte er sich vor seine Mutter hinzusetzen, das Kinn hoch in der Luft, womit er sie aufforderte, sich zu revanchieren. Das tat sie gewöhnlich auch und putzte ihn eine Weile, knabberte mit den Schneidezähnen an seinem Fell oder leckte ihn ganz und gar mit ihrer rauhen, katzenartigen Zunge. Vodka spielte derweil, tobte mit Brindle umher oder kletterte auf seiner Mutter herum und versuchte Cocktail dazu zu überreden, bei einer lebhafteren Tätigkeit als Putzen mitzumachen.

Als die beiden Welpen älter wurden, bemerkte ich, daß sie weniger häufig als Zwillinge sonst etwas gemeinsam unternahmen. Das lag, glaube ich, daran, daß Vodka mit seinem keckeren Temperament schon seit der Zeit, als er vier Monate alt war, erpicht darauf war, den Bau zu verlassen und Bloody Mary überallhin zu folgen. Schon in diesem Alter, als der hintere Teil seines Körpers und die Beine noch schwarz waren, erschien er von Zeit zu Zeit bei der Erlegung einer Beute, wenn es nicht zu weit von seinem Heimatbau entfernt war. Sicher im Schutz des ranghöchsten Weibchens des Clans, vermochte Vodka den anderen ausgewachsenen Hyänen saftige Fleischstücke unter der Nase wegzuschnappen. Oft lag er beim Fressen direkt unter Bloody Mary. Wenn er nicht ganz dicht bei seiner Mutter war, konnte er seine Beute allerdings nicht in Frieden verzehren. Einmal sah ich ihn, als er Bloody Mary nach der Erlegung eines Wildes mit einem großen Stück Haut im Maul folgte. Er hielt den Kopf hoch, damit sein Anteil nicht auf dem Boden schleife, aber manchmal stolperte er doch darüber und fiel auf die Nase. Nach ein paar Metern blieb er stehen und kaute auf dem Stück Haut, und die Gruppe von fünf dreiviertel-erwachsenen Hyänen, die ihm gefolgt war und begehrliche Blicke auf seine Beute geworfen hatte, kam näher. Bloody Mary ging weiter, und als sie etwa sechs Meter entfernt war, schoß einer der Welpen auf das Futter zu. Mit einem schrillen Gekicher nahm Vodka die Haut und eilte mit aufgerichtetem und gesträubtem Schwanz seiner Mutter nach, dabei stolperte er zweimal über seine Trophäe und wurde immer noch von den jungen Hyänen verfolgt, die die Hoffnung nicht aufgegeben hatten. Doch als Bloody Mary sich hinlegte, drückte er sich beim Fressen dicht an sie, und die älteren Welpen gaben es auf und gingen fort.

Als Vodka und Cocktail zehn Monate alt und halb ausgewachsen waren, begannen sie häufiger umherzuwandern. Das, was Vodka gern tun wollte, sich zum Beispiel an der Erlegung eines Wildes beteiligen oder den Bau verlassen, um auf eigene Faust kleine Exkursionen zu unternehmen, erschien Cocktail vermutlich nicht mehr so erschreckend, als er älter wurde. Auch Vodka wurde ruhiger und war nicht mehr ganz so ungestüm wie früher, sondern bereit, etwa zehn Minuten hintereinander damit zu verbringen, seinen Bruder zu putzen und zu lecken.

Dennoch kam ich gar nicht auf die Idee, daß etwas nicht stimmen könne, als ich eines Morgens am Bau eintraf, den die beiden Kleinen bewohnten, und Vodka allein und Bloody Mary in der Nähe liegen fand. Vodka war unruhig. Er lief immerzu herum, schnüffelte am Boden oder stand da und starrte über die Steppe. Plötzlich begann er rasch vom Bau und seiner Mutter wegzurennen. Bloody Mary hob den Kopf und sah ihm nach, und als er hinter einer leichten Bodenerhebung verschwand, stand sie auf und ging ihm nach. Ich folgte ihr, und plötzlich holten wir Vodka ein, der zu einem Bau gekommen war, in dem er und Cocktail vor ein paar Wochen gewohnt hatten. Bloody Mary ließ sich nieder, aber Vodka war immer noch unruhig, und nach zehn Minuten ging er wieder los und raste über die Steppe. Ich folgte ihm und sah ihn zu einem weiteren Bau kommen. Er verschwand darin, und mit einemmal spritzte Dreck aus dem Eingang, als ob er den Bau saubermache. Bloody Mary kam ihm nach und legte sich wieder hin, aber wie vorher rannte Vodka bald los zu einem dritten Bau. Inzwischen war ich überzeugt, daß er seinen Bruder suche. Wieder grub er an dem Bau – als ob er ganz sicher sein wolle, daß Cocktail sich nicht da unten versteckt habe.

Erst nach zwei Stunden gab der Kleine es auf und legte sich neben seiner Mutter nieder. In diesen zwei Stunden war er von einem Bau zum anderen gerannt, hatte gegraben und in der Luft und am Boden geschnüffelt. Viele seiner Wege waren äußerst gefährlich, denn es war die Brunstzeit der Gnus, und tagsüber griffen die Bullen jede Hyäne an, die zu dicht vorbeikam. Vodka, der sehr klein aussah, rannte einfach in riesigen Halbkreisen um die aggressiven Gnus herum, aber Bloody Mary mußte, wenn sie ihrem Kleinen folgte, oft umdrehen und zu dem sicheren Bau zurückeilen, den sie eben verlassen hatte. Einmal wurde sie durch sechs Angriffe eines und desselben starken Bullen vertrieben, ehe es ihr gelang, Vodka einzuholen.

Wenn ich mir die Ereignisse im Zusammenhang mit Cocktails Verschwinden wieder vergegenwärtige, dann kommt es mir so vor, als habe Vodka an jenem Morgen *gewußt*, daß seinem Bruder etwas zugestoßen war. Obwohl Bloody Mary ihrem Kleinen von Bau zu Bau folgte, beteiligte sie sich nicht an seiner aufgeregten Suche, sondern schien ganz ruhig zu sein. Aber am Abend muß Bloody Mary auch klargeworden sein, daß etwas nicht stimmte, denn nun war sie es, die von Bau zu Bau ging, in jeden den Kopf hineinsteckte und leise rief. Gelegentlich stieß sie auch, wenn sie herumlief, lange Folgen von traurig klingenden «Uuuh-wups» aus. Noch zwei Tage lang setzte Bloody Mary ihre Suche in verschiedenen Bauen fort, wenn auch ein wenig gleichgültig, doch dann schien sie aufgegeben zu haben. Ich habe Cocktail nie wiedergesehen.

Es ist keineswegs ungewöhnlich, im Krater eine Hyäne zu sehen – eine Mutter, einen Bruder oder einen Freund –, die von Bau zu Bau zieht auf der Suche nach einem bestimmten Welpen. Das liegt zum Teil daran, daß die Welpen, wenn sie etwa vier Monate alt sind, manchmal aus eigenem Antrieb von einem Bau in einen anderen umziehen. Oft bleiben sie nur drei oder vier Tage, ehe sie weiterziehen, obwohl es auch vorkommt, daß ein Bau drei oder vier Wochen lang von denselben Welpen bewohnt wird (so war es beim *Den of the Golden Grass*). Ganz kleine Tiere werden oft von ihren Müttern von einem Ort zum anderen getragen oder geführt. Ich bin überzeugt, daß eine Hyäne oft deshalb aus einem Bau auszieht, weil dort ein Individuum aufgetaucht ist, mit dem sie «nicht auskommt», oder um in einem anderen Bau mit einem Freund zusammen zu sein. Man stelle sich zum Beispiel einen Bau oder eine Gruppe von Bauen vor, in denen eine Reihe von Welpen verschiedenen Alters lebt. Ein viertelwüchsiger Welpe, der mehrere Nächte hintereinander zum Spielen herübergekommen ist, beschließt dazubleiben, statt zu seinem ursprünglichen Bau zurückzukehren. Das bedeutet, daß seine Mutter sich wahrscheinlich am neuen Bau niederlegen wird. Doch eine andere Mutter, die schon vorher da war, ist rangniederer als sie und fühlt sich in ihrer Gegenwart unbehaglich. Dann trägt sie ihre beiden Welpen eins nach dem anderen hinüber zu einem etwas entfernteren Bau. Kleine schwarze Welpen sind attraktiv für ältere, und daher werden bald ältere Welpen in diesen Bau kommen und bei den Kleinen ihren Wohnsitz nehmen. Oder eine andere Mutter schätzt die Gesellschaft der Mutter der beiden schwarzen

Welpen und bringt deshalb ihre eigenen Kinder in diesen Bau. Und so geht es jahrein, jahraus, immer von einem der verfügbaren Baue in den anderen.

Einmal war ich der Anlaß zu einem Umzug, der für die Mutter ein höchst qualvolles Erlebnis gewesen sein muß. Eines Morgens fuhr ich früh zu einem Bau und fand die junge Countess Dracula dort liegen und ihre Zwillinge säugen. Es waren ihre ersten Welpen, erst drei Wochen alt, und sie war noch sehr scheu vor meinem Wagen. Als ich näher heranfuhr, stand sie auf und sah ihre Kinder an. Ihr Gesicht mit der grotesk gespalteten Oberlippe sah in der grauen Morgendämmerung etwas finster aus. Plötzlich bückte sie sich, packte eins der Kleinen im Genick, ging mit ihm los und setzte es dann und wann ab, um es besser zu greifen. Sie erreichte ihr Ziel – einen etwa hundert Meter entfernten Bau – und verschwand nach unten, immer noch mit Nummer eins im Maul. Bald kam sie allein wieder heraus.

Inzwischen hatte nahe bei mir Nummer zwei unten im Bau ein schrilles kreischendes Geheul ausgestoßen. Countess Dracula eilte von dem anderen Bau herüber. Die letzten dreißig Meter rannte sie, und das Geheul hörte auf, als sie ihren Kopf in den Eingang zum Bau steckte. Doch nun begann Nummer eins im anderen Bau ein lautes, entsetzlich klingendes Verzweiflungsgeheul anzustimmen. Countess Dracula steckte eiligst den Kopf aus dem Bau, schaute hinüber und lief dann zu dem schreienden Kleinen zurück. Sie verschwand in der Tiefe.

In dem Augenblick, in dem sie sich aufmachte, fing natürlich Nummer zwei wieder an zu schreien. Eine kurze Zeit blieb die geplagte Mutter unten im anderen Bau, aber dann erschien ihr Kopf, und sie starrte herüber zu dem jaulenden Kleinen. Kaum hatte sie sich auf den Weg zu Nummer zwei gemacht, da kletterte Nummer eins aus dem Eingang des anderen Baues heraus und schickte sich an, seiner Mutter zu folgen. Countess Dracula blieb stehen, sah ihn einen Augenblick an und setzte dann ihren Weg fort. Das winzige Junge torkelte hinter ihr her, stolperte oft und fiel auf die Nase.

Mit einemmal lenkte eine Reihe melodischer «Uuuh-wups» meine Aufmerksamkeit auf die Ankunft von Nelson. Er schlenderte zu dem anderen Bau und schaute mit seinem einen Auge neugierig auf den kleinen schwarzen Welpen, der sich sofort wieder in seinen sicheren Bau fallen ließ. Countess Dracula blickte sich um, sah Nelson und rannte gleich zurück. Laut knurrend schoß sie auf ihn los und jagte ihn, der dabei kicherte, weg. Mütter von kleinen Welpen achten bei ausgewachsenen Rüden immer darauf, daß sie sich in gebührender Entfernung halten: Es geht das Gerücht von kannibalischen Vätern.

Als Countess Dracula nun dastand und etwas hilflos nach dem anderen Bau schaute, begann Nummer zwei in meiner Nähe, der eine Weile still gewesen war, von neuem zu jaulen. Seine Mutter stürzte gleich zu ihm. Daraufhin kam Nummer eins wieder aus dem anderen Bau heraus und wollte ihr folgen. Diesmal drehte sich Countess Dracula um, als er etwa zehn Meter vom Bau entfernt war, stupste ihn mit der Nase wieder zurück und schob ihn nach unten. Als sie aufschaute, sah sie, daß Nelson sich dem anderen Bau näherte. Sie raste die hundert Meter zurück und jagte Nelson wieder davon. Dann steckte sie ihren Kopf in den Bau. Sie brauchte zwei Minuten, um den Kleinen zu packen, der unten im Bau wie verrückt quiekte. Als seine Mutter endlich den Kopf hob mit Nummer zwei im Maul, sah ich, daß er drauf und dran war abzurutschen und hinunterzufallen. Einen Augenblick legte sie ihn auf den Boden, um ihn besser zu fassen: sofort schoß Nummer zwei wieder hinunter in den Bau. Countess Dracula blickte hinüber zum anderen Bau, wo das andere Junge saß und ein entsetzliches Geschrei vollführte. Sie tat einen Schritt in seiner Richtung, blickte zu Nelson, der nicht weit weg stand, besann sich eines Besseren und verschwand im Bau. Einen Augenblick später tauchte sie mit Nummer zwei im Maul wieder auf und rannte die ganze Strecke bis zum anderen Bau. Das entrüstete Winseln des Kleinen, der zwischen ihren Kiefern baumelte, hörte erst auf, als sie ihn zusammen mit seinem Bruder im Bau absetzte.

Ganze dreißig Minuten hatte Countess Dracula gebraucht, um die beiden Kleinen hundert Meter weit zu transportieren. Sie legte sich hin, und endlich konnten ihre Jungen ihre unterbrochene Mahlzeit fortsetzen.

Es gibt andere Fälle, in denen wir erwartet hätten, daß die Hyänenmütter ihre Kleinen wegbringen würden, und erstaunt waren, daß sie nichts dergleichen tun. Zum Beispiel kamen einmal sechs Löwen über die Steppe genau auf den *Den of the Golden Grass* zu. Es war abends, und Bloody Mary, Mrs. Brown und Baggage lagen alle in der Nähe des Baues und säugten ihre Kleinen. Bloody Mary spürte als erste, daß sich die Löwen näherten, sprang auf und stieß das leise, rasselnde Alarmgeknurr aus. Sofort stürzten alle fünf Jungen in den sicheren Bau, und nachdem sie die Löwen einen Augenblick angestarrt hatten, rannten die drei Mütter etwa fünfzig Meter weg und blieben dann stehen. Die Löwen gingen direkt zum Bau und schnüffelten gründlich tief im Gang. Die fünf Löwinnen des Rudels zogen bald weiter, aber der Löwe blieb noch fünf Minuten am Bau und machte sogar ein paar lässige Grabbewegungen mit einer Tatze, ehe er schließlich weiterging.

Derweil hatten die Hyänenmütter bloß dagestanden und beobachtet. Erst als alle Löwen etwa hundert Meter weit weg waren, stürzten sie zurück zu ihren Jungen. Nachdem sie ihre Köpfe in den Bau gesteckt hatten, vermutlich um sich zu vergewissern, ob mit den Kleinen alles in Ordnung sei, rannten sie fünf Minuten lang hin und her, schnüffelten am Boden und markierten unzählige Stellen mit ihrem Duft. Nach ein paar Minuten wagten sich die Kleinen wieder heraus und unterstützten ihre Mütter bei der Duftmarkierung. Es sah so aus, als versuchten die Hyänen, den abscheulichen Geruch der Löwen dadurch loszuwerden, daß sie ihn mit dem ihren überdeckten. Dennoch zog zu meiner Überraschung keiner aus dem *Den of the Golden Grass* aus.

Viel schlimmer war es für alle betroffenen Hyänen, als sich ein verliebtes Löwenpärchen zwei Tage und drei Nächte lang an einer Gruppe von Bauen aufhielt, in denen dreizehn Hyänenwelpen lebten und nun solange darin eingesperrt waren. Ihre Mütter, die von Zeit zu Zeit herangewandert kamen und sich im Hintergrund hielten, konnten ihre Sprößlinge nicht säugen. Verliebte Löwen fressen selten in den etwa zehn Tagen, in denen die Löwin brünstig ist – sie liegen einfach herum und paaren sich dann und wann. Als eben dieses Paar auf den Hyänenbauen lag, regnete es und war kühl. Es gab keine heiße Sonne, die sie während des Tages in den Schatten trieb. Wahrscheinlich waren sie sich gar nicht der Tatsache bewußt, daß sie das Leben von so vielen Angehörigen des Scratching Rocks Clans störten. Und es hätte ihnen auch nichts ausgemacht, wenn sie es gewußt hätten.

Das Verhältnis zwischen Hyänen und Löwen, besonders im Krater, wo Hyänen so zahlreich sind, ist faszinierend. Die Hyäne ist so oft als ein Aasfresser dargestellt worden, der die Reste von der Tafel des Löwen vertilgt, daß es trotz der neuerlichen Entdeckungen von Hans Kruuk für viele eine

Überraschung sein mag, daß der Löwe häufig die Reste von der Tafel der Hyäne vertilgt. Es ist drei Jahre her, da sahen Hugo und ich das zum erstenmal selbst. Eine Gruppe von Scratching Rocksters hatte bei Sonnenuntergang ein Wild erlegt, und als wir zum Schauplatz kamen, waren nur noch sieben oder acht Hyänen um das tote Gnu versammelt – denn nur nachts, wenn alle Hyänen wach und munter sind, finden sich die Clanmitglieder so rasch bei einer neuen Beute ein. Ein paar Augenblicke nachdem wir den Wagen angehalten hatten, sprang ein junges Löwenmännchen auf die Beute zu. Er war ungefähr zwei Jahre alt, seine Mähne begann gerade zu sprießen. Als er mit einem wilden Gebrumm vorwärts sprang, fuhren die Hyänen zurück, aber es kam Verstärkung, und ein paar Augenblicke später begann eine Gruppe von vierzehn Hyänen, tiefes Geheul ausstoßend und die Schwänze aufgerichtet und gesträubt, wieder zu dem Kadaver zurückzugehen.

Plötzlich bemerkten wir Lady Astor, die hinter dem fressenden Löwen herankroch. Sie kroch wirklich, setzte die Pfote jedesmal sehr vorsichtig auf und bemühte sich offensichtlich, ein Überraschungsmoment zu bewahren. Als sie etwa anderthalb Meter hinter ihm war, sprang sie nach vorn, biß den Löwen in eine Tatze und stürzte dann schrill kichernd davon, als sei sie überwältigt von ihrem eigenen Mut.

Der Löwe fuhr brüllend herum, und die Gelegenheit benutzten die anderen Hyänen, um sich ihrerseits an dem Beutestück gütlich zu tun. Der Löwe jagte Lady Astor ein kurzes Stück nach, und als er zurückkam, rannten nur ein paar Hyänen von dem Kadaver weg. Tatsächlich schien es, als habe der Löwe Angst, denn er unternahm keinen Versuch, die Hyänen zu vertreiben, sondern stand da, schlug mit dem Schweif und rieb seine gebissene Tatze auf dem Boden. Selbst als ein zweiter zweijähriger Löwe erschien, jagten die beiden die Hyänen nicht weg, sondern beteiligten sich nur am Fressen. Es war ein Anblick, den ich nie vergessen werde – zwei Löwen fraßen am Hals des toten Gnus, während eine immer größer werdende Meute heulender, kichernder, knurrender Hyänen am anderen Ende fraß.

Aber wenn Hyänen auch manchmal über junge Löwen oder einzelne Löwinnen die Oberhand behalten mögen, so haben sie vor dem ausgewachsenen männlichen Löwen doch einen gewaltigen Respekt. Eines Nachts fuhren Hugo und ich, während Grublin auf dem Sitz zwischen uns schlief, hinter Mrs. Brown her, die über die Steppe rannte. Plötzlich sahen wir im hellen Mondschein vor uns die Umrisse vieler Hyänen, und Mrs. Brown schloß sich ihnen an. Fünfzig Meter von den Hyänen entfernt, fraß ein Löwenrudel ein erlegtes Zebra: zwei Löwinnen und eine Reihe von Halb- und Viertelwüchsigen. Ein paar Schakale waren dicht dabei, aber die Löwenjungen griffen sie immer wieder an, so daß sie, wenn überhaupt, nur wenige Bisse abbekamen.

Nach ein paar Minuten tauchte Bloody Mary aus dem Schatten auf und stellte sich in die Nähe des Wagens. Mit aufgerichtetem und gesträubtem Schwanz starrte sie nach den Löwen. Sie begann leise zu knurren, und plötzlich gesellte sich Lady Astor zu ihr. Die beiden großen Weibchen scharrten ab und zu auf dem Boden, erst mit der einen Vorderpfote, dann mit der anderen, ein Anzeichen von Frustration. Dann stieß Bloody Mary eine Reihe von tiefen «Uuuh-wups» aus. Bald stimmte Lady Astor mit ein, dann eine andere Hyäne und noch eine, bis der unheimliche Chor ringsum erschallte. Ein paar Augenblicke später setzten sich Bloody Mary und Lady Astor in Richtung auf die Löwen in Bewegung, und der übrige Clan kam dicht hinter ihnen. Wir zählten achtundzwanzig Scratching Rocksters, die auf das Rudel zugingen, und als sie näher kamen, schrien sie immer lauter, und ihr Geheul war durchsetzt mit wildem Gebrüll und gräßlichem Knurren. Niemals zuvor habe ich eine so unglaubliche Kakophonie gehört. Immer dichter kamen die Hyänen den Löwen, und immer lauter wurde der Lärm.

Mit einemmal standen die beiden Löwinnen mit geschmeidiger Plötzlichkeit auf, und ringsum war das erregte, rasselnde Alarmgeknurr der Hyänen zu hören. Eine der Löwinnen putzte bedächtig die Hinterbeine auf dem Gras ab, ehe sie angriff. Die Hyänen drehten sich um und flohen, und die Tritte ihrer plumpen Pfoten klangen laut in der plötzlichen Stille. Beide Löwinnen setzten ihnen mindestens hundert Meter nach, und eine von ihnen kam der alten Baggage wirklich sehr nahe.

Dann kehrten die Löwinnen zu ihrer Beute zurück und fraßen weiter, und ungefähr zehn Minuten verhielten sich die halb verborgen im Gras liegenden Hyänen ruhig. Doch dann begannen das Knurren und die «Uuuh-wups» wieder. Immer mehr Hyänen standen auf und wanderten unruhig hin und her. Das Schreien wurde lauter. Lady Astor brüllte vor meinem Fenster in einem Tonfall, der mir das Blut in den Adern hätte erstarren lassen, wenn ich nicht im Wagen gesessen hätte. Wieder gingen die Scratching Rocksters immer dichter an die Löwen heran, und als die vordersten nur noch zwanzig Meter von dem Rudel entfernt waren, war das Getöse unglaublich. (Und bei alledem schlief Grublin friedlich zusammengerollt auf dem Sitz.)

Doch mit einemmal hörte der Lärm auf, und wieder war nur das leise Alarmgeknurr zu hören. Die Löwinnen hatten sich nicht gerührt, und wir wunderten uns, bis wir Bloody Marys Blick folgten und den schwarzmähnigen Löwen sahen, der auf uns zukam, gefolgt von einer Schar Schakale.

Als er noch mindestens hundert Meter von der nächsten Hyäne entfernt war, griff er an, und das setzte er gut und gerne zweihundert Meter weit fort – eine lange Jagd für einen Löwen. Und dann machte er einen Satz zu der Beute, und die Löwinnen und die jungen Löwen gingen ihm eiligst aus dem Weg. Als er sich anschickte zu fressen, legten sie sich in der Nähe hin, machten aber keinen Versuch, mit ihm zusammen zu fressen.

Nun kamen die Schakale zu ihrem Recht, denn männliche Löwen sind, vielleicht aus schierer Faulheit, gewöhnlich sehr tolerant gegenüber diesen quecksilbrigen Aasfressern. Bald waren es siebzehn Schakale, die zu dem Beutetier hin- und wieder wegflitzten und sich Fleischfetzen schnappten, wann immer sich eine Möglichkeit bot. Dagegen beendete die Ankunft des Löwen die aggressiven Demonstrationen der Hyänen. Viele von ihnen, größtenteils die ranghöheren Individuen, gingen ganz weg, und die anderen hielten sich in sicherer Entfernung von etwa achtzig Metern und bildeten dort einen Kreis um die Löwen. Da blieben sie, bis das Rudel endlich abzog und für die Hyänen ein paar Knochen zurückließ.

Es ist keineswegs überraschend, daß Hyänen einen solchen Respekt vor ausgewachsenen männlichen Löwen haben. Eines Nachts hatten Angehörige des Scratching Rocks Clans ein Gnu erlegt, und zwar genau auf dem Gipfel des Scratching Rocks Hill, oben bei den aufeinandergetürmten grauen Felsen. Es war die Zeit, als der benachbarte Munge River Clan seine Nordgrenze bis zum Berg selbst ausgedehnt hatte, und als nun das Geschrei der fressenden Scratching Rocksters immer lauter wurde, erschienen daher immer mehr Hyänen vom Munge River Clan auf dem Schauplatz. Sie rannten dauernd an der unsichtbaren Grenze hin und her und scharrten vor Frustration auf dem Boden. Bald würde ihre Gruppe groß und aggressiv genug sein, um einen Angriff auf die fressenden Scratching Rocksters zu wagen.

Beide Clans machten eine Menge Lärm, und als mit bestürzender Plötzlichkeit zwei Löwen aus der Dunkelheit dahinter über die Felsen sprangen, bemerkte es keiner von ihnen, bis die Löwen schon über den Scratching Rocksters waren. Dann flohen die Hyänen, aber eine rannte in ihrer Panik in die falsche Richtung, und die Felsen verhinderten ihre Flucht vor dem ihr nachsetzenden Löwen. Als der Löwe sprang, stieg weißer Staub im Mondschein auf, und einen Augenblick lang konnten wir nicht sehen, was geschah.

Als der Staub sich legte, sahen wir, daß die Hyäne sich auf ihre Vorderpfoten stützte und bewegungsunfähig war. Es war Old Gold, und wie wir später entdeckten, war sein Rückgrat gebrochen. Beide Löwen setzten inzwischen anderen Hyänen nach, doch bald kam einer von ihnen zurück, ein riesiger, schwarzmähniger Löwe. Nachdem er einen Augenblick dagestanden und seinen Schweif von einer Seite zur anderen gepeitscht hatte, näherte er sich bedächtig der verwundeten Hyäne. Dann, als Old Gold sich duckte, das Maul weit aufgerissen zu einer entsetzlichen Grimasse, packte ihn der Löwe an der Kehle und biß und würgte ihn langsam zu Tode. Weder Hugo noch ich werden je die Bösartigkeit, den offenkundigen Haß vergessen, mit dem dieser Löwe Old Gold tötete: tatsächlich zitterten wir von der plötzlichen, unerwarteten Wildheit des Angriffs noch eine ganze Weile danach.

Doch während der Löwe noch mit Old Gold beschäftigt war, ging zu unserer höchsten Verwunderung eine Hyäne vom Munge River Clan ganz ruhig zu dem vorübergehend verlassenen Beutetier und begann zu fressen. Sie war kaum einen Augenblick da, als der zweite Löwe, ebenfalls ein voll ausgewachsenes Tier, auf den Schauplatz zurückkehrte und als er das kühne Geschöpf an dem Kadaver sah, es sofort mit lautem Knurren angriff. Die Hyäne floh und entkam tatsächlich, aber erst nachdem sie schwer verletzt worden war. Wir sahen sie am nächsten Tag, entsetzlich zugerichtet und kaum imstande, sich zu bewegen, und wir wußten, daß es höchst unwahrscheinlich war, mit solchen Wunden am Leben zu bleiben.

Der Löwe fraß die getötete Hyäne nicht. Obwohl es mehrere Berichte darüber gibt, daß Hyänen von Löwen getötet wurden, habe ich tatsächlich nur von einem Fall gehört, daß Löwen eine Hyäne getötet und sie dann auch gefressen haben. Offenbar sind sogar die Hyänen selbst nicht allzu erpicht darauf, sich an eine tote Hyäne heranzumachen – zumindest im Krater, wo es reichlich Nahrung gibt. Die Leiche von Old Gold lag noch den ganzen nächsten Tag auf dem Gipfel des Scratching Rocks Hill, wo der Löwe sie gelassen hatte. Am Abend schnüffelten mehrere seiner Clangenossen an ihm, als sie vorbeikamen, gingen aber weiter. Zu guter Letzt war es Mrs. Brown, die die greuliche kannibalische Aufgabe in Angriff nahm, seine Leiche zu beseitigen, und gleich darauf gesellte sich ihre Freundin, die alte Baggage, zu ihr. Doch obwohl noch mehrere andere dazukamen, beteiligte sich dennoch keine von ihnen, bis eine kleine Prozession von Welpen aus dem *Den of the Golden Grass* am Fuß des Berges eintraf. Sauce begann, nachdem er sich erst auf der Leiche gewälzt hatte, voll Behagen zu fressen. Pickle folgte seinem Beispiel sofort, und dann machten auch Brindle und die anderen Welpen mit. Fast sofort kamen dann von allen Seiten ausgewachsene Hyänen und nahmen an dem Schmaus teil.

Im Krater sind viele Hyänen nicht darauf angewiesen, Aas zu fressen – Beutetiere gibt es genug, und die Clans können den größten Teil ihrer Nahrung selbst erlegen. Wahrscheinlich kann man sagen, daß, je höher der Rang einer Hyäne, um so weniger Notwendigkeit für sie besteht, von Aas zu leben. Bloody Mary und Lady Astor zum Beispiel fressen sich fast jede Nacht an den von ihrem eigenen Clan erlegten Beutetieren satt. Warum sollten sie sich die Mühe machen, meilenweit zu laufen, nur weil sie in der Ferne einen Geier herunterstoßen sehen oder das schwache Kichern einer fressenden Hyäne irgendwo am hinteren Ende ihres Territoriums hören? Warum sollten sie die ganze Nacht in der Nähe eines fressenden Löwenrudels herumlungern in der Hoffnung, ein paar Knochen aufzusammeln? Doch die rangniederen ausgewachsenen Hyänen bekommen gewöhnlich viel weniger ab, wenn der Clan eine Beute erlegt. Diese Hyänen achten weit mehr auf jedes Anzeichen, das irgendwo einen Schmaus ankündigt.

Körperlich ist die Hyäne gewiß gut dafür ausgestattet, Aas aufzuspüren. Ihre Ohren sind nicht nur scharf, sondern können auch die Richtung eines vernommenen Geräuschs genau deuten. Ihr Durchhaltevermögen ist beachtlich, und sie kann etwa zehn Meilen in ziemlich schnellem Galopp zurücklegen. Sie besitzt die Geduld, die ganze Nacht auf die

Überreste einer von einem Löwen erlegten Beute zu warten oder ein großes, verwundetes Tier zu verfolgen, bis es so schwach ist, daß sie es angreifen kann. Außerdem vermögen ihre kräftigen Zähne und Kiefer alle Knochen bis auf die zähesten zu zermalmen. Ihre Verdauungssäfte können fast alles auflösen, und sie ist ein Opportunist und bereit, alles zu versuchen, was ihrem Stoffwechsel als Nahrung dienen könnte – angefangen von Lederstiefeln bis zur Innenbekleidung eines Autos.

Ich frage mich, warum wir Menschen so rasch Abscheu empfinden vor Ernährungsgewohnheiten, die uns fremd sind. Bei dem Gedanken an Schnecken und Froschschenkel schütteln sich viele Engländer. Die westliche Zivilisation findet die bloße Vorstellung von gebratenen Termiten widerwärtig oder von Suppe, die mit lebendigen Fischen serviert wird, die in der Schüssel herumschwimmen. Selbst in meiner Familie ist Hugo entsetzt, wenn ich einen Bückling zum Frühstück esse, und ich bin entsetzt über die rohen holländischen Heringe, die er gern mag. Kein Wunder, daß sich die meisten Menschen vor einem Ernährungsverhalten ekeln, das von dem unseren so grundverschieden ist wie das der Hyänen. Zuerst ekelte ich mich selbst, aber nach einer Weile merkte ich, daß ich meine Überempfindlichkeit größtenteils verloren hatte. Vermutlich hatte ich mich auf die Hyänennatur abgestimmt. Wenn ich sie beobachte, stelle ich eine andere Wellenlänge ein. Mrs. Brown genießt so offensichtlich einen dampfenden Bissen Gedärm, gefüllt mit halbverdauten Gräsern, und ich beobachte die Mahlzeit durch ihre auf Hyänen eingestellte Brille. Da kann einem wirklich das Wasser im Mund zusammenlaufen. Nur wenn ich mir auch bloß für einen Augenblick vorstelle, ich *selbst* könnte einen Bissen davon nehmen, dann wird mir übel. Genauso ist es, wenn ich zusehe, wie Vodka getrocknetes Blut aufleckt oder den vom Unterkiefer seiner Mutter herabtropfenden Speichel oder wenn Wellington in das Wasser uriniert, das er trinkt.

Die meisten Menschen werden jedoch weiterhin Abscheu empfinden. Und wahrscheinlich wird sie die Toilette der Hyänen noch mehr abstoßen. Denn die größte Wonne für eine Hyäne ist es, sich geradezu wollüstig in irgend etwas zu wälzen, das für Menschen absolut widerwärtig ist, zum Beispiel einem Stück verfaulten Darms, einem toten Tier, einem Kothaufen oder, das höchste Entzücken, in ihrem eigenen oder ihrer Gefährten Erbrochenem. Auch wird es nichts nützen, darauf hinzuweisen, daß selbst

7/18/19 Hyänen
belästigen ein
vier Wochen
altes Nashorn-
kalb trotz der
Nähe seiner
furchteinflößen-
den Mutter

23/24 Die Hyänen fliehen, als ein Löwe über die Scratching Rocks springt. Old Gold ist der Fluchtweg durch die Felsen versperrt, er wird zerfleischt und zu Tode gewürgt

◄ 20/21/22 Hyänen vom Scratching Rocks Clan erlegen ein Gnu. Fünf Minuten später werden sie von einer Gruppe Lakesiders angegriffen

25/26 *Wellington fängt ein Gnukalb trotz der entschlossenen Verteidigung der Mutter*

27 Mit vier Monaten demonstriert Brindle die gut entwickelte Hals- und Kiefer-
   muskulatur einer Hyäne

28 Ein achtzehn Monate alter Welpe im Entwöhnungskoller

29 Hyänen zerren ein Beutetier aus dem Wasser

30 Bloody Mary (im Vordergrund) und Lady Astor vertreiben Mrs. Stink von einer Beute

31 Wellington kühlt sich an einem heißen Tag ab

32 Black Watch schaufelt zum Schutz gegen Fliegen mit der Vorderpfote Erde auf sich

32 Eine junge Hyäne verläßt den Schauplatz einer erfolgreichen Jagd mit ihrer
Trophäe, einem Gnuschwanz

der besterzogene Wohnzimmer-Schoßhund, wenn er Gelegenheit dazu hätte, seinen verzärtelten Körper mit ganz ähnlichen Düften parfümieren würde.

Hyänen erbrechen häufig und wälzen sich immer darin. Es dauerte eine Weile, bis ich mir darüber klar wurde, daß die Hyäne meist nicht im normalen Sinne des Wortes erbricht, sondern vielmehr eine Masse unverdaulichen Haars hervorwürgt. Ehe sie sich in dieser Haarmasse wälzt oder nachher, fischt die Hyäne oft Bruchstücke von teilweise aufgelösten Knochen heraus – sie scheinen weich zu sein, denn wenn sie sie kaut, entsteht dabei kein Geräusch.

Umgeben von ihren Artgenossen, sieht sich eine Hyäne einem ziemlichen Problem gegenüber, wenn sie eine Haarmasse hervorwürgen will. Denn wenn sie erpicht darauf ist, die Knochenstückchen herauszufischen und sich in den Überbleibseln zu wälzen, dann wollen alle ihre Gefährten gewöhnlich dasselbe tun. Einmal beobachtete ich, wie Nelson, der in der Nähe des *Den of the Golden Grass* geruht hatte, eine Haarmasse ausspie. Fast ehe diese Haarmasse den Boden erreicht hatte, war sie schon von drei sich darin wälzenden Welpen in Beschlag genommen. Nelson schickte sich an, eine zweite Masse herauszuwürgen, und prompt rannten zwei weitere Welpen zu ihm und standen wartend da, um sich in dem Augenblick, da sie herauskommen würde, darin zu wälzen. Nelson hielt inne mit dem Würgen, starrte sie mit seinem einen sehenden Auge an, würgte wieder, behielt die Masse zwischen den Zähnen, stürzte ein Stück weiter weg, ließ sie fallen, holte sich ein paar Knochensplitter heraus und war gerade soweit, seinen Hals vorzustrecken, um eine prächtige Wälzerei zu beginnen, da hatten ihn die Kleinen eingeholt. Als Nelson sich dann auf seiner Beute wälzte, mußte einer der Welpen beim Herumschnüffeln eine Spur des betäubenden Dufts an der Schnauze des Eigentümers entdeckt haben und wälzte sich prompt auf ihr!

Ich erinnere mich auch einer Gelegenheit, als Bloody Mary eine Haarmasse hervorbrachte. Als sie begann, sich darin zu wälzen, stürzte Vodka herbei und wälzte sich neben ihr. Da merkte es Lady Astor, sprang hinzu und wälzte sich auch – so dicht an der Masse, wie sie nur konnte. Das geschah mehr oder weniger auf Vodka, der damals etwa ein Jahr alt war. Ich bekam flüchtig sein verzogenes Gesicht zu sehen und zwei Vorderpfoten, die vergeblich strampelten, als er versuchte, sich unter dem

gewaltigen Gewicht der besten Freundin seiner Mutter herauszuarbei-
ten.

Warum sich Hyänen eigentlich wie so viele andere Karnivoren gern in
stark riechenden Substanzen wälzen, wissen wir nicht genau. Aber
schließlich reiben sich Menschen (vor allem Frauen) auch gern den Körper
mit stark riechenden Substanzen ein. Und wenn wir bedenken, daß die
Grundlage so vieler teurer Parfums aus den Analdrüsen von Zibetkatzen
stammt, sollten wir vielleicht nicht allzu erstaunt oder kritisch sein in bezug
auf das, was die Hyäne als Wohlgeruch empfindet.

Viele Tiere in Afrika, die tagsüber zu ebener Erde schlafen, werden von
Fliegen geplagt – von beißenden und stechenden Insekten und solchen,
die bloß dadurch lästig werden, daß sie kitzeln. Der Anblick eines schlafenden Löwen mit Scharen von Insekten, die ihm über die Schenkel, den
Bauch, um das Maul und die Augen kriechen, hat mich immer entsetzt.
Die Hyäne indes entgeht zu einem gut Teil dieser Mißlichkeit, indem sie
ihre Flanken und Schenkel mit Dreck bedeckt. Während sie auf der Seite
liegt, scharrt sie mit der oberen Vorderpfote und macht eine schaufelnde
Bewegung, die den Schmutz hochbringt, bis manchmal der hintere Teil ihres Körpers fast völlig unter einem Erdwall verborgen ist. Dann kreuzt
sie die Vorderpfoten über Augen und Nase und schläft friedlich.

Die Hyäne hat noch andere Möglichkeiten, sich Komfort zu verschaf-
fen. Wenn es heiß ist, bleibt sie zum Schlafen entweder unten in einem
kühlen Bau oder legt sich in Schlamm oder Wasser. Wenn es nicht geregnet hat, uriniert sie oft, ehe sie sich hinlegt, und wühlt dabei mit allen vier
Pfoten dicht beieinander, und dann läßt sie sich genüßlich in ihrem selbst-
erzeugten Schlamm nieder.

Während der Regenzeit liegen die Hyänen den größten Teil des Tages
in Regenwasserpfützen. An einem heißen Tag fuhr ich mittags durch das
Gebiet des Scratching Rocks Clans. Zuerst stieß ich auf den ranghöchsten
Rüden Wellington, der in einem Tümpel auf dem Bauch lag, das Kinn auf
den Pfoten, die Augen geschlossen. Ein wenig weiter lag Mrs. Brown in
einem tiefen Morast. Sie schaute hoch zu mir, braune Flüssigkeit tropfte
ihr vom Kinn, ihre vorspringende, entstellte Nase mit Schlamm be-
schmiert. Dann drehte sie sich mit einem saugenden, gurgelnden Geräusch
um und legte sich wieder hin. In einem benachbarten Schlammloch
scharrte Baggage heftig und ließ einen Regen von moddrigem Wasser aus

ihrer Suhle hochspritzen. Dann legte sie sich auf den Rücken und streckte alle vier Pfoten in die Luft. Langsam senkten sich die Lider über ihren großen, feuchten, braunen Augen. Ich fuhr weiter.

Bloody Mary und Lady Astor lagen nebeneinander am Rande einer großen Pfütze, Beine und Pfoten behaglich im Wasser. Miss Hyena wanderte herüber und gesellte sich zu ihnen. Sie trat graziös in den schmutzigen Tümpel, vermehrte sein Volumen um ein weniges, ließ sich dann nieder und tauchte ihr glattes, schimmerndes Fell in den Morast.

Die Hyänen des Lakeside Clans liegen in der Trocken- wie in der Regenzeit stundenlang an seichten Stellen des Kratersees. Das ist ein Sodasee, und wir wissen aus Erfahrung, daß Stoffe, die regelmäßig in Sodawasser gewaschen werden, ausbleichen. Das ist wahrscheinlich die Erklärung, warum die älteren Hyänen vom Lakeside Clan ein so fahles, fast fleckenloses Fell haben. Die Scratching Rocksters können sich in der Trockenzeit natürlich in den Munge-Fluß und den Munge-Sumpf legen und laufen dort nicht Gefahr auszubleichen.

Das schnellste Bad, das ich je eine Hyäne habe nehmen sehen, fand statt, als der ranghohe Rüde Wellington Lady Astor «den Hof machte». Zumindest glaube ich, daß er ihr den Hof machte, aber darauf werden wir gleich zurückkommen. Jedenfalls folgte er ihr auf Schritt und Tritt, ein ergebener Schatten. Auf dem Weg zum Munge-Fluß blieb Lady Astor stehen, um ein Grasbüschel zu markieren. Während dann Wellington seinerseits stehenblieb, um sich in diesem unwiderstehlichen Duft zu wälzen, schlüpfte sie das Ufer zum Bach hinunter. Ich hörte es platschen, als sie hineinsprang. Wellington eilte ihr nach, aber bis er die Pflanzen am Rand des Wassers erreicht hatte, war Lady Astor, klitschnaß, schon wieder draußen. Flotten Schritts ging sie über die Steppe davon. Wellington schien hin- und hergerissen zu sein. Es war sehr heiß und trocken, und ich war überzeugt, daß er sich schrecklich gern im Wasser abgekühlt hätte. Andererseits entfernte sich Lady Astor rasch, und gewiß wollte er sie nicht verlieren. Plötzlich faßte er einen Entschluß. Er raste hinunter zum Wasser, und ehe ich bis fünf zählen konnte, war er schon wieder oben. Er hatte sich nur so viel Zeit gelassen, um gerade eine Seite seines Hinterteils und den Bauch zu benetzen. Auch hatte er keinen einzigen Schluck getrunken, denn seine Lippen waren trocken. Er rannte los über die Steppe und hinter Lady Astor drein.

Das Sexualleben der Hyänen ist mir nach wie vor etwas rätselhaft. Hugo und ich haben zweimal Hyänen gesehen, die sich paarten, und viele, viele Male haben wir die «Verbeugungszeremonie» gesehen, die fast sicherlich die Liebeswerbung ist. Aber wir können es nicht beweisen, daß sie die Liebeswerbung ist, denn wir haben nie gesehen, daß sie in der Paarung gipfelte. Immer, wenn ich überzeugt war, daß das anhaltende Verbeugen nun gewiß Früchte tragen würde, verschwanden das Weibchen und ihr Freier unweigerlich in den Schilfdickichten des Munge-Sumpfes – wohin ihnen, wie ich schon erwähnt habe, kein Wagen mehr folgen kann.

Ich habe bei einer Reihe von Gelegenheiten beobachtet, daß viele Hyänenrüden sich vor sieben verschiedenen attraktiven Weibchen verbeugten, und wenn nicht Sex der Grund für diese Anziehungskraft war, dann weiß der Himmel, was es gewesen sein konnte. Eines Abends fand ich Lady Astor auf dem Gras liegend, und Nelson stand etwa drei Meter hinter ihr. Plötzlich verbeugte er sich und senkte seinen Kopf so tief, daß sein Kinn fast den Boden berührte. Dann ging er rasch vorwärts, verbeugte sich wieder und machte mit einer Pfote nach der anderen eine Reihe von Scharrbewegungen ganz dicht an Lady Astors Hinterteil. Als sie den Kopf hob, flitzte er weg, stolperte dabei über ein Grasbüschel und fiel längelang hin. Lady Astor senkte den Kopf, Nelson stand auf und schaute sie an. Ein paar Augenblicke später wiederholte er sein Verbeugen, Sichnähern und Scharren, und dann zog er sich rasch zurück, obwohl Lady Astor sich nicht gerührt hatte.

Es war noch zwei Stunden lang hell, und in dieser Zeit absolvierte Nelson wiederholt die Zeremonie des Sichverbeugens und Grabens, des Sichnäherns und Sichzurückziehens. Als er Lady Astor zu nahe kam, schlug sie nach ihm, was ihn veranlaßte, mit eingezogenem Schwanz wegzulaufen. Zwischen seinen Schaustellungen lag er einfach da und beobachtete das Weibchen. Ab und zu stieß er ein paar leise «Uuuh-wups» aus, die Lady Astor nicht beachtete. Gerade als die Dunkelheit hereinbrach, stand Lady Astor auf und wanderte hinüber zum Schilf. Dort verschwand sie mit Nelson, der mehrere Meter hinter ihr kam.

Am nächsten Tag war es Black Watch, ein ranghöherer Rüde als Nelson, der sich vor Lady Astor verbeugte. Nelson hielt sich in der Nähe auf, aber als er dichter herankam, jagte ihn Black Watch zweimal weg. Als es

in der Sonne heiß wurde, verzog sich Lady Astor in einen kühlen Bau,
doch Black Watch, der in der Hitze keuchte, bedeckte sich in der Nähe des
Baues nur mit einem riesigen Haufen Erde. Er war noch da, als Lady
Astor um vier Uhr wieder heraufkam, und begann seine Verbeugungszeremonie wieder ganz von vorn. In der Dämmerung wanderte das Paar
hinüber und verschwand im Schilf.

In der Art ging es noch sechs Tage weiter. Jeden Tag hatte Lady Astor
einen Rüden in ihrem Gefolge, der etwas ranghöher war als der Verehrer
des Vortages, bis sie am fünften Tag von Wellington begleitet wurde, dem
Rüden Nummer eins des Clans. Inzwischen war es eine ganze Gruppe von
Rüden, die sich in der Nachbarschaft des Paars herumdrückten, doch wenn
einer zu nahe kam, drohte Wellington, und er verzog sich. An diesem
Abend verschwand Lady Astor wie üblich im Schilf, gefolgt von ihrem
Rüden.

Als Wellington am nächsten Tag Lady Astor folgte, berührte er beim
Gehen praktisch ihr Hinterteil mit der Nase. Einmal, als sie in einer
Sphinx-Stellung dalag, ging Wellington zu ihr und scharrte mit einer Pfote
geradezu an ihrem Rücken, und obwohl er hastig zurückzuckte, biß sie
nicht nach ihm. Wieder näherte er sich ihr, und diesmal legte er eine Vorderpfote neben sie, senkte seine Brust auf ihren Rücken und knabberte
an ihrem Hals. Ich war überzeugt, daß ich endlich Zeuge der Vollendung
der Verbeugungszeremonie sein würde. Aber Lady Astor stand auf, und
als sie zum Schilf ging, hätte ich schwören können, daß sie mir über die
Schulter einen triumphierenden Blick zuwarf!

In den nächsten drei Tagen konnte ich das Paar nicht finden, und danach
schien es, daß Lady Astor die Rüden nicht mehr anzog. Die Frage, die sich
aufdrängt, lautet natürlich: «Wurde sie trächtig?», und die Antwort darauf lautet: «Nein». Von den sechs Weibchen, bei denen ich beobachtete,
daß ihnen männliche Verbeugungszeremonien zuteil wurden, bekam nur
eine nach einem Zeitraum, der der sechzehnwöchigen Trächtigkeitsperi-
ode entsprach, Junge. Andererseits haben wir bisher nur Verbeugungszeremonien gesehen, die sich an Weibchen richteten, die brünstig sein
konnten – junge reife Weibchen ohne Welpen oder Weibchen, deren
Welpen entwöhnt waren oder bald entwöhnt würden. Es war interessant,
daß es in allen Fällen der ranghöchste Rüde, Wellington, war, der nach
den ersten paar Tagen die anderen Rüden ablöste.

Es gab ein junges Weibchen, deren Verehrer, oder die es werden wollten, ständig von Bloody Mary und Lady Astor abgewiesen wurden. In den
vier Tagen, in denen ich die Vorgänge beobachten konnte, schienen die
beiden abwechselnd in der Nähe des jungen Weibchens zu bleiben. Eines
Morgens lag Bloody Mary, die an diesem Tag die Anstandsdame war,
dicht bei dem jungen Weibchen. Nelson und Black Watch hatten sich in
der Nähe ausgestreckt. Als die Sonne heißer wurde, wurde Bloody Mary
unruhig, stand schließlich auf und machte sich auf den Weg zu einem etwa
vierzig Meter entfernten Bau. Nelson und Black Watch setzten sich auf
und beobachteten sie unverwandt, und als sie etwa zehn Meter weit weg
war, gingen sie beide auf das junge Weibchen zu. Gerade da drehte
Bloody Mary sich um und stürzte sofort zurück. Die Rüden flohen, und
Bloody Mary legte sich wieder neben dem jungen Weibchen hin. Aber nur
für zehn Minuten; dann brach sie wieder zu dem Bau auf. Diesmal blieb
sie alle paar Meter stehen und sah sich nach der kleinen Gruppe um. Erst
als sie über zwanzig Meter weit weg war, stand Black Watch auf, blickte
unverwandt nach Bloody Mary und ging langsam auf sein Weibchen zu.
Als sich Bloody Mary das nächste Mal umschaute, blieb Black Watch sofort reglos stehen, und nach einem Augenblick setzte Bloody Mary ihren
Weg fort. Prompt ging auch Black Watch weiter. Wiederum blieb er stehen, als Bloody Mary sich umschaute, aber nachdem sie eine kurze Weile
gestarrt hatte, ging das ranghöchste Weibchen diesmal langsam zurück
und legte sich mit einem tiefen Seufzer wieder in der Sonne nieder. Nach
fünf Minuten stand sie indes wieder auf und ging los. Weder Black Watch
noch Nelson rührten sich, bis sie im Eingang ihres Baues verschwunden
war. Dann stürzten sie sofort mit aufgeringelten Schwänzen zu dem jungen Weibchen und begannen auf dem Boden zu scharren und ihr den Rük-
ken zu kratzen. Nur ich sah Bloody Marys Kopf am Höhleneingang auf-
tauchen. Ein paar Augenblicke rührte sie sich nicht. Dann schoß sie heraus
und rannte zurück. Danach gaben die Rüden es auf, und gleich darauf gingen Bloody Mary und das junge Weibchen gemeinsam los, um in der
Kühle benachbarter Baue zu ruhen.

Was eigentlich der ständigen Einmischung von Bloody Mary und Lady
Astor zugrunde lag, kann ich mir nicht vorstellen. Vielleicht nahmen sie
es übel, daß dem jungen Weibchen so viel Aufmerksamkeit zuteil wurde,
oder sie wollten sie vor den Annäherungsversuchen der Rüden schützen.

Was auch immer der Grund sein mag, sie erfüllte ihre selbstgestellte Aufgabe vorzüglich, und das junge Weibchen schien nichts dagegen zu haben.

Unmittelbar bevor ein Hyänenweibchen für die Rüden attraktiv wird, ist sie dem Mobbing ausgesetzt. Ich war verblüfft, als ich eines Abends Lady Astor auf dem Boden kauern sah, umgeben von sechs Rüden. Die Rüden, darunter Nelson, Black Watch und Wellington, scharrten auf dem Boden und verbeugten sich. Gemeinsam schossen sie mit aggressiv aufgerollten Schwänzen vorwärts, und zu meiner Verwunderung kauerte sich Lady Astor, die ranghohe, aggressive Zweite Dame des Clans, anscheinend ängstlich grinsend auf den Boden und winselte wie ein weinendes Junges. Immer wieder schossen die Rüden auf sie zu, und plötzlich biß Black Watch sie hinten in den Hals. Sofort sprang Lady Astor auf. Sie setzte Black Watch nach, der kicherte und floh, und die anderen Rüden zerstreuten sich. Doch eine Stunde später wurde Lady Astor wiederum von einer sogar noch größeren Gruppe von Rüden gemobbt.

Das ereignete sich einen Tag bevor Nelson ihr erster Verbeugungsverehrer wurde. Noch bei drei anderen Gelegenheiten sah ich, daß Weibchen an dem Tag von Rüden gemobbt wurden, ehe eine Reihe von Verbeugungszeremonien der Rüden begann. Eins der Weibchen, ein rangniederes Individuum, wurde von mehreren Rüden auf einmal schlimm gebissen und machte es wieder wett, als sie in den nächsten Tagen nicht weniger als drei ihrer männlichen Begleiter biß und einen so schwer, daß er tagelang hinkte.

Das Mobbing ist ein seltsames Phänomen bei den Hyänen und scheint durch alle möglichen Anlässe ausgelöst zu werden. Ich habe schon erwähnt, daß Junge häufig einen rangniederen Rüden mobben, wenn er in der Nähe ihres Baues erscheint, und ihn manchmal sogar wegjagen. Es gibt noch andere Gelegenheiten, bei denen das Mobbing die Folge eines Streits zwischen zwei Hyänen ist – wenn die ranghöhere aggressiv über der anderen steht, kann es sein, daß sich ihr andere Hyänen anschließen, die knurrend herumstehen und das unglückliche Opfer beißen. Manchmal werden auch die älteren Weibchen gemobbt, wenn sie ihre Welpen säugen. Einmal nährte zum Beispiel Baggage friedlich die Zwillinge, als Bloody Mary, Lady Astor und noch ein Weibchen sich plötzlich mit aggressiv aufgerollten Schwänzen näherten. Sie standen neben Baggage, stießen ein wütendes Geknurr aus und bissen sie in die Schulter und in den Rücken. Das alte Weibchen kauerte auf dem Boden, winselte und grinste. Als dann der Angriff nachließ, ging sie weg, gefolgt von ihren kreischenden Welpen – denn eine junge Hyäne, die bei der Mahlzeit gestört wird, macht einen entsetzlichen Krach. Dann legte sich Baggage gleich wieder hin, und die Zwillinge tranken weiter. Doch die anderen waren hinterhergekommen und mobbten die Mutter wieder. Zum zweitenmal ging Baggage weg, gefolgt von ihren protestierenden Zwillingen. Es geschah noch ein drittes Mal, ehe sie endlich in Frieden gelassen wurde.

Ich habe nur einen Anhaltspunkt, der ein solches Verhalten erklären könnte. Eines Tages, als Mrs. Stink ihr halbwüchsiges Junges nährte, kroch ihr älterer Sprößling (über dessen Geschlecht ich mir nicht klar bin) zu ihr hin. Er setzte jeden Fuß mit äußerster Vorsicht auf, und seine Beine waren so gebeugt, als versuche er, sich so unauffällig wie möglich zu machen. Mrs. Stink sah ihn erst, als er schon fast über ihr war. Dann winselte sie, verzog ihre Lippen zu einer gewaltigen Grimasse und kauerte sich auf den Boden. Ihr kleiner Welpe floh; der ältere Sprößling stand knurrend über ihr, den Schwanz steif aufgerichtet, die Schnauze drohend gegen ihren Rücken gepreßt. Bald beruhigte er sich indes, schnüffelte an seiner Mutter und leckte sie, und dann ging er davon. Der kleine Welpe kehrte zu seiner Mahlzeit zurück.

Hatte der ältere Sprößling es vielleicht übelgenommen, daß sein kleiner Bruder trank? Wenn dem so ist, könnte eine Langzeitstudie vielleicht zeigen, daß das Mobbing der nährenden Mütter meist von älteren Nachkommen angefangen wird und andere nur mitmachen um des Mitmachens willen.

Die älteren Weibchen oder ihre Kleinen müssen auch darauf gefaßt sein, während des Nährens von anderen Hyänen gequält zu werden. Manchmal geschieht es, wenn eine ausgewachsene Hyäne herankommt, um die säugende Mutter zu begrüßen. Einmal zum Beispiel, als Brindle bei Mrs. Brown trank, schob Lady Astor zur Begrüßung ihre Nase unter den Schenkel der Mutter. Dabei schob sie Brindle mit der Schnauze beiseite; kreischend kehrte der Kleine zur Zitze zurück, und das schien Lady Astor zu ärgern, denn sie knurrte laut und schob Brindle wieder weg. Der Kleine bekam prompt einen Wutanfall und raste kreischend um seine

Mutter herum; Mrs. Brown kauerte am Boden und grinste unterwürfig, und Lady Astor stand knurrend über ihr. Dann leckten sich die beiden Weibchen, und der Zwischenfall war beendet. Wenn in einem solchen Fall die säugende Mutter das ranghöhere Individuum ist, dann ist sie es, die knurrt, und wenn die untergeordnete Hyäne auf ihrem Versuch besteht, sie zu begrüßen, wird sie gewöhnlich von Mutter und Kind gemeinsam weggejagt.

Bei einer anderen Gelegenheit indes, als Lady Astor selbst die achtzehn Monate alte Miss Hyena säugte, kam ein junges, ausgewachsenes Weibchen, schob Miss Hyena von der Zitze weg und jagte mit gesträubtem Schwanz das große Junge zweimal um seine Mutter. Lady Astor lag einfach da und schaute zu. Miss Hyena nahm dann ihre Mahlzeit wieder auf, aber einen Augenblick später schubste das junge Weibchen die Kleine wieder weg und jagte die laut Kreischende um ihre Mutter herum. Als Lady Astor aufstand und wegging, folgte ihr nicht nur Miss Hyena, sondern auch das junge Weibchen, und als die Kleine wieder zu trinken begann, schob es ganz langsam seine Schnauze zwischen Miss Hyena und ihre Mutter. Dann legte es eine Pfote zwischen sie; dann die andere; dann legte es sich hin, fast auf Miss Hyena drauf, die ruhig weitertrank.

Ein ähnliches Verhalten habe ich bei vielen Gelegenheiten beobachtet, und ich habe auch gesehen, daß kleine Welpen, wenn sie ihren Müttern folgten, immer wieder von jungen ausgewachsenen Hyänen weggedrängt wurden. Ich habe den starken Verdacht, daß diese jungen ausgewachsenen Hyänen in vielen Fällen tatsächlich die älteren Sprößlinge der betreffenden Mütter sind. Das junge Weibchen, das Miss Hyena von ihrer Mutter wegschob, sah Lady Astor in der Tat erstaunlich ähnlich.

Hyänenjunge werden normalerweise erst entwöhnt, wenn sie mindestens achtzehn Monate alt sind, und die Zeit der Entwöhnung, die sich über mehrere Monate erstrecken kann, ist manchmal eine starke Belastung für Mutter und Kind gleichermaßen. Miss Hyena, Lady Astors Tochter, war in dieser Zeit ein wirkliches Problem für ihre Mutter. Sie war etwa anderthalb Jahre alt, und in den drei Wochen, die wir im Krater waren, verging kaum ein Tag, an dem sie nicht mindestens einen Entwöhnungskoller bekam. Einmal, als sie am Trinken gehindert wurde, ging sie erst kreischend weg – ein unangenehmer, krächzender, langgezogener Ton, der überhaupt kein Ende nimmt. Dann stürzte sie zurück zu Lady

Astor und raste mit so stark gebeugten Beinen, daß ihr Bauch auf dem
Boden schleifte, dauernd um ihre Mutter herum und kreischte und
fletschte die Zähne, den Schwanz erhoben. Wieder versuchte sie zu trinken, wieder wurde sie durch einen raschen Biß daran gehindert, und wieder stürzte sie kreischend weg. Lady Astor ging fort, gefolgt von einer
kreischenden Tochter. Zehn Minuten später ließ sie Miss Hyena trinken.
Und so ging es Tag für Tag weiter, die Wutanfälle wurden immer schlimmer, und oft bissen sich Mutter und Tochter gegenseitig.

Drei Tage, ehe wir den Krater verließen, sah ich zum erstenmal, daß
Lady Astor ihre Tochter überhaupt nicht trinken ließ, nicht einmal eine
Minute, obwohl Miss Hyena es fast eine Stunde lang hartnäckig versuchte.
Immer wieder legte sich das dicke Junge ganz, ganz vorsichtig hin und
schob seine Nase an die Zitzen der Mutter heran. Immer wieder drehte
sich Lady Astor um und biß nach ihr. Schließlich stand Lady Astor auf und
ging dauernd in einem kleinen Kreis um ihre Tochter herum, und immer
wieder biß sie nach ihrem Hals und Rücken. Wie lange dieser beharrliche
Kampf noch gedauert hätte, wenn nicht zur rechten Zeit ein neues Junges
angekommen wäre, ahne ich nicht. So aber gab Miss Hyena ihre Versuche
auf, um sich mit Genuß wilden Spielen hinzugeben, und Lady Astor wurde
in Frieden gelassen.

Die meisten Karnivoren nähren ihre Jungen nur ein paar Wochen.
Dagegen erscheinen die achtzehn oder mehr Monate, in denen ein Hyänenjunges gesäugt wird, erstaunlich lang. Indes ist es nötig, denn eine
Hyänenmutter nimmt ihre Jungen weder mit, wenn Beute erlegt wird,
noch bringt sie Nahrung zum Bau zurück. Das heranwachsende Jungtier
ist daher auf die Muttermilch angewiesen.

Manchmal bringen Hyänenmütter Knochen zum Bau zurück, und während sie eine Weile auf den Jagdtrophäen kauen, lassen sie ihre Kleinen
fast immer daran teilhaben. Oft scheint es sogar, als ob sie die Knochen
nur zum Vergnügen ihrer Sprößlinge mitbringen. Einmal brachte Baggage
zum Beispiel ein großes Stück Rückgrat zum Bau, wo sie ein paar Stunden
zuvor die Zwillinge zurückgelassen hatte. Sie legte den Knochen hin,
häufte Erde auf ihn, als sie am Eingang zum Bau grub, und rief dann leise.
Kein Junges kam, denn die Zwillinge waren gerade zu einem neuen Bau
hinübergewandert. In den nächsten zwanzig Minuten zog Baggage mit
dem Knochen von einem Bau zum anderen, grub und rief bei jedem, bis

sie die Zwillinge schließlich fand. Dann ließ sie ihr Geschenk neben ihnen fallen, legte sich zur Ruhe nieder und rührte sich nur, um die Drohungen ihrer Kleinen zu unterstützen, wenn ein anderer Welpe versuchte, an ihrem Knochen teilzuhaben.

Überbleibsel dieser Art, die die Kleinen bekommen, haben indessen selten viel Nährwert, und deshalb ist die Muttermilch überaus wichtig für sie, bis sie groß genug sind, um sich gegen andere Aasvertilger durchzusetzen, bis ihre Kiefer stark genug sind, um große Knochen zu zermalmen, und vor allem, bis sie imstande sind, innerhalb des Clans ihren Platz bei der Erlegung eines Wildes einzunehmen. Mit diesen Tatsachen ist die Lösung des Rätsels eng verknüpft, warum manche Hyänenjunge viel schneller wachsen als andere. Es hängt weitgehend vom sozialen Status der Mütter ab. Denn ein ranghohes Weibchen bekommt mehr und bessere Nahrung, wenn der Clan tötet, als ein rangniederes, und wird deshalb wahrscheinlich mehr und bessere Milch haben. Außerdem nimmt der Welpe einer ranghohen Mutter gewöhnlich in einem jüngeren Alter an der Beuteerlegung des Clans teil als Welpen von rangniederen Müttern.

So kam es, daß Brindle, ein Einzelkind, mit zwanzig Monaten viel größer war als die Zwillinge, die damals ein paar Monate älter waren. Die Mütter, Mrs. Brown und Baggage, hatten einen annähernd gleichen sozialen Status, aber vermutlich bekam Brindle mehr Milch als die Zwillinge, die sich das teilen mußten, was ihre Mutter zu bieten hatte. Andererseits wuchsen die Zwillinge schneller als ein anderes Einzelkind desselben Alters, dessen Mutter eine sehr viel niedrigere soziale Stellung hatte als Baggage.

Das spektakulärste Beispiel für die rasche Entwicklung eines Welpen mit einer ranghohen Mutter bietet, wie zu erwarten, Vodka, das überlebende Junge des führenden Weibchens des Clans. Wie ich schon erwähnt habe, nahm Vodka in einem außergewöhnlich frühen Alter an der Erlegung von Beutetieren durch den Clan teil, und gewöhnlich erhielt er dabei große Mengen Fleisch. Mit einem Jahr war er etwa so groß wie sechs Monate ältere Welpen. Überdies konnte Bloody Mary ihn damals schon entwöhnen, ein halbes Jahr früher als die meisten anderen Mütter. Auch habe ich nie gesehen, daß Vodka einen Entwöhnungskoller bekam, wenn seine Mutter ihn abwies. Vermutlich war er damals so gut ernährt, daß Milch schierer Luxus war.

Unsere Hyänenstudie steckt noch in den Kinderschuhen, dennoch haben sich einige Hinweise auf das Verhältnis ergeben, das sich zwischen Müttern und ihren ausgewachsenen Sprößlingen entwickeln kann. Mrs. Brown und ihr älterer Sohn, Master Beige, haben im großen und ganzen sehr wenig miteinander zu tun, und wenn es Interaktionen zwischen ihnen gibt, dann ist ihr Verhalten oft aggressiv. Das Verhältnis zwischen den beiden anderen Weibchen und ihren ausgewachsenen Söhnen ist ähnlich. Dagegen befinden sich Lady Astor und Miss Hyena (die jetzt etwa vier Jahre alt ist) oft in derselben Gruppe, fressen gemeinsam, wenn der Clan eine Beute erlegt, und liegen dicht beieinander, wenn sie ruhen. Wenn Lady Astor liegt und ihre Tochter herankommt, um sie zu begrüßen, sieht es oft so aus, als ob Miss Hyena trinken wolle. Sie läßt sich fallen und hat ihre Schnauze dabei dicht an den Zitzen ihrer Mutter. Und ebenso wie damals, als Miss Hyena noch klein war, legt Lady Astor gewöhnlich eine Vorderpfote kameradschaftlich auf die Flanke ihrer erwachsenen Tochter. Es war interessant, daß Vodka, nachdem er entwöhnt worden war, oft auf dieselbe Weise seine Mutter begrüßte und bei ihr lag. Vielleicht ist Vodka auch ein Weibchen.

Nach dem dürftigen Wissen, das wir gegenwärtig besitzen, erscheint es zumindest wahrscheinlich, daß der Status der Mutter die soziale Stellung ihres Sprößlings innerhalb des Clans bestimmt. Miss Hyena ist zum Beispiel schon von Geburt ein ranghohes Individuum, selbst in Abwesenheit von Lady Astor. Wenn es ebenfalls zutrifft, daß eine ranghohe Mutter vermutlich einen ranghohen Sohn aufzieht, dann kann ihr Status indirekt sein späteres territoriales Verhalten beeinflussen, denn die sich ganz strikt an das Territorium haltenden Rüden sind gewöhnlich die ranghohen. Ich habe nie gesehen, daß Wellington, der Rüde Nummer eins, in das Territorium eines benachbarten Clans eindrang, außer wenn er von seinem eigenen Clan umgeben war – zum Beispiel bei einer Grenzstreitigkeit. Aber der rangniedere, einäugige Nelson unternimmt recht häufig einsame Raubzüge in benachbarte Jagdgründe. Ich habe ihn sogar außerhalb der Grenzen des Territoriums des Scratching Rocks Clans schlafen sehen. Natürlich ist es für einen Rüden wie Nelson vorteilhaft, ein möglichst großes Gebiet für seine Raubzüge zur Verfügung zu haben, denn er ist sogar den rangniederen Weibchen untergeordnet und fährt ebenso wie einige der Welpen, die alt genug sind, um an der Erlegung eines Wilds durch den Clan teilzunehmen, am schlechtesten dabei. Indes ist die ganze Frage des territorialen Verhaltens der Hyänenrüden noch keineswegs klar, da, wie wir gleich sehen werden, selbst recht ranghohe junge Rüden Angehörige zweier verschiedener Clans werden können.

Es ist möglich, daß viele Hyänen, die noch nicht zwölf bis achtzehn Monate alt sind, bis zu einem gewissen Grad von den Clan-Beschränkungen frei sind, denen die meisten der älteren unterliegen. Als sich einmal Gruppen der Scratching Rocks- und der Munge River-Hyänen wegen eines erlegten Gnus gegenseitig bedrohten, ging ein Welpe vom Munge River ganz ruhig zu einem Scratching Rocks-Welpen, und die beiden begrüßten sich auf höchst freundschaftliche Weise. Und ich bin drei verschiedenen Scratching Rocks-Welpen auf ihren jeweiligen ziemlich langen Raubzügen weit über die Grenzen ihres eigenen Territoriums gefolgt. Wenn ein Welpe, der dazu ausersehen ist, ein ranghoher Rüde zu werden, älter wird, mag es seine aktive Teilnahme an den Duftmarkierungsunternehmen und Grenzscharmützeln sein, die sein mehr ausgesprochen territoriales Verhalten bestimmt.

Besonders faszinierend ist die Stellung des Hyänenrüden, der sich rühmen kann, zwei verschiedenen Clans anzugehören. Ein solcher Rüde mag einen relativ hohen Rang in seinem Geburtsclan haben, und dennoch unternimmt er es, anscheinend zielstrebig und gewiß beharrlich, Beziehungen zu Individuen eines benachbarten Clans herzustellen. Hat er Erfolg, wird er schließlich nicht nur geduldet, wenn er durch die Jagdgründe seiner Nachbarn wandert, sondern auch, wenn sie Beutetiere erlegen. Gleichzeitig behält er sein Recht, am sozialen Leben und den Beutezügen seines eigenen Clans teilzunehmen.

Wir haben das Glück gehabt, daß wir die allmähliche Aufnahme eines jungen Scratching Rocks-Rüden in den Lakeside Clan beobachten konnten. Doch die außergewöhnliche Stellung dieses Rüden, Quiz, kann ohne genauere Kenntnis der normalen Beziehung zwischen den beiden Clans nicht richtig eingeschätzt werden.

Angehörige beider Clans patrouillieren und duftmarkieren häufig die Grenze zwischen den beiden Territorien, die auf einer Strecke von knapp einer Meile über die offene Steppe verläuft. Manche Punkte an dieser unsichtbaren Linie werden regelmäßig von Gruppen aus beiden Clans markiert. Ein Markierungstrupp eines Clans kann aus wenigen Individuen oder auch aus bis zu dreißig Hyänen beiderlei Geschlechts bestehen. Bisher haben wir nicht gesehen, daß Welpen, die noch gesäugt werden, an solchen Expeditionen teilnehmen.

Normalerweise wurde ein Markierungsunternehmen des Scratching Rocks Clans von Bloody Mary und Lady Astor begonnen. Die beiden ranghohen Weibchen waren von ihren Sprößlingen begleitet, Vodka und Miss Hyena. Wellington, der Rüde Nummer eins, folgte ihnen dicht. Wenn diese kleine Gruppe vom Bau aufbrach, wo sie während des Abends geruht hatte, stießen Bloody Mary und dann Wellington eine Reihe von «Uuuuh-wups» aus. Sie beschleunigten ihren Schritt, wenn sie sich dem Territorium des Lakeside Clans näherten, und allmählich schlossen sich ihnen immer mehr Scratching Rocksters an. Etwa dreißig Meter vor der Grenze begannen die Führer zu rennen, die Schwänze über dem Hinterteil aufgerollt. Die anderen folgten ihnen auf den Fersen. Plötzlich blieben Bloody Mary und Lady Astor stehen und stießen sich gegenseitig, um den guten Geruch von dem hohen Grasbüschel zu erhaschen, wo, wie ich in der Nacht zuvor beobachtet hatte, ein Markierungstrupp des Lakeside Clans seinen Duft hinterlassen hatte. Bald holten die anderen Scratching Rocksters sie ein, und die ranghohen Individuen scharten sich zu einer dichtgedrängten Gruppe zusammen, jeder versuchte, die Nase seines oder ihres Nachbarn wegzuschubsen, um besser schnuppern zu können. Die rangniederen Hyänen rasten außen um den Kreis herum, und die ganze Gruppe war enorm aufgeregt.

Bloody Mary war die erste, die die Duftmarke des Scratching Rocks Clans setzte. Mit gebeugten Hinterbeinen bewegte sie sich langsam vorwärts, so daß ein langer Grashalm zwischen ihre Hinterbeine gezogen wurde. Ich sah, wie ihre Duftdrüsen direkt über dem After wulstig hervortraten, als sie eine Spur von dem stark riechenden Sekret auf dem Halm hinterließ. Lady Astor war dicht hinter ihr und markierte das Gras in dem Augenblick, in dem Bloody Mary fertig war. Während die beiden ranghohen Weibchen dann einen anderen Halm markierten, stand die restliche Gruppe Schlange, um ihrem Beispiel zu folgen. Nachdem Wellington einen der Halme markiert hatte, urinierte er und scharrte mit den Vorderpfoten an der Stelle, wo der Strahl auf den Boden traf, so daß er sich und seine Umgebung bespritzte. Kurz darauf taten die anderen Rüden es ihm gleich.

Ehe die rangniedersten Hyänen der Gruppe die erwählten Gräser erreichen und markieren konnten, waren Bloody Mary und Lady Astor
schon zur nächsten Markierungsstelle aufgebrochen, die Schwänze immer
noch aufgerollt, und ihre Flanken berührten sich. Nachdem die anderen
Hyänen mit dem Markieren fertig waren, eilten sie ihren Führern nach.
Und so ging es die ganze Grenze entlang. Die Hyänen des Lakeside Clans
ließen sich nicht blicken, und nachdem die Scratching Rocksters auch noch
einen Teil der Grenze zwischem ihrem Territorium und dem des Munge
River Clans markiert hatten, verstreuten sie sich und kehrten zurück in
ihre eigenen Jagdgründe.

Wenn sich bei solchen Gelegenheiten Markierungstrupps von den
Scratching Rocks- und Lakeside-Clans begegneten, gab es immer
Geplänkel. Entweder griffen die Scratching Rocksters die Lakesiders an
oder umgekehrt, je nachdem, welcher Clan zu weit in feindliches Territorium eindrang. Diese Geplänkel hatten manchmal blutende Ohren oder
leichtes Hinken zur Folge. Nur einmal haben wir gesehen, wie zu Beginn
dieses Kapitels beschrieben, daß ein Markierungstrupp tatsächlich einen
Angehörigen eines benachbarten Clans schnappte und schwer verletzte.

Bei den meisten aggressiven Zusammenstößen zwischen Clans, die wir
beobachtet haben, ging es ums Fressen. Einmal hatten zum Beispiel Hyänen des Scratching Rocks Clans ein Gnu erlegt, und zwar dreißig Meter
hinter der Grenze zwischen ihrem Territorium und dem der Lakesiders.
Je lauter die Geräusche wurden, die die Scratching Rocksters bei ihrer
Balgerei um das Fleisch machten, um so mehr Lakesiders kamen herangerannt. Nach ungefähr fünf Minuten hatten sich die frustrierten und hung-
rigen Lakesiders in eine aggressive Raserei hineingesteigert. Als sie in
einer dicht geballten Gruppe die Scratching Rocksters angriffen, flohen
diese. Ihre Führer waren vollgefressen und satt und offensichtlich nicht
aggressiv genug, um dem Ansturm standzuhalten. Nach weiteren fünf
Minuten indes waren die ranghöheren Lakesiders ebenso gesättigt, und
als die Scratching Rocksters, bei denen sich inzwischen Frustration ange-
staut hatte, als sie die anderen Hyänen fressen sahen, ihrerseits angriffen,
floh der Rivalenclan. Die Beute ging fünfmal von einem Clan auf den anderen über, bis sie verzehrt war.

Viele Male haben wir Zwischenfälle dieser Art gesehen. Zweimal fraßen Hyänen beider Clans tatsächlich gleichzeitig an den beiden Enden des

Kadavers, aber nur ein paar Augenblicke, und begleitet von dem wütendsten Geknurr und Gebrüll.

Die Lage ist eine völlig andere, wenn eine Beute wirklich innerhalb des Territoriums eines Nachbarclans erlegt wird. Dann ziehen sich die Jäger, wie hungrig sie auch sein mögen und selbst wenn sie noch kaum einen Bissen von ihrer Beute gefressen haben, gewöhnlich überstürzt zurück, sobald sie sich einer Gruppe der Territoriumseigner gegenübersehen. Einmal hatten die Lakesiders auf Scratching Rocks-Gebiet ein Tier getötet und etwa fünf Minuten gefressen, als eine Gruppe Scratching Rocksters auf den Schauplatz gerast kam. Die Eindringlinge flohen, aber einer von ihnen, ein junger Rüde, konnte nicht mehr entkommen. Eine ziemlich große Gruppe ranghoher Scratching Rocksters ignorierte das tote Gnu und konzentrierte sich darauf, ihren Feind zu zerfleischen. Sie brachten ihm ganz entsetzliche Verletzungen bei und ließen erst von ihm ab, als er völlig kampf- und bewegungsunfähig war. Am Morgen war der junge Rüde seinen Wunden erlegen. Später sahen wir noch andere Hyänen, die ebenso übel zugerichtet worden waren. Immer waren es ziemlich junge Rüden. Es ist nicht unmöglich, daß es sich bei ihnen um Individuen handelte, die wie der junge Quiz gerade in einem Nachbarclan aufgenommen worden waren, was ihre neuen Freunde in der Hitze des Gefechts jedoch vergaßen.

Diese territoriale Wildheit macht die Geschichte von Quiz besonders faszinierend. Quiz hat nicht nur einen hohen Rang innerhalb seiner Altersgruppe – er ist etwa vier Jahre alt –, sondern ist auch ranghöher als eine Reihe jüngerer Weibchen des Scratching Rocks Clans. Warum sollte er sich der Gefahr aussetzen, die mit dem Versuch verbunden ist, in die Gesellschaft der aggressiven Lakesiders einzudringen?

Es war eine etwas dramatische Situation, als ich das erste Mal sah, wie er sich einzelnen Angehörigen des Lakeside Clans näherte. Die Scratching Rocksters hatten dicht an der Territoriumsgrenze, aber noch innerhalb ihres Gebiets gejagt. In wenigen Minuten waren neununddreißig Scratching Rocks-Hyänen um die Beute versammelt, und bald hatten viele von ihnen blutverschmierte Gesichter und Hälse, scharlachrot in dem gespenstischen Licht der rot aufgehenden Sonne. Die Lakesiders fanden sich auch bald ein, knurrten und heulten und scharrten in dem weißen Staub innerhalb ihrer Grenze.

Plötzlich hörte ich das gedämpfte Rasseln des Alarmgeknurrs, und alle Hyänen flohen, als zwei Löwen auf die Beute zusprangen. Als dann die Löwen fraßen, stellten sich die einzelnen Angehörigen der beiden Clans an beiden Seiten der unsichtbaren Duftgrenze auf. Hyänen beider Gruppen gingen mit aufgerollten Schwänzen auf und ab oder legten sich hin und starrten auf die Löwen. Mit einemmal ging eine einsame Gestalt in den Korridor zwischen den Clans. Es war Quiz. Als er bis auf zwanzig Meter an die nächsten Lakesider-Hyänen herangekommen war, blieb er stehen, den Kopf erhoben und den Schwanz gesenkt, und starrte zu ihnen hinüber.

Nach ein paar Augenblicken ging eine junge Hyäne, etwa in Quiz' Alter, auf ihn zu. Als sie näher kam, sprang Quiz ein paar Schritte fort, den Schwanz zwischen die Beine geklemmt. Aber dann blieb er stehen und hielt die Stellung, als der Lakesider ihn begrüßte, sich ihm unters Kinn schob und sich an seiner Brust rieb. Dann beschnüffelten sich die beiden gegenseitig unter den erhobenen Hinterbeinen. Ich war überzeugt, daß sie sich schon früher getroffen hatten.

Als Quiz von dieser Begrüßung aufblickte, sah er acht Hyänen in einer Reihe auf sich zukommen, alle mit aggressiv aufgerollten Schwänzen. Nachdem er sie einen Augenblick angestarrt hatte, drehte er sich um und rannte zu seinem eigenen Clan zurück. Er ging schnurstracks zu Bloody Mary und begrüßte sie, schnüffelte unter ihrem Bein, rieb sich an ihr, berührte ihre Schnauze mit der Nase und leckte sie, wedelte die ganze Zeit heftig mit dem Schwanz, das Hinterteil tief geduckt, und bewegte seinen Kopf ruckartig auf und ab – alles kennzeichnend für eine unterwürfige Hyäne. Dann ging er weiter, um die anderen Hyänen eine nach der anderen zu begrüßen. Es war, als ob er nach der Feindberührung die Angehörigen seines eigenen Clans besänftigen wollte.

Quiz war insgesamt dreizehn Minuten auf Lakeside-Gebiet gewesen, und ich glaubte, damit sei der Vorfall erledigt. Aber er war es nicht. Zwanzig Minuten nach der Rückkehr zu seinem Clan überschritt er noch einmal die Territorialgrenze. Mittlerweile waren nur noch fünf Lakesiders da, darunter ein sehr ranghoher Rüde. Keiner der fünf rührte sich, als Quiz näher kam, und nachdem er einen Augenblick stehengeblieben war, ging er schnurstracks zu einem von ihnen und begann eine Begrüßung. Als der ranghohe Rüde aufstand und sich mit aufgerolltem Schwanz näherte, schoß Quiz davon, aber nur ein paar Meter. Dann blieb er stehen, drehte sich um und ging zu einem der anderen.

Eine halbe Stunde lang machte Quiz diesen fünf Lakesiders immer wieder Avancen, und mehrmals kam es zu Berührungen mit dreien von ihnen. Bei jeder dieser Begrüßungen hielt der Lakesider den Schwanz entweder steif nach oben gerollt oder ließ ihn entspannt hängen, während Quiz den seinen unterwürfig zwischen die Beine klemmte und mehrmals nervöse Nickbewegungen mit dem Kopf machte. Und jedesmal, wenn der ranghöchste Rüde sich ihm auf etwa zehn Meter näherte, zog sich Quiz eiligst zurück. Dem Beispiel des ranghöchsten Rüden folgend, markierten die Lakesiders häufig ein bestimmtes Grasbüschel in der Nähe von Quiz, doch obwohl Quiz zu der Stelle hinging und daran schnupperte, markierte er sie nicht selbst.

Plötzlich verließen die beiden Löwen das erlegte Wild. Die fünf Lakesiders rasten zu den Überbleibseln, aber dasselbe taten etwa zwanzig Scratching Rocksters, und die fünf kehrten um und ergriffen die Flucht. Zu meiner Überraschung unternahm Quiz, der beobachtend dabeistand, als die Lakesiders vertrieben wurden, keinen Versuch, sich seinem eigenen Clan bei dem Beutetier anzuschließen, sondern ging zurück in das Lakeside-Territorium und legte sich ziemlich dicht bei den fünf Verjagten nieder.

Als der größte Teil des Kadavers verteilt war und nur noch eine Gruppe von sechs Scratching Rocksters bei den Resten knurrten, näherten sich die Lakesiders wieder, wurden aber rasch von den sechs Scratching Rocks-Hyänen verscheucht. Diesmal schloß sich Quiz seinem Clan bei dem Angriff gegen die Lakesiders an; doch als die anderen zu dem Kadaver zurückkehrten, folgte er ihnen nicht. Statt dessen rannte er, als ob ihn der neuerliche Kontakt mit seinem eigenen Clan mutig gemacht habe, zu der Markierungsstelle der Lakesiders, und mit aufgerolltem Schwanz fügte er zum erstenmal den Duft des Scratching Rocks Clans hinzu. Das konnte anscheinend nicht geduldet werden. Einhellig stürzten sich die fünf Lakesiders auf Quiz, und er floh über die Grenze zu seinem eigenen Clan. Und dort blieb er, nachdem er sich insgesamt eine Stunde und fünfzehn Minuten im Lakeside-Territorium aufgehalten und Kontakt mit vier verschiedenen Individuen des Nachbarclans gehabt hatte.

Später sah Hugo zweimal, daß Quiz tatsächlich mit dem Lakeside Clan dessen Beute fraß, und wenn er auch nicht viel Fleisch abbekam, so fuhr er doch nicht schlechter dabei als viele Lakeside-Rüden. Einmal, als sie ein Beutetier erlegt hatten, ging Quiz mit einer Gruppe Lakeside-Rüden in Richtung auf den Gemeinschaftsbau des Clans, doch ging er nicht ganz mit, sondern blieb stehen, sah zu, wie seine neuen Freunde weitergingen, und kehrte dann in sein eigenes Territorium zurück. Ein anderes Mal verließ Quiz plötzlich einen Scratching Rocks-Markierungstrupp und rannte allein zu den Jagdgründen des Lakeside Clans. Er schien ängstlich zu sein und blieb dauernd stehen und lauschte, aber trotzdem ging er weiter. Als es dunkel wurde, verließen wir ihn, eine ziemlich einsam aussehende Gestalt, die immer noch tief in das Lakeside-Territorium eindrang.

Das ist ein Hyänenbild, das ich nie vergessen werde, ein weiteres, das zu meinem Vorrat hinzukommt. Denn obwohl mehrere Monate vergangen sind, seit wir zuletzt im Ngorongoro-Krater arbeiteten, brauche ich nur die Augen zu schließen, um alle Hyänen wieder um mich zu haben. Ich sehe Mrs. Brown mit ihrer abgeknabberten, entstellten Nase am Bau liegen und Brindle beobachten, der an einem Teil eines Gnuschädels nagt. Als ein älterer Welpe näher kommt, bemüht sich Brindle, den Schädel aufzunehmen. Schließlich bekommt er ihn zu fassen, und als er dann geht, torkelnd unter dem Gewicht, ragen die zwei Hörner an beiden Seiten seines Gesichts wie ein riesiger Schnurrbart hervor. Und dann die Zwillinge, die watschelnd eine kleine Prozession von Welpen bei einem Abendspaziergang anführen. Sauce, dem Pickle auf den Fersen folgt, nähert sich einem Gnubullen. Tapfer rennen die beiden mit aufgerollten Schwänzen auf ihn zu, während die anderen Jungen langsamer folgen und ihre Schwänze nur horizontal halten. Das Gnu steht da und starrt sie an, und einer nach dem anderen bleiben die Welpen auch stehen und starren. Plötzlich schnaubt das Gnu und wirft den Kopf zurück, und die Welpen, die nun Farbe bekennen müssen, drehen sich um und rasen davon, den Schwanz fest zwischen die Beine geklemmt. Als sie noch rennen, um sich in ihrem Bau in Sicherheit zu bringen, kommt Baggage, und ihr Hängebauch streift die Spitzen der goldenen Grashalme. Sie steckt den Kopf in den Gang und gräbt und merkt offenbar gar nicht, daß ihre Kleinen hinter ihr herangerannt kommen. Als sie eintreffen, hüllt sie beide in eine dichte Staubwolke.

Und da ist Countess Dracula mit ihrer gespaltenen, spöttisch grinsenden Lippe, die mit einem ihrer winzigen Jungen umzieht. Zwei Großohrfüchse trotten neben ihr her. Ihre riesigen Ohren sind nach vorn aufgerichtet, während sie neugierig den schwarzen Körper betrachten, der an der Schnauze der Hyäne baumelt. Als Countess Dracula in ihrem neuen Bau verschwindet, schauen die Füchse hinein und wandern dann, Insekten jagend, langsam weiter.

Auch ein schönes, lebendiges Bild von Nelson steht mir vor Augen. Die untergehende Sonne umgibt ihn mit einem Kranz aus reinem Gold, als er knietief durch das schimmernde Rosa der blühenden Gräser geht. «Uuuh-wup! Uuuh-wup!» ruft er leise vor sich hin, während sich die über ihm tanzenden Mücken wie Tausende silberner Pünktchen von dem dunklen Kraterrand abheben.

Ich sehe Bloody Mary und Lady Astor Seite an Seite vor mir bei einem erlegten Wild, ihre Gesichter und Hälse rot von Blut im Scheinwerferlicht. Miss Hyena drängt sich dicht an ihre Mutter, und Vodka liegt direkt unter Bloody Marys Bauch auf einem Teil des Kadavers und frißt sich voll. Jenseits des Lichtkreises schimmern die Augen der rangniederen Hyänen, die am Rande lauern, wie Sterne. Und das Geknurr und Geheul, das Gebrüll und Gekicher verhallt langsam in der Dunkelheit.

Ein letztes Bild. Mit einem saftigen Knochen im Maul kommt Vodka hinter seiner Mutter her von einer morgendlichen Tötung. Er hält sich dicht bei ihr, denn Miss Hyena geht neben ihm und wirft begehrliche Blicke auf seinen Knochen. Als Bloody Mary sich in der Nähe ihrer Freundin, Lady Astor, niederlegt, legt sich auch Vodka hin. Aber Vodka ist sehr durstig. Mit dem Knochen im Maul geht er zu einem nahen Wassertümpel. Er legt den Knochen ab und senkt seinen Kopf, um zu trinken, doch mit halbem Auge sieht er, wie sich Miss Hyena vorsichtig seinem Knochen nähert. Er nimmt ihn wieder auf und rettet sich zu seiner Mutter. Ein paar Augenblicke später wird sein Durst indes unerträglich. Wieder geht er zum Wasser und legt seinen Knochen nieder. Wieder ist er gerade im Begriff, seine Zunge aufzurollen für das erste kühle Schlürfen, da muß er sich schon umdrehen und Miss Hyena den Knochen entreißen. Nun steht er da, den Knochen im Maul, und sein Blick wandert vom Wasser zu Miss Hyena, von Miss Hyena zu seiner Mutter. Bloody Mary schläft. Noch zweimal werden Vodkas Versuche, zu trinken, vereitelt; beim drittenmal bekommt Miss Hyena den Knochen. Als sie wegrennt, um ihn bei Lady Astor zu fressen, starrt Vodka ihr nach, unternimmt aber keinen Versuch, ihr zu folgen. Er trinkt sich satt, und dick und rund von allem, was er gefressen hat, geht er zu Bloody Mary und legt sich, dicht an sie gepreßt, hin.

Als wir das letzte Mal im Krater waren, war Bloody Mary wieder trächtig. Wenn alles gutgegangen ist, wird sie ihre Kleinen inzwischen zur Welt gebracht haben. Ich bin gespannt, ob sie als erstes Kinderzimmer wieder den großen Gang in dem verlassenen Termitenhügel gewählt hat. Und wie viele kleine schwarze Gesichter mit verschwommenen graublauen Augen vom Eingang hinausschauen in die grüne Regenwelt. Vor allem aber bin ich gespannt, wie Vodka, der so lange der ständige Gefährte und das einzige Kind seiner Mutter war, auf die Ankunft der neuen Geschwister reagiert hat. Bald, hoffe ich, werden Hugo und ich wieder hinfahren und es herausfinden.

Epilog und Ausblick

Mehr als zwei Jahre lang haben wir Hyänen, Schakale und Wildhunde studiert. Stunde um Stunde haben wir sie beobachtet und ihre tagtäglichen Aktivitäten verfolgt. Tage und Nächte haben wir mit ihnen verbracht, haben ihre Kleinen heranwachsen sehen und an vielen ihrer Tragödien und Vergnügungen teilgehabt. Kurz, wir haben versucht zu verstehen, warum sie so leben, wie sie leben.

Jetzt haben wir begonnen, das Leben von Löwen, Leoparden und Geparden zu studieren. Zwei Jahre Arbeit liegen vor uns. Doch wie sehr uns die verschiedenen Individuen unter den großen Katzen auch in ihren Bann ziehen mögen, die anderen werden wir nicht vergessen. Zum Beispiel haben wir vor, dem Ngorongoro-Krater häufig Besuche abzustatten, um herauszufinden, was bei dem Clan der Scratching Rocks-Hyänen vor sich geht. Wir wollen die Entwicklung von Bloody Marys Welpen, Vodka, verfolgen – insbesondere möchten wir sein Geschlecht herausfinden. Und herausfinden, wer die Führung des Clans übernimmt, wenn Bloody Mary zu alt wird oder stirbt. Und wir wollen sehen, wie Lady Astor, die zweite Dame des Clans, reagiert, wenn ihre hübsche Tochter, Miss Hyena, die ersten Jungen bekommt. Insbesondere sind wir interessiert, die Fortschritte des jungen Quiz zu verfolgen, des Zwei-Clan-Rüden. Soviel wir wissen, mag es sein, daß er im Alter (wenn er etwa dreißig ist) ein anerkanntes Mitglied von mehreren Hyänenclans im Krater sein wird.

Ebenso gern möchten wir wissen, was mit unseren Goldschakalen geschieht. Wir planen sogar, in ein paar Wochen zum Ngorongoro zu fahren, denn dann müßte Cinda, die Tochter von Jason und Jewel, ihre Jungen bekommen haben. Ob sie ihre Sprößlinge wohl in den Bauen aufzieht, in denen sie ihre Jugend verbrachte? Aus jener Zeit bewahren wir viele und lebendige Erinnerungen: das ungestüme Herumtollen von Rufus und Nugget und ihrer Schwester Amba; Cindas, des Kükens, Gewohnheit, sich so oft für sich allein zusammenzurollen; Cinda in den Klauen des Adlers, und ihr schrilles Geschrei, als sie auf die Erde stürzte; Jewel, ihre Mutter, die sich auf ein Junges nach dem anderen stürzte, es umwarf und dann putzte, bis es schließlich entkommen und sich den spielenden Geschwistern zugesellen konnte; Jason, der hin und wieder wegflitzte, um sich Leckerbissen zu schnappen, wenn Löwen oder Hyänen ein Beutetier erlegt hatten; Jason mit einer Schlange kämpfend; Jason, der allein einen riesigen Ohrengeier angriff und von dem Fressen eines seiner Welpen vertrieb.

Gewiß wird doch Cinda nicht das einzige überlebende Mitglied dieser kraftvollen Familie sein? Wir werden lange genug im Krater bleiben, um wiederum auf die Suche zu gehen, denn dann ist die Zeit, da die Schakale so oft ihre Jungen bekommen, so daß wir die beste Aussicht haben, den alten Jason und Jewel oder Rufus, Nugget und Amba zu finden – wenn sie noch am Leben sind.

Zur Zeit sind wir im Ndutu-Zeltlager bei unserem Freund George Dove. George wurde ein zu guter Freund, als daß wir weiterhin auf der anderen Seite des Sees hätten kampieren können. Wir machten so viele Fahrten zu seinem Lager, um Lebensmittel und Wasser zu holen – und um mal eben mit ihm zu plaudern. Er fuhr so oft zu uns, um seinen besonderen Freund zu besuchen, Grublin. Und deshalb schlossen wir einen Kompromiß; wir und unsere Assistenten schlafen und arbeiten in unseren eigenen Zelten, essen aber mit George und benutzen seine Einrichtungen. Nun können wir plaudern, wann immer wir Zeit dafür haben – und ohne einen Tropfen Benzin zu verschwenden.

Während ich schreibe, sind die wandernden Gnus, Zebras und Gazellen rings um den See, und ebenso ihr Gefolge von Löwen, Geparden, Hyänen und Schakalen. Und natürlich die Wildhunde. Jedesmal, wenn ein Rudel Hunde gesichtet wird (Georges Touristen sind uns unglaublich behilflich), fahren wir rasch zu der Stelle, um die Tiere zu beobachten und zu fotografieren. In unserem Bildarchiv haben wir schon Aufnahmen von hundertdreiundsechzig verschiedenen Individuen. Als wir letztes Jahr zum Legajasee kamen, um die Wildhunde zu studieren, waren die Rudel dünn gesät. Die Tage, an denen wir aufschlußreiche Erkenntnisse sammeln konnten, waren selten. Dieses Jahr sieht man alle drei, vier Tage einmal ein oder mehrere Rudel.

Und in der letzten Woche fanden wir das Genghis-Rudel, obwohl der alte Führer nicht mehr ist. Die Welpen sind jetzt halb ausgewachsen, und wenngleich einer verschwunden ist, sind die anderen in vorzüglichem Zustand. Wir trafen das Rudel zu einem überaus günstigen Zeitpunkt, denn die ranghöchste Hündin, Havoc, war läufig. Die Beziehungen, die sie mit dem alten Yellow Peril und den ranghohen Swift und Baskerville in den drei Tagen, die wir bei dem Rudel bleiben konnten, herstellte, waren unbeschreiblich faszinierend. Wir sahen sogar einen Rudelkampf, bei dem Yellow Peril von allen anderen gemobbt wurde, von Ausgewachsenen und Welpen gleichermaßen. Und in dieser Zeit hörten wir die Hunde seltsame und ungewöhnliche Laute ausstoßen, die wir nie zuvor gehört hatten. Die Erkenntnisse, die wir in diesen drei Tagen erlangt haben, sind tatsächlich nicht nur neu für die Wissenschaft, sondern sollen das Kernstück eines Films liefern und möglicherweise ein ganzes Buch über diese faszinierenden Tiere.

Wir verloren das Rudel in der Dunkelheit der Nacht, und obwohl wir den ganzen nächsten Tag mit drei Wagen suchten, konnten wir es nicht wiederfinden. Auch am übernächsten Tag haben wir es nicht gesehen, als ein befreundeter Pilot, der einige Touristen in Georges Lager gebracht hatte, uns anbot, mit uns das Gebiet zu überfliegen. Grublin kam mit, er hockte auf Georges Knien und war begeistert von dem Flugzeug und dem Anblick der wandernden Herden unten. Doch obwohl wir zwei Stunden lang kreuz und quer über die Steppe flogen und Löwen und Geparde, Hyänen und Schakale sahen, konnten wir keine Spur irgendwelcher Wildhunde entdecken.

Wo sind sie hingegangen, und warum? Sie haben ein Gebiet voller Tiere verlassen, das ihnen einen Überfluß an Nahrung bot. Vielleicht rufen sie, wie die Läufer in C. H. Sorleys Gedicht: «. . . wir laufen, weil wir müssen», oder «Wir laufen, weil es uns gefällt, durch das weite, helle Land.»

Indes werden wir, während wir mit unseren Assistenten die Löwen und Geparde beobachten, die durch die wandernden Herden streifen, weiter nach dem Rudel suchen. Und wenn wir es in acht Wochen nicht ausfindig gemacht haben, werden wir uns ein Flugzeug chartern und die ganze

Serengeti abfliegen, bis wir sie finden. Denn bis dahin sollte Havoc ihre Welpen zur Welt gebracht haben. Wird Black Angel von Havocs Jungen ebenso hingerissen sein wie damals von Junos Welpen? Ich sehe sie noch vor mir, umgeben von den acht dickbäuchigen Kleinen, die sie leckte und herumtrug, völlig bezaubert von den winzigen Geschöpfen. Wenn ja, dann mag ihre Entschlossenheit, die anderen Hunde von den neuen Welpen fernzuhalten, ihren sozialen Rang erhöhen und ihren Status als Hündin Nummer zwei des Rudels wiederherstellen – denn als wir sie zuletzt sahen, war sie die rangniederste geworden.

Die Charaktere der Großkatzen, die wir und unsere Assistenten jetzt seit vier Monaten fast ununterbrochen haben beobachten können, sind uns noch unklar, abgesehen von einer Leopardenmutter und ihrem fast ausgewachsenen Jungen. Aber die faulen männlichen Löwen und die schwer arbeitenden und oft geplagten Löwinnen des Rudels sind bisher für uns bloß Löwen. Und die Gepardenmutter und die selten zu sehenden männlichen Geparde erscheinen uns bis jetzt ihrem Charakter nach eher noch geisterhafter. Doch wenn wir ihre Gewohnheiten kennenlernen, die Motive, die ihr Dasein steuern, verstehen und die Eigenarten der verschiedenen Individuen richtig einzuschätzen beginnen, werden ihre Persönlichkeiten bald so real und lebendig werden wie die von Bloody Mary, Cinda oder Black Angel.

Da wir uns noch immer intensiv mit dem Ergehen von etwa fünfzig wilden Schimpansen am Ufer des Tanganjikasees befassen, werden wir dann vollauf beschäftigt sein, denn wir wollen versuchen, über das Tun und Treiben von über hundert einzelnen Tieren aus sieben verschiedenen Spezies auf dem laufenden zu bleiben, die verstreut sind über das ganze weite Gebiet von Tansania.

Ostafrika
Lageskizze zur Orientierung

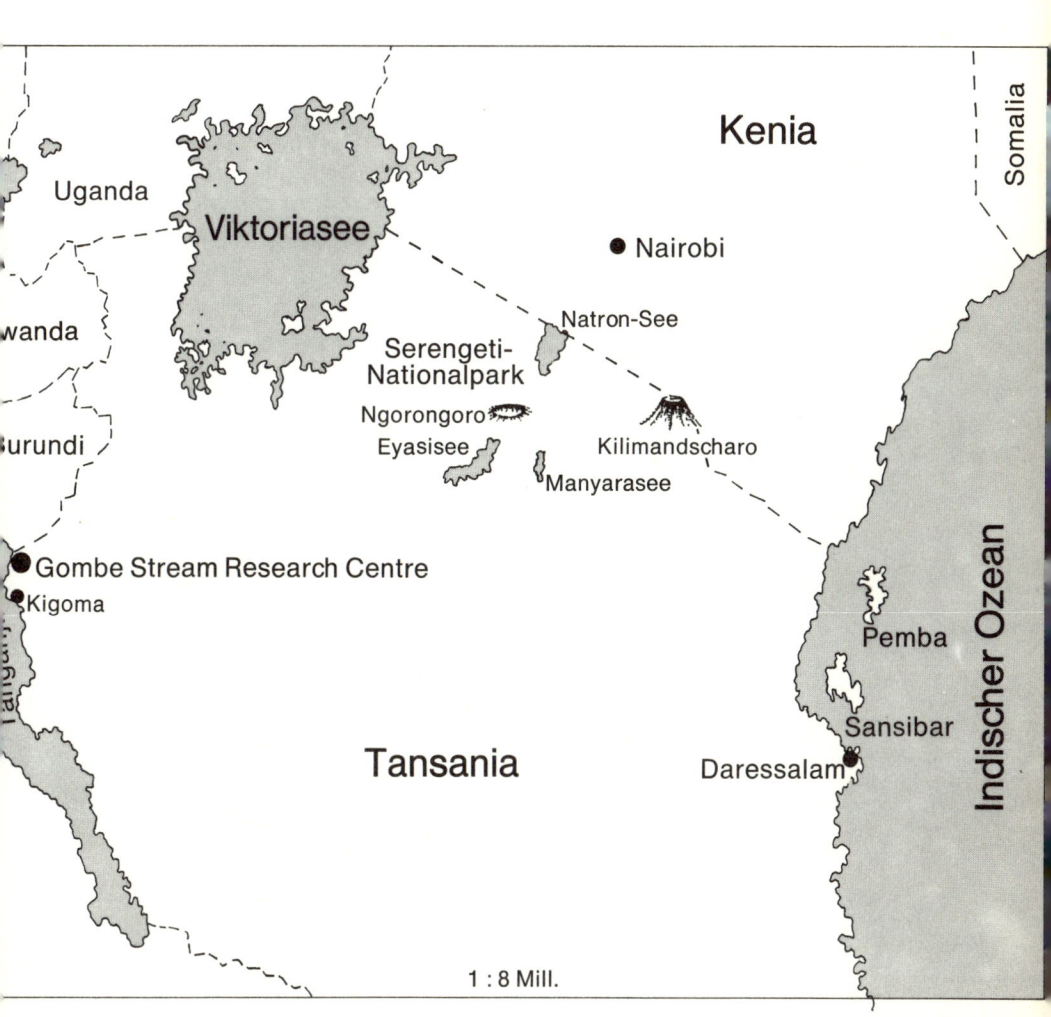

Kenia

Uganda

Viktoriasee

wanda

Serengeti-
Nationalpark

urundi

Ngorongoro

Eyasisee

Manyarasee

Natron-See

● Nairobi

Kilimandscharo

Somalia

Gombe Stream Research Centre

Kigoma

Pemba

Indischer Ozean

Tansania

Daressalam

Sansibar

1 : 8 Mill.

Danksagungen

Ohne den Beistand und die Mitarbeit einer großen Zahl von Menschen hätten wir dieses Buch nicht schreiben können. Ihnen allen möchten wir an dieser Stelle unseren aufrichtigen, wenn auch unzulänglichen Dank aussprechen.

Dr. L. S. B. Leakey, Kurator des Centre for Prehistory and Palaeontology in Nairobi, hat nicht nur unsere Forschungen auf dem Gebiet des Verhaltens der Tiere gefördert und angeregt, sondern hat uns auch miteinander bekannt gemacht. Für diesen glückhaften «Eingriff» in unsere Lebensläufe werden wir ihm immer zutiefst verbunden sein. Auch bei unserem Verleger Billy Collins möchten wir uns bedanken, der von Anfang an unserem Unterfangen großes Interesse entgegenbrachte und uns Unterstützung gewährte. Als die Wildhunde sechs Monate später, als wir angenommen hatten, Junge bekamen, war Billy erstaunlich geduldig und nachsichtig, obwohl sich dadurch die Fertigstellung des Manuskripts verzögerte. Auch als uns Billy einen Monat nach dem von uns nicht eingehaltenen letzten Ablieferungstermin besuchte, ließ er nichts von der Ungeduld und Besorgnis erkennen, die er gehegt haben muß. Wir sind ihm wirklich dankbar für sein Verständnis.

John Owen, dem Direktor der Tanzania National Parks, sind wir sehr verpflichtet, weil er uns erlaubt hat, unsere Forschungen im Serengeti-Nationalpark durchzuführen, und ebenso den Park Wardens, Sandy Fields und Myles Turner, und den Direktoren des Serengeti Research Institute, Dr. Hugh Lamprey und Dr. Hans Kruuk, für ihre Hilfsbereitschaft und Unterstützung. Gleichfalls sehr dankbar sind wir Ole Saibul, dem Konservator des Ngorongoro Conservation Area, für die Erlaubnis, im Ngorongoro-Krater zu arbeiten, und Dr. Pierre Des Meulles und den anderen Mitarbeitern der Ngorongoro Conservation Unit für den Beistand, den sie uns jederzeit geleistet haben.

Viele der in diesem Buch beschriebenen Beobachtungen verdanken wir unseren Forschungsassistenten. Leider erwies es sich als zu verwirrend, ihre Namen im Text so oft zu erwähnen, wie wir es gern getan hätten. Besondere Anerkennung verdienen Jean-Jacques Mermod, der hauptsächlich über Wildhunde arbeitete, und Benjamin Gray, der über Goldschakale arbeitete. Beide sind fast ein Jahr lang bei uns gewesen und haben als Beobachter und Fotografen ganz vorzügliche Arbeit geleistet. Wir möchten ihnen an dieser Stelle für die Mühsal und die Ausdauer, die sie für unsere Forschung aufgewandt haben, danken. Auch Jeff Schoffern und Roger Polk sind wir zu Dank verpflichtet, die an der Beobachtung der Wildhunde beteiligt waren, und Patti Moehlman, Parker Gray und Nicholas und Margaret Pickford, die viele Beobachtungen über das Verhalten des Goldschakals anstellten; ebenso Cathleen Clark, die sich zusammen mit Nick und Margaret eine Zeitlang an der Hyänenforschung beteiligte. Ohne die Hilfe dieser Wissenschaftler hätten wir mindestens ein weiteres Jahr gebraucht, um genügend Material für dieses Buch zu sammeln.

Die Liste derer, denen wir Dank schulden, wäre unvollständig, wenn wir nicht unsere Mütter erwähnten, die während ihrer allzu kurzen Besuche in Afrika eine ungeheure Hilfe für uns waren, insbesondere dadurch, daß sie sich unseres Sohns Grublin annahmen. Sie versicherten uns, daß diese Aufgabe ein Vergnügen für sie gewesen sei, aber das mindert unsere Dankbarkeit ihnen gegenüber keineswegs.

Schließlich möchten wir wenigstens versuchen, George Dove unseren Dank auszusprechen. Wir hatten unser Lager fast ein Jahr lang in der Nähe des Ndutu Tented Lodge aufgeschlagen, dem von ihm geleiteten Touristen-Camp am Ufer des Legajasees. George half uns nicht nur, Wildhundrudel zu finden, sondern reparierte auch unsere Autos, lieferte uns frische Lebensmittel, gab uns von seinem kostbaren Wasser ab und unterstützte uns wirklich auf jede nur denkbare Weise. Er ist ein wahrer Freund von der Art, wie man sie nur ein- oder zweimal im Leben findet.

Bibliographie

Dieses Buch ist für einen weiten Leserkreis geschrieben. Deswegen haben wir nicht an allen Stellen die wissenschaftlichen Arbeiten anderer Forscher, auf die wir uns beziehen, genau zitiert. Die folgende Liste führt die Literatur auf, die wir bei unserer Arbeit mit Gewinn benutzt haben. Mit einem Sternchen (*) markierte Titel sind empfohlen als weiterführende Lektüre für den Nicht-Fachmann: dort findet man vertiefende Informationen über die in diesem Buch behandelten Arten sowie über einige ihrer nächsten Verwandten.

*ALLEN, D. L./L. D. MECH (1963): «Wolves versus Moose on Isle Royale», ‹National Geographic Magazine› 123, 200–219

BROWN, L. E. (1966): «Home Range and Movements of Small Mammals», ‹Symposia›, Zoological Society of London, Nr. 18, 111–142

BURROWS, R. (1968): «Wild Fox», David & Charles Ltd., Newton Abbot, Devon

COWIE, M. (1966): «The World of Animals: The African Lion», Arthur Barher Ltd., London & Golden Press, New York

*ESTES, R. D. (1967): «Predators and Scavengers: Stealth, pursuit and opportunism among carnivores on Ngorongoro Crater in Africa», Teil I und II in: ‹Natural History› 76 (2), 20–29, und 76 (3), 38–47

*ESTES, R. D./J. GODDARD (1967): «Prey selection and hunting behaviour of the African wild dog», ‹Journal of Wildlife Management› 31 (1), 52–70

FUENTE, F. R. DE (1970): «La aventura de los lobos», ‹La Actualidad Española›, 941: 29–64

GRAFTON, R. N. (1965): «Food of the Black-backed Jackal», in: Proceedings of a symposium on African mammals, ‹Zoologica Africana› 1 (1): 41–53

JEWELL, P. A. (1966): «The Concept of Home Range in Mammals», ‹Symposia›, Zoological Society of London, Nr. 18, 85–109

JACOBI, E. F./A. C. V. VAN BEMMEL (1968): «Breeding of Cape Hunting Dogs (*Lycaon pictus* [Temminck]) at Amsterdam and Rotterdam Zoo», ‹Der Zoologische Garten›, Band 36, Heft 1–3

JORDAN, P. A./P. C. SHELTON/D. L. ALLEN (1967): «Numbers, Turnover and Social Structure of the Isle Royale Wolf Population», in: Animal Behaviour Society: Ecology and Behaviour of the wolf, ‹American Zoologist› 7 (2): 233–252

JOSLIN, P. W. B. (1967): «Movements and Home Sites of Timber Wolves in Algonquin Park», in: Animal Behaviour Society: Ecology and behaviour of the wolf, ‹American Zoologist› 7 (2): 279–288

KLEIMAN, D. (1966): «Scent-Marking in the Canidae», ‹Symposia›, Zoological Society of London, Nr. 18, 143-165

KLEIMAN, D. (1967): «Some Aspects of Social Behaviour in the Canidae», in: Animal Behaviour Society: Ecology and behaviour of the wolf, ‹American Zoologist› 7 (2): 365–372

KLINGEL, H. (1967): «Soziale Organisation und Verhalten freilebender Steppenzebras», ‹Zeitschrift für Tierpsychologie› 24, 580–624

KRUUK, H. (1966): «Clan-system and feeding habits of spotted hyenas (*Crocuta crocuta* Erxleben)», ‹Nature› 209 (5029): 1257–1258

*KRUUK, H. (1968): «Hyenas: The Hunters Nobody Knows», ‹National Geographic Magazine› 134 (1): 44–57

KÜHNE, W. (1964): «Über die soziale Bindung innerhalb eines Hyänenhundrudels», ‹Naturwissenschaften› 51, 567–568

KÜHNE, W. (1964): «Die Ernährungsgemeinschaft der Hyänenhunde (*Lycaon pictus lupinus*, Thomas, 1902)», ‹Naturwissenschaften› 51 (20): 495

KÜHNE, W. (1965): «Communal Food Distribution and Division of Labour in African Hunting Dogs (*Lycaon pictus lupinus*)», ‹Nature› 205: 443–444

KÜHNE, W. (1965): «Freilandstudien zur Soziologie des Hyänenhundes», ‹Zeitschrift für Tierpsychologie› 22, 495–541

LAWICK-GOODALL, J. VAN/HUGO VAN LAWICK (1967): «Tool-using bird: the Egyptian Vulture», ‹National Geographic Magazine› 133 (5): 631–641

LAWICK-GOODALL, J. VAN/HUGO VAN LAWICK (1966): «Use of Tools by the Egyptian Vulture *(Neophron percnopterus)*», ‹Nature› 212 (5069): 1468–1469

*LEGÉR-GORDON, D. St. (1951): «The Way of a Fox», John Murray, London

LOCKIE, J. D. (1966): «Territory in Small Carnivores», ‹Symposia› Zoological Society of London, Nr. 18, 143–165

LORENZ, K. (1955): «So kam der Mensch auf den Hund. Hundegeschichten», Borotha-Schoeler, Salzburg; Taschenbuch: dtv Nr. 329

MAXWELL, G. (1960): «Ring of Bright Water», Longmans, London

*MURIE, A. (1962): «On the Track of Wolves», ‹Natural History› New York, 71 (8): 29–37

ÖSTERHOLM, H. (1964): «The Significance of Distance Receptors in the Feeding Behaviour of the Fox». *Vulpes vulpes L.*, ‹Acta Zoologica Fennica› 106: 1–31

OZOGA, J. J./E. M. HARGER (1966): «Winter Activities and Feeding Habits of Northern Michigan Coyotes», ‹Journal of Wildlife Management› 30 (4): 809–818

PIMLOTT, D. H. (1967): «Wolf Predation und Ungulate Populations», in: Animal Behaviour Society: Ecology and behaviour of the wolf, ‹American Zoologist› 7 (2): 267–278

*PIMLOTT, D. H. (1969): «World of the Wolf», New York

POURNELLE, G. H. (1965): «Observations on the Birth and Early Development of the Spotted Hyena», ‹Journal of Mammalogy› 46: 3

RABB, G. B./J. H. WOOLPY/B. E. GINSBURG (1967): «Social relationships in a group of captive Wolves», in: Animal Behaviour Society: Ecology and behaviour of the wolf, ‹American Zoologist› 7 (2): 305–311

SCHENKEL, R. (1967): «Submission: its features and function in the wolf and dog», in: Animal Behaviour Society: Ecology and behaviour of the wolf, ‹American Zoologist› 7 (2): 319–329

SCOTT, J. P. (1967): «The evolution of social behaviour in dogs and wolves», in: Animal Behaviour Society: Ecology and behaviour of the wolf, ‹American Zoologist› 7 (2): 373–381

SEITZ, A. v. (1954): «Beobachtungen an handaufgezogenen Goldschakalen (*Canis aureus algirensis*, Wagner, 1843)», ‹Zeitschrift für Tierpsychologie› 16: 747–771

SNOW, C. J. (1967): «Some observations on the behavioural and morphological development of coyote pups», in: Animal Behaviour Society: Ecology and behaviour of the wolf, ‹American Zoologist› 7 (2): 353–355

TINBERGEN, N. (1964): «The fox and its food store», ‹Levende Nat.› 67: 73–79

WOOLPY, J. H. (1968): «The Social Organisation of Wolves», ‹Natural History› 77 (5)
WRIGHT, B. S. (1960): «Predation on big game in East Africa», ‹Journal of Wildlife Management› 24: 1–15

*YOUNG, S. P./E. A. GOLDMAN (1966): «The Wolves of North America», Teil I und II, Dover Publications Inc., New York

Register

A

Aasfressen 24–27, 123, 158, 191 (*siehe* unter den verschiedenen Tierarten)
Adler
Gaukler (Terathopius ecaudatus) 129
Kampfadler (Polemaetus bellicosus) 20, 130
Raub- oder Steppenadler (Aquila rapax) 121–122
Agame (Agama spp.) 133
aggressives Verhalten
beim Goldschakal 107, 117, 127, 137, 147, 148
    aggressives Spiel 127–128, 135
    Bestrafung der Welpen 126, 147
beim Schabrackenschakal 139–140
bei der Tüpfelhyäne
    Bestrafung der Welpen 201
    zwischen verschiedenen Clans 153–154, 159, 161, 189, 207–210
    beim Fressen 169–170, 172
    gegen Löwen 187–188
    «mobbing» 198–200
    von Welpen 157, 166
    beim Werben 196, 197, 198
beim Wildhund 54, 55, 56, 67, 75, 76, 78, 94 ff., 100–103
Atlaslaubenvogel (Ptilonorhynchus violaceus) 15

B

Begrüßungszeremonien
beim Goldschakal 113, 146
beim Schabrackenschakal 140
bei der Tüpfelhyäne 164, 165, 208–210
beim Wildhund 58, 59, 84
Bushbaby (Galago senegalensis) 41

C

Civette oder Afrikanische Zibetkatze (Civettictis civetta) 30, 193
Coyote (Canis latrans) 141

D

Dikdik, Kirk's (Rhynchotragus kirki) 41
Dominanz, Rangordnung, Hierarchie, individueller Status
beim Goldschakal 127–128, 143, 147
beim Schabrackenschakal 138–140
bei der Tüpfelhyäne 156, 191, 203–204
beim Wildhund 54–57, 59, 67, 93 ff.
Dove, George 39, 41, 50, 53, 216, 217

E

Elefant, Afrikanischer Steppen- oder Großohrelefant (Loxodonta africana) 29, 109, 159
Elenantilope (Taurotragus oryx) 29

F

Falbkatze (Felis libyca) 30
Flamingo (Phoenicopterus spp.) 29, 40
Fuente, Dr. F. R. de la 95

G

Geier: Schmutzgeier (Neophron percnopterus) 15, 160–161
Genette oder Ginsterkatze (Genetta genetta) 30
Gepard oder Jagdleopard (Acinonyx jubatus) 11, 19, 25, 30, 37, 66, 218
Gibbon (Hylobates spp.) Dämmerungsgeschrei 118
Ginsterkatze oder Genette (Genetta genetta) 30
Giraffe (Giraffa camelopardalis) 39, 42
Gnu: Schwarzschwanz- oder Streifengnu, Blaues Wildebeest (Connochaetes taurinus)
Brunstzeit 21, 182
gejagt 61–62, 87, 168–169 170–171, 174–175
Zeit des Kalbens 21–22, 87, 118–120, 173–175
Migration 37, 39, 61, 87, 137, 216–217
Goddard, Dr. John, 176
Goldschakal *siehe* Schakal
Gombe-Nationalpark 13, 16, 24
Grant-Gazelle (Gazella granti) 29, 35, 39, 137, 140
Grizzly- oder Graubär (Ursus horribilis) 111
Grooming *siehe* Putzen
Großohrfuchs oder Löffelfuchs (Otocyon megalotis) 17, 18, 30, 128, 211

H

Halsdarbietung, Bedeutung 95
Hervorwürgen, Fütterungsmethode
beim Goldschakal 120–121, 146
beim Wildhund 50, 67, 76, 85, 96, 100
Haushund 42, 65, 69, 91, 93
Hauskatze 42, 174
Hierarchie *siehe* Dominanz, *siehe* aggressives Verhalten, *siehe* Unterwerfungsverhalten
Homo habilis 36
Honigdachs (Mellivora capensis) 40
Hyäne
Streifenhyäne (Hyaena hyaena) 10, 40
Tüpfelhyäne (Crocuta crocuta)
  Aasfressen *siehe* Freßverhalten
  Geschlechtsunterschiede 162–163
  Auto, Herumbeißen am 178, 191
  Baden und Schlammbaden 180, 194
  Begrüßungszeremonien 164, 168, 208–210
  Clans
  Aggression zwischen verschiedenen Clans *siehe* aggressives Verhalten
  · friedliches Verhalten zwischen verschiedenen Clans 204–205, 209
  · im Ngorongoro-Krater 158–159
  · Zwei-Clans-Rüde 205, 208–210
  erwachsene Nachkommen, Beziehung zur Mutter 203–204
  Fliegen, Schutz gegen 194
  Freßverhalten
  · Aasfressen 25–26, 109, 158, 191
  · Fressen unter Wasser 171–172
  · Frischfleisch 169–172, 181, 204
  · Hervorwürgen von Haarklumpen 192–193
  · Kannibalismus 161, 170, 184, 190–191
  Geschwindigkeit 25

Gnu verjagt H. 182, 211 (und *siehe* Jagdverhalten)
Goldschakal, Beziehung zum 110–111, 133, 134–135
Hierarchie, Rangordnung *siehe* Dominanz, *siehe* aggressives Verhalten, *siehe* Unterwerfungsverhalten
Jagdverhalten 11, 158, 168–169, 172 ff.
Langlebigkeit 215
Löwen, Beziehung zu 176, 185–186, 190
Markierung der Territoriumsgrenzen 158, 159, 166, 186, 205–207, 210
matriarchale Gruppenordnung 156
«mobbing» 166, 198–200
Putzen (Grooming) 160, 180–182
Sexualverhalten 195 ff.
Spiel 82, 160, 163, 164–167, 178–181
Stimme 158
Territorium 153, 158–159, 161–162, 166, 204–210
Trinken 89, 212
sich wälzen auf Kadaver etc. 191
Welpen
· Entwicklung und Fürsorge 160–167, 180–186, 199–204
· Entwöhnen (Absetzen, Abstillen) 201, 203, 204
· Gemeinschaftsbaue 163–166, 183
· Herbeibringen von Nahrung zum Bau 202
· Rang der Mutter und seine Folgen für die Jungen 181, 203–204
· Umzug zu anderen Bauen 162, 183–185
· Verhalten beim Säugen 166, 180, 199–202
· Verteidigung der Jungtiere 161, 184
· Wildhunde, Beziehung zu W.n 81–84, 86, 97

J

Jagdverhalten
beim Goldschakal 116–117, 122–125, 126, 136, 137
beim Schabrackenschakal 125
bei der Tüpfelhyäne 158, 168–169, 172 ff.
   Wildhunden folgend 82
Jagdgründe *siehe* Revier

K

Kaffernbüffel (Synceros caffer) 29, 159
Kämpfen *siehe* aggressives Verhalten
Kannibalismus
beim Goldschakal 145
bei der Tüpfelhyäne 161, 170, 184, 190–191
Kaphase (Lepus capensis) 123
Karakal oder Wüstenluchs (Felis caracal) 19, 40
Klingel, Dr. H. 23
«Körperschmettern» (Body slamming) 95, 127, 138, 140
Kruuk, Dr. Hans 158, 161, 186
Kuhreiher (Bubulus ibis) 109

L

Leakey, Dr. L. S. B. 13, 36, 89, 216
Leopard (Panthis pardus) 11, 19, 25, 30, 66, 131, 218
Löffelfuchs oder Großohrfuchs (Otocyon megalotis) 17, 18, 30, 128, 211
Lorenz, Konrad 95
Löwe (Panthera leo)
Aasfressen 25, 186–187
Hyäne, Beziehung zur 176, 185–190
Tötungstechnik 11, 66, 190
verkrüppelte Löwin 38
Werbung 186

M

Manguste: Zebramanguste (Mungos mungo) 16, 116

Marabu, Afrikanischer (Leptoptilos crumeniferus) 26
Markierung des Territoriums, Evolution der 91
beim Goldschakal 107, 117
bei der Tüpfelhyäne 158, 159, 166, 186, 205–207, 210
beim Wildhund 55, 77, 82, 90–92, 98
Massai (äthiopides Volk in Ostafrika) 35
Migration (das Wandern der Herden) 37–39, 60, 61, 87, 137, 138, 140, 216–217
Milan, Schwarzbrauner (Milvus migrans) 121–122
Mufflon (Wildschaf) (Ovis sp.) 12

N

Nahrung *siehe* Jagdtechniken und Freßverhalten der einzelnen Arten
Nashorn: Spitzmaulnashorn (Diceros bicornis) 29, 40, 114, 159
Verteidigung der Jungtiere 175–176
Nilgans (Alopochen aegyptiacus) 114

O

Ohrengeier (Torgos tracheliotus) 123
Otter: See- oder Meerotter (Enhydra lutris nereis) 15
Owen, John 16

P

Paarung *siehe* Werbung und Paarung
Paviane (Papio anubis) 19, 27, 29, 32
Pilze, von Goldschakal gefressen 125
Pinselschwanz-Bilch, Afrikanischer (Graphiurus murinus) 41
Putzen (Grooming)
beim Goldschakal 108, 112, 126, 144, 147
bei der Tüpfelhyäne 160, 180–182
beim Wildhund 56

R

Rangordnung *siehe* Dominanz
Regenzeit 34, 35, 37, 38, 103, 118, 133
Verhalten der Hyäne bei Regenzeit 194
Revier oder Jagdgründe
beim Goldschakal 116–117, 136–137
beim Schabrackenschakal 137–138
bei der Tüpfelhyäne 191, 204–205
beim Wildhund 39, 81, 88–89, 216
Riedbock, Kleiner, oder Isabell-Antilope (Redunca redunca) 159
Rotfuchs (Vulpes fulva) 30, 34, 122

S

Sandrenn-Natter (Psammophis spp.) 124
Schakal
Goldschakal oder Asiatischer Schakal (Thos aureus)
  Begrüßungszeremonien 113, 146
  als Beute gehetzt 112, 129–131
  Freßverhalten 122 ff., 136
  · Aasfressen 25, 119–122, 137, 170
  · Kannibalismus 145
  · Verscharren von Fleisch, Knochen 122, 128
  Heulen 111, 118, 145, 146, 148–149
  Hyäne, Beziehung zur 110–111, 133–135
  Jagdgründe *siehe* Revier
  Jagdverhalten 116–117, 122–126, 136, 140–142
  Markierung der Territoriumsgrenzen 107, 117
  Schakale aus Nachbarrudeln, Beziehung zu 107, 116–117, 137, 147
  Putzen (Grooming) 108, 112–113, 126, 144, 147
  Revier 116–117, 136–137
  Schlaf 110, 129
  Spiel 114–116, 130, 135

Territorium 107, 116–117
Trinken 136–137
Welpen
· Entwöhnen 126–127
· Herbeibringen von Nahrung
121, 128
· Hervorwürgen von Nahrung für
die W. 120–121, 146
· Verhalten beim Säugen 110,
121, 126
· Todesursachen 132–133, 145
· Umzug zu anderen Bauen
131–132
· Werbung und Paarung 107, 148
· Wurfzeiten, Abstand 143

Schabrackenschakal (Thos mesomelas)
Aasfressen 170, 189
Begrüßungszeremonien 139–140
Hierarchie *siehe* Dominanz
Jagdverhalten 125
Kämpfen 139
nomadisches Verhalten 137–138
Spiel 139–140
Territorium 138
Streifenschakal (Thos adustus) 30
Schimpanse (Pan satyrus troglodytes)
13, 14, 218
Entwöhnen 126
Werkzeuggebrauch 24, 28
Schenkel, Dr. R. 95
Schlaf
beim Goldschakal 110, 129
in Stress-Situationen 17
beim Wildhund 57, 74, 83, 86, 98
Schlangen 123, 124, 136
Seidenlaubenvogel (Ptilonorhynchus
violaceus) 15
Sekretär («Kranichgeier») (Sagitta-
rius serpentarius) 20
Senegalgalago oder Komba (Galago
senegalensis) 41
Serengeti Research Institute 16, 158
Serval (Felis serval) 19, 30, 40
Spiel
mit Gegenständen 72, 114, 115, 130,
139, 179–180

beim Gnu 20
beim Goldschakal 114–115
beim Großohrfuchs 18
bei der Thompsongazelle 18
bei der Tüpfelhyäne 82, 160, 163,
164–167, 178–181
beim Wildhund 57, 58, 70–72, 75,
101
Springhase, Südafrikanischer (Pede-
tes capensis) 41, 123
Steenbok (Raphicerus campestris) 41
Strauß, Gewöhnlicher oder Sudan-
strauß (Struthio camelus) 14, 42
Streifenschakal (Thos adustus) 30

T

Territorium, Revier
beim Geparden 37
beim Goldschakal 107, 116–117
beim Löwen 37
beim Schabrackenschakal 137–138
bei der Tüpfelhyäne 37, 153,
158–159, 161–162, 166, 204–210
beim Wildhund 55
Thompson-Gazelle
als Beute gejagt 19, 63, 84, 124–125,
128
Gehörnverlust beim Weibchen, evo-
lutionsbedingt 20
Geschwindigkeit 19
Migration 35, 39, 136
Spiel 18, 140
Verteidigung der Jungtiere 19, 124
Tötungstechniken
Bauchaufschlitzen 11, 12, 65, 141,
169
Ersticken, Erwürgen, Erdrosseln 11,
66, 190
Schütteln, Beuteln 174
Trinken
beim Goldschakal 136–137
bei der Tüpfelhyäne 89, 212
beim Wildhund 70, 88–89
Tschirrantilope (Tragelaphus scrip-
tus) 24

U

Unterwerfungsverhalten
beim Goldschakal 113, 114, 127
beim Schabrackenschakal 138–139
bei der Tüpfelhyäne 164, 195–198,
199, 209–210
beim Wildhund 54, 56, 69, 70, 78, 94

V

Verteidigung der Jungtiere
beim Gnu 119, 174–175
beim Nashorn 175–176
bei der Thompson-Gazelle 19, 124
bei der Tüpfelhyäne 161, 184
beim Zebra 64, 172
Virginia- oder Weißwedelhirsch
(Odocoileus virginianus) 141

W

Warzenschwein (Phacochoerus
aethiopicus) 42, 63
Werbung und Paarung
beim Goldschakal 107, 148
beim Löwen 186
bei der Tüpfelhyäne 195 ff.
beim Wildhund 53, 91–93, 98, 217
Werkzeuggebrauch 14–16, 26
Wildhund oder Buschhund, Hetz-
hund, Hyänenhund, Cape Hunting
Dog (Lycaon pictus)
    Begrüßungszeremonie 58, 59, 84,
    86, 96
    Duftmarkierung, mit Urin 55, 77,
    82, 90–92, 97
Freßverhalten 49–50, 66–69, 76,
85–88, 97, 100
Geschwindigkeit 49, 60
Hierarchie, *siehe* Dominanz 95–96
Hyänen, Beziehung zu 81–84, 86,
97

Jagdgründe (Revier) 39, 81, 88–89,
216
Jagdverhalten 11, 49, 57 ff., 60, 61,
81, 84–88
Kämpfen 100–103, 217
Kot, von Hyänen gefressen 83
    von Goldschakalen gefressen
    114
Rudel, Beziehung zwischen R.n
89–90, 100–101
Schlaf 57, 74, 83, 86, 98
Spiel 57, 58, 70–72, 75, 103
Trinken 70, 88–89
Welpen
    · Entwicklung und Wahl des
    «Brutreviers» 89
    · Fressen, Welpen haben Vortritt
    an einer Beute 85–88
    · Hervorwürgen von Nahrung vor
    den Welpen 50, 67, 76, 85, 100
    · Rudel, Beziehung zwischen Aus-
    gewachsenen und Jungtieren 51,
    52, 55, 57, 75, 85, 87, 88, 89
    · Säugen 68–69
    · Umzug von einem Bau zum an-
    deren 76–80
    · Werbung und Paarung 53,
    91–93, 98, 217
    · Wurfgröße 68
    · Zahlenverhältnis der Geschlech-
    ter 87
Wolf (Canis lupus) 50, 54, 95–96,
111, 122, 141, 142, 146
Wüstenluchs oder Karakal (Felis caracal) 19, 40

Z

Zebramanguste (Mungos mungo) 16,
116
Zibetkatze, Afrikanische oder Civette
(Civettictis civetta) 30, 193

«...das beste Tierbuch seit Jahren»

nannte die *Stuttgarter Zeitung* am 25. September 1971 den abenteuer-
reichen Forschungsbericht über das freie Urwaldleben unserer nächsten
Verwandten:

Jane van Lawick-Goodall

Wilde Schimpansen

10 Jahre Verhaltensforschung am Gombe-Strom
Übersetzt von Mark W. Rien
Wissenschaftliche Beratung von Prof. Dr. Christian Vogel, Kiel

1.–30. Tausend, 253 Seiten mit 74 teils farbigen Aufnahmen
von Hugo van Lawick, gebunden

Inhalt: Vorspiel – Die Anfänge – Erste Beobachtungen – Lagerleben –
Regenzeit – Die Schimpansen besuchen das Lager – Flos Liebesleben – Die
Futterstelle – Flo und ihre Familie – Die Hierarchie – Ausbau der For-
schungsstation – Der Säugling – Das Kind – Jahre der Reifung – Erwach-
senenbeziehungen – Paviane und Raubtierverhalten – Sterben – Mutter
und Kind – Im Schatten des Menschen – Von der Unmenschlichkeit des
Menschen – Fortsetzung der Familiengeschichte. Im Anhang systematische
Darstellung der Forschungsergebnisse: Mienenspiel und Rufe – Ernährung
– Waffen- und Werkzeuggebrauch – Einige Entwicklungsstufen im Leben
der Schimpansen – Welchen Nutzen kann die Schimpansenforschung am
Gombe dem Menschen erbringen?

Frankfurter Rundschau: «Jane van Lawick-Goodall hat über ihre Erlebnisse
einen hinreißenden, aufregenden und im kultiviertesten Sinne unterhalt-
samen Bericht geschrieben. Nicht die Frische dieses Berichtes und die an
sich schon eindrucksvolle Tatsache allein, daß ein junges Mädchen, später
eine junge Frau, so lange Zeit unter wilden Schimpansen gelebt hat, sind es,
die dieses Buch so aufregend machen. Mit einer Schlichtheit, wie sie Wissenschaftlern bei solchen Gelegenheiten zumeist abgeht, beschreibt Jane
Goodall Beobachtungen, die unser Bild vom Affen, mindestens vom Schimpansen, beträchtlich verändern.»

Rowohlt

Hätten wir schon damals gewußt, daß Ollys Baby zweifellos das erste Opfer einer furchtbaren Epidemie war, die unsere Schimpansen heimsuchte, wäre ich der Familie niemals gefolgt – denn zu jener Zeit war bereits mein eigenes Baby unterwegs. Wir hatten indes keinerlei Verdacht, und die nächsten Opfer tauchten erst zwei Wochen danach auf. Später erfuhren wir, daß unter der afrikanischen Bevölkerung des Kigoma-Distrikts spinale Kinderlähmung ausgebrochen war; und da Schimpansen anfällig für fast jede Infektionskrankheit des Menschen sind, schien es fast sicher, daß die Epidemie, die unsere Schimpansen heimsuchte, in der Tat Polio war. Wir fanden heraus, daß zwei der menschlichen Opfer aus einem Dorf stammten, das zehn Meilen südlich unseres Futtergebiets lag – unmittelbar jenseits der Grenzen des Parks zwar, aber in einem Tal, in dem häufig Schimpansen gesehen worden waren. Mag sein, daß dort der erste Schimpanse von der Kinderlähmung befallen worden war und daß sich die Epidemie von jener Gegend aus nach Norden verbreitet hatte, wo sie dann unsere Schimpansengruppe heimsuchte.

Als auch andere Schimpansen krank wurden und sich bei uns der Verdacht verstärkte, daß sie unter Polio litten, gerieten wir in eine Panik, denn weder Hugo noch ich war genau mit der Anwendung von Polio-Impfstoffen vertraut. Wir stellten über das Funksprechgerät eine Verbindung mit Nairobi her und sprachen mit Louis. Er organisierte ein Flugzeug, das ausreichend Impfstoff für uns, unsere afrikanischen Helfer und die Schimpansen nach Kigoma brachte. Wir wußten nicht, wie lange die Epidemie unter den Schimpansen wüten würde, und wir beschlossen, zumindest den Versuch zu machen, ihr dadurch Einhalt zu gebieten, daß wir die Tiere behandelten, die noch gesund waren.

Die Pfizzer Laboratories in Nairobi versorgten uns großzügig mit einem Impfstoff, der oral verabreicht wurde und den wir auf die Bananen träufeln konnten. Jedes einzelne Tier mußte drei Tropfen im Monat bekommen, und zwar drei Monate hintereinander. Die meisten der Schimpansen fraßen die mit dem Impfstoff präparierte Frucht ohne zu zögern, aber einige spuckten die Banane schon nach dem ersten Bissen wieder aus – obwohl die Tropfen für uns Menschen absolut geschmacklos waren. Für diese Tiere mußten wir drei Bananen mit je einem Tropfen präparieren, statt wie sonst alle drei Tropfen in einer Banane zu verabreichen. Außerdem mußten wir bei der Verabreichung stets sorgfältig darauf achten, daß kein ranghöherer Schimpanse, der bereits seine monatliche Dosis bekommen hatte, in der Nähe war und sich die Banane schnappte.

Ich glaube, diese Monate waren die schlimmsten, die ich je erlebt habe; denn jedesmal, wenn ein Schimpanse beim Futterplatz auftauchte, fragten wir uns, ob wir ihn noch einmal wiedersehen würden oder – was noch schlimmer war – ob er das nächste Mal verkrüppelt sein würde. Fünfzehn Schimpansen in unserer Gruppe wurden von der Krankheit befallen; sechs davon starben. Einige der Opfer hatten Glück und trugen nur geringe Dauerschäden davon. Gilkas eine Hand blieb teilweise gelähmt, und Melissa trug Schäden an Nacken und Schultern davon. Als Pepe und Faben nach kurzer Abwesenheit wiederauftauchten, hatten beide einen gelähmten Arm. Einem anderen jungen Männchen lähmte die Krankheit beide Arme; es schleppte sich in hockender Stellung dahin, als es nach langer Abwesenheit zurückkehrte. Es konnte nur das fressen, was es mit seinen Lippen zu erreichen vermochte, und war deshalb zu einem mit stumpfen, zottigen Haaren bedeckten Skelett geworden. Wir mußten es erschießen. Daneben gab es Opfer, die einfach verschwanden und von denen wir nur annehmen konnten, daß sie irgendwo einen einsamen Tod gestorben waren. Zu ihnen gehörte der wohlgenährte, emsige J. B., den wir alle so gern gehabt hatten. Aber es ist der Albtraum von Mr. McGregors Krankheit, der uns noch heute in schlaflosen Nächten heimsucht.

Es war schon ziemlich spät am Abend, als Hugo bemerkte, wie Flo, Fifi und Flint vorsichtig und aufmerksam nach vorn spähend auf ein niedriges Gebüsch unmittelbar unterhalb des Camps zugingen und dabei leise, ängstliche Rufe ausstießen, sooft sie sich aufrichteten, um über das hohe Gras hinwegschauen zu können. Zuerst sahen wir nur die Fliegen. Jedes Blatt und jeder Zweig in der Nähe des Busches war bedeckt mit metallisch blauen und grünen Fliegen, die ärgerlich summten, als wir sie aufstörten. Wir traten behutsam näher und erwarteten, daß wir ein totes Tier finden würden – aber es war Mr. McGregor, und er lebte noch. Er saß auf dem Boden, streckte die Hand nach den winzigen, purpurroten Beeren aus, die über seinem Kopf an einem Busch hingen, und steckte sie sich in die Schnauze. Erst als er versuchte, ein anderes Büschel von den Früchten zu erreichen, sahen wir mit Entsetzen, was geschehen war. Den Blick auf die Beeren gerichtet, griff das alte Männchen einen niedrigen Zweig und zog sich daran auf der Erde entlang – beide Beine schleiften gelähmt hinter ihm her. Als er seine Position verändern wollte, stützte er beide Hände hinter sich auf die Erde und schob seinen Körper Zentimeter für Zentimeter zurück.

Flo und ihre Familie zogen bald weiter, aber Hugo und ich blieben, bis es dunkel wurde. Zu unserem Erstaunen war Mr. McGregor in der Lage, sich mit seinen kräftigen Armen in einen Baum mit tiefhängenden Zweigen zu ziehen. Er wuchtete sich ziemlich hoch hinauf und brachte es fertig, sich ein Nest zu bauen. Während er kletterte, sahen wir den Grund für die Fliegenschwärme: der Schließmuskel seiner Blase war gelähmt, und jedesmal, wenn er sich reckte, um einen höheren Ast zu greifen, tropfte Urin an seinen gelähmten Schenkeln herab. Überdies sahen wir, daß sein Gesäß zerschunden und blutig war, und schlossen daraus, daß er sich ein langes Stück durch das Tal geschleift haben mußte, um zum Camp zurückzugelangen. Am nächsten Morgen folgten wir seiner Fährte, und die schmale

Bahn der plattgedrückten Pflanzen führte uns etwa fünfzig Schritt den Hügel hinunter zum Bach und auf der anderen Seite des Baches noch einmal hundert Schritt weiter, bis wir sie in einer steilen Schlucht an der Bergflanke verloren.

Die folgenden zehn Tage – sie kamen uns wie zehn Jahre vor – waren wie ein Albtraum. Wir hofften unentwegt, daß ein Funke von Leben in seine gelähmten Beine zurückkehren würde, aber er bewegte nicht einmal einen Zeh. Während der ganzen Zeit hielt er sich stets in der Nähe unseres Futterplatzes auf. Am Morgen blieb er gewöhnlich bis elf Uhr oder sogar noch länger in seinem Nest. Dann ließ er sich langsam auf den Boden hinunter, blieb dort ungefähr eine halbe Stunde lang sitzen und schaute umher oder lauste sich gelegentlich. Danach schleppte er sich dann gewöhnlich ein paar Meter weiter zu einem Platz, an dem er ein wenig Nahrung fand, und fraß für eine Weile.

Wir fanden heraus, daß er sich noch auf eine andere Weise fortbewegen konnte – durch ein mühseliges Purzelbaumschlagen. Als wir ihn zum erstenmal dabei beobachteten, war unsere Freude groß, weil wir überzeugt waren, daß es noch ein paar Muskeln in seinen Schenkeln geben mußte, die nach wie vor funktionierten. Aber bald erkannten wir, daß es allein die ungeheure Kraft seiner Arme war, die ihn in die Lage versetzte, den Körper mitsamt den gelähmten Beinen vom Boden hochzustemmen. Deshalb konnte er sich auch nur dann so fortbewegen, wenn feste Grasbüschel oder Baumwurzeln seinen Händen den nötigen Halt boten.

Im allgemeinen war er spätestens gegen halb fünf wieder auf seinem Lager in den Ästen, und während der ganzen Zeit seiner Krankheit benutzte er nur drei verschiedene Nester, von denen zwei in ein und demselben Baum waren. Kurz nachdem ihn die Polio erwischt hatte, sahen wir einmal, wie er versuchte, nacheinander auf drei verschiedene Bäume zu klettern, aber sein Zustand machte es ihm unmöglich, auf einen der drei höher hinaufzugelangen. Nachdem er sich mit ungeheurer Anstrengung bis zu den unteren Ästen emporgearbeitet hatte, mußte er sich jedesmal wieder mühselig auf die Erde herablassen.

Natürlich versorgten wir ihn mit Nahrung. Zuerst wurde er unruhig, wenn wir ihm zu nahe kamen, und drohte uns, indem er rasch einen Arm hob und ein leises Bellen hören ließ. Nach zwei Tagen jedoch schien er zu spüren, daß wir versuchten, ihm zu helfen, und später legte er sich sogar zurück und gestattete mir, ihm mit Hilfe eines Schwamms Wasser in seine geöffnete Schnauze rinnen zu lassen. Wir machten einen kleinen Korb aus Blättern, den wir mit Bananen, Palmfrüchten und anderen wild wachsenden Nahrungsmitteln füllten, die wir für ihn sammeln konnten, und schoben den Korb mit Hilfe eines langen Stocks zu seinem Nest hinauf. Wenn er am Morgen sein Schlafnest verlassen hatte, kletterten wir hinauf und reinigten es für ihn, weil er natürlich nicht mehr in der Lage war, sich seiner Exkremente über den Rand des Nests hinweg zu entledigen.

Bald merkten wir, daß die riesigen Fliegenschwärme ihn zum Wahnsinn trieben, und wir nahmen jedesmal, wenn wir ihn besuchten, einen Aerosol-Spray mit und besprühten damit die ganze Umgebung – eine Aktion, der jedesmal weit über tausend der widerwärtigen, aufgeblähten Insekten zum Opfer fielen. Zunächst versetzte auch dies den alten Schimpansen in Schrecken, aber sehr rasch schien er zu verstehen, worum es ging, und begrüßte von nun an unsere Bemühungen.

Das traurigste an der ganzen tragischen Geschichte war die Art und Weise, wie die anderen Schimpansen auf die verzweifelte Situation des alten Männchens reagierten. Anfangs war es ziemlich offenkundig, daß sie sein seltsamer Zustand erschreckte. Die gleiche Beobachtung hatten wir gemacht, als einige der anderen Polio-Opfer zum erstenmal wieder im Camp erschienen. Als zum Beispiel Pepe sich, mit dem Gesäß auf dem Boden rutschend und den gelähmten Arm nachziehend, den Hang zum Futterplatz hinaufschleppte, starrten die Schimpansen, die bereits dort waren, einen Augenblick lang zu ihm hinüber und umarmten und beklopften sich dann gegenseitig mit einem breiten Grinsen der Angst auf den Gesichtern, um sich Mut zu machen, ohne dabei den unglücklichen Krüppel aus den Augen zu lassen. Pepe, der offensichtlich nicht ahnte, daß er selber der Anlaß ihrer Furcht war, zeigte ein noch breiteres Angstgrinsen und schaute wiederholt über die Schulter zurück – vermutlich, um herauszufinden, was seinen Genossen eine solche Furcht einjagte. Schließlich beruhigten sich die anderen, aber obgleich sie immer wieder zu ihm hinüberspähten, kam ihm keiner näher, und er schleppte sich, wiederum sich selbst überlassen, fort. Nach und nach gewöhnten sich die andern Tiere an Pepe, und bald waren seine Beinmuskeln stark genug, daß er aufrecht gehen konnte, wie es Faben von Anfang an getan hatte.

Der Zustand des alten McGregor jedoch war weit schlimmer. Zu der Tatsache, daß er sich auf eine höchst abnorme Weise fortbewegen mußte, kamen der Uringeruch, das blutende Hinterteil und der Schwarm von Fliegen, der ihn verfolgte. Als er am ersten Morgen nach seiner Rückkehr ins Camp in dem hohen Gras unterhalb des Futterplatzes saß, liefen die ausgewachsenen Männchen, eines nach dem anderen, mit gesträubtem Fell zu ihm hin, starrten ihn an und verfielen in ihr Imponiergehabe. Goliath griff das gequälte alte Männchen, das weder die Kraft hatte zu fliehen noch sich auf irgendeine Weise zu verteidigen, sogar an, und McGregor blieb nichts anderes übrig, als sich mit angstverzerrtem Gesicht zu ducken, während Goliath auf seinen Rücken einhämmerte. Als ein zweites Männchen sich anschickte, über McGregor herzufallen und mit wild gesträubten Haaren einen gewaltigen Ast herumwirbelte, stellten Hugo und ich uns vor den Krüppel, und zu unserer Erleichterung ließen die Männchen von ihm ab.

Nach zwei oder drei Tagen gewöhnten sich die Schimpansen an McGre-

gors sonderbares Aussehen und an seine grotesken Bewegungen, aber sie
näherten sich ihm nie. Der, von meinem Standpunkt aus gesehen, aller-
schmerzlichste Augenblick der ganzen zehn Tage kam eines Nachmittags.
Acht Schimpansen hatten sich in einem Baum versammelt, der etwa sechzig
Schritt von dem Schlafnest entfernt war, in dem McGregor lag, und lausten
sich gegenseitig. Das kranke Männchen sah unentwegt zu ihnen hinüber
und ließ dann und wann ein leises Grunzen vernehmen. Schimpansen wid-
men normalerweise einen großen Teil ihrer Zeit der sozialen Hautpflege,
und das alte Männchen hatte seit dem Ausbruch seiner Krankheit auf diesen
wichtigen Kontakt verzichten müssen.

Schließlich erhob sich McGregor mühsam von seinem Lager, ließ sich
auf den Boden hinab und machte sich, wieder und wieder innehaltend, auf
den langen Weg zu seinen Artgenossen. Als er endlich den Baum erreichte,
ruhte er eine Weile im Schatten aus und zog sich dann mit letzter Kraft
hinauf, bis ihn nur noch ein kurzes Stück von zwei der Männchen trennte.
Mit einem lauten Grunzer der Freude streckte er grüßend die Hand nach
ihnen aus, aber noch bevor er sie berührt hatte, sprangen sie, ohne sich nach
ihm umzusehen, fort und setzten ihre Hautpflege auf der anderen Seite
des Baumes fort. Volle zwei Minuten lang saß der alte Gregor regungslos
da und starrte ihnen nach. Dann ließ er sich langsam wieder zur Erde
herab.

Als ich ihn allein dasitzen sah und dann zu den anderen hinaufschaute,
die nach wie vor mit ihrer Hautpflege beschäftigt waren, stieg in mir ein
Gefühl auf, das ich nie zuvor gekannt hatte und bis heute nie wieder ge-
spürt habe: ein Gefühl des Hasses auf die Schimpansen.

Seit einigen Jahren schon hatten Hugo und ich den Verdacht gehabt,
daß der aggressive Humphrey Mr. McGregors jüngerer Bruder sein könnte. Die beiden waren häufig gemeinsam umhergezogen, und oft war das
ältere Männchen Humphrey zur Hilfe geeilt, wenn dieser von anderen
Schimpansen bedroht oder angegriffen wurde. Aber erst während dieser
Krankheit McGregors wurde die Vermutung, daß die beiden Männchen
Geschwister waren, zur Überzeugung: Keine andere Bindung als die der
Familie hätte das Verhalten erklären können, daß Humphrey während dieser zehn Tage und auch noch danach an den Tag legte.

In dieser Zeit entfernte sich Humphrey nur selten weiter als ein paar
hundert Meter von dem alten Männchen – obwohl selbst er McGregor nie
lauste. Es kam gelegentlich vor, daß Humphrey auf Nahrungssuche das Tal
durchquerte, aber jedesmal war er binnen einer Stunde zurück, ließ sich in
der Nähe seines gelähmten Freundes nieder und ruhte aus oder lauste sich.
Am ersten Tag nach seiner Rückkehr ins Camp kletterte McGregor hoch in
einen Baum und baute ein Nest. Plötzlich begann Goliath in seiner unmittelbaren Nähe eine Imponier-Veranstaltung und rüttelte immer wilder
an den Zweigen, bis sie dem alten Männchen auf Kopf und Rücken peitsch-

ten. Gregors Schreie wurden lauter, und er klammerte sich an den schwankenden Ästen fest. Endlich ließ er sich wie aus Verzweiflung von Ast zu Ast durch den Baum hinabfallen, bis er auf dem Boden landete. Dann schleppte er sich langsam fort, und Humphrey, der, solange wir ihn kannten, stets erheblichen Respekt vor Goliath gezeigt hatte, sprang auf den Baum, veranstaltete ein wildes Imponieren und griff das weit ranghöhere Männchen einen kurzen Augenblick lang an. Ich traute meinen Augen kaum.

Eines Tages brachte es Mr. McGregor fertig, sich etwa dreißig Meter weit einen sehr steilen Hang hinaufzuschleppen und so zum Futterplatz vorzudringen, um sich der großen Zahl von Schimpansen zuzugesellen, die sich dort an den Bananen gütlich taten. Wir konnten ihm eine ganze Kiste voller Früchte zuschanzen, so daß er wenigstens für eine Weile wieder ein Teil der Gruppe war. Als die anderen das Tal hinaufzogen, versuchte Gregor, ihnen zu folgen. Aber ob er sich nun auf dem Bauch vorwärtszog, sich ruckweise mit dem Rücken nach vorn weiterbewegte oder mit großer Anstrengung Purzelbäume schlug: Er kam nur sehr langsam voran, und der Rest der Gruppe war bald verschwunden.

Etwa fünf Minuten später sahen wir Humphrey zurückkommen. Einen Moment lang blieb er stehen und beobachtete, wie Gregor vorankam. Dann drehte er sich um und lief hinter den anderen her. Aber er kam noch einmal zurück und wartete auf das alte Männchen. Diesmal gab er Mr. McGregor ein Zeichen, indem er Grashalme schüttelte, als ob er versuchen wollte, ein zögerndes Weibchen dazu zu bewegen, ihm zu folgen. Nach einer Weile gab Humphrey seine Versuche auf und lief der großen Gruppe nach, baute jedoch sein Schlafnest ganz in der Nähe des Baumes, in dem Gregor das seine hatte.

Als wir am Abend des zehnten Tages Mr. McGregor seine Mahlzeit bringen wollten, war er weder in seinem Nest, noch sahen wir ihn im Gras sitzen. Wir fanden ihn nach kurzer Suche und merkten bald, daß er sich einen Arm verrenkt hatte. In diesem Augenblick wurde uns klar, daß wir am nächsten Morgen unseren alten Freund erschießen mußten. Insgeheim war uns das während der ganzen Tage klar gewesen, aber wir hatten gewartet und auf ein Wunder gehofft. Ich blieb eine Weile bei ihm. Als die Dunkelheit hereinbrach, schaute er immer häufiger in den Baum hinauf. Ich merkte, daß er den Wunsch hatte, sich ein Schlafnest zu bauen. Deshalb schnitt ich eine Menge Grünzeug ab und stapelte es neben ihm auf den Boden. Sofort kroch er auf den Blätterberg, legte sich nieder und zog sich mit dem Kinn und einer Hand die Zweige so zurecht, daß sie ein bequemes Kopfkissen abgaben. Später in der Nacht ging ich noch einmal zu ihm, und es beweist, in welchem Maße er uns vertraute, daß er, nachdem er meine Stimme gehört hatte, seine Augen schloß und wieder einschlief, obwohl ich keinen Meter von ihm entfernt stand, obwohl er mir den Rücken zugekehrt hatte und obwohl meine Sturmlaterne ein grelles Licht verbreitete. Am nächsten Morgen gaben wir ihm zwei harte Eier zu fressen, und während er sich unter Freudengrunzern an seiner Lieblingsmahlzeit labte, schickten wir ihn, ohne daß er etwas ahnte, in die ewigen Jagdgründe.

Wir achteten darauf, daß keiner der Schimpansen seinen toten Körper zu Gesicht bekam, und es schien, als ob Humphrey lange Zeit nicht ahnte, daß er seinen alten Freund nicht wiedersehen würde. Fast sechs Monate lang kehrte er immer wieder zu dem Platz zurück, an dem Gregor die letzten Tage seines Lebens verbracht hatte, kletterte auf einen Baum und spähte umher, wartete und horchte. Während dieser Zeit schloß er sich nur selten den anderen Schimpansen an, wenn sie sich auf den Weg zu irgendeinem abgelegenen Tal machten. Und wenn er gelegentlich mit ihnen ging, kam er gewöhnlich schon nach wenigen Stunden zurück und wartete wieder auf den alten Gregor und die tiefe, schallende Stimme des Gefährten, die seiner eigenen so ähnlich war.

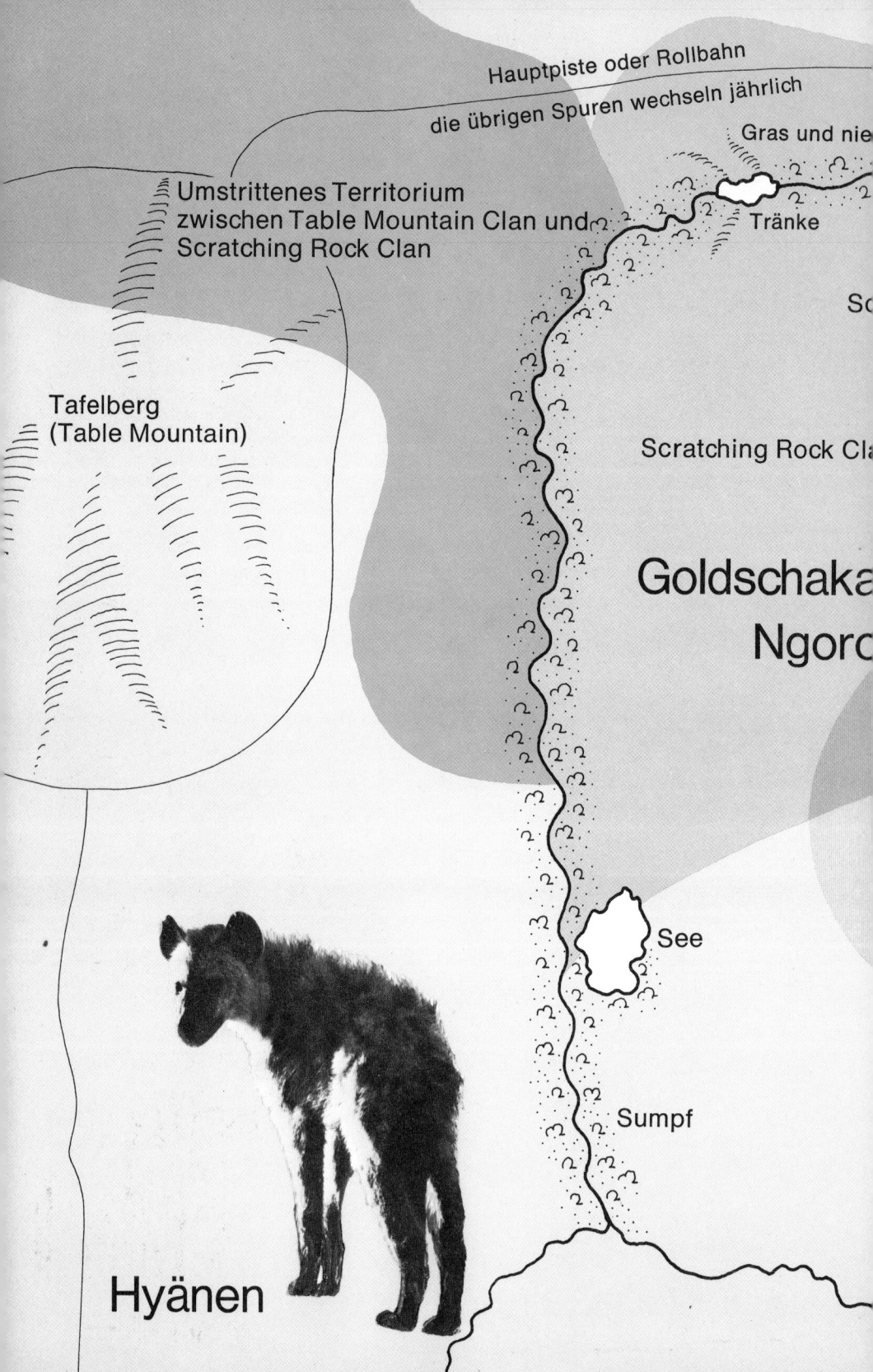

Hauptpiste oder Rollbahn

die übrigen Spuren wechseln jährlich

Gras und nie

Umstrittenes Territorium
zwischen Table Mountain Clan und
Scratching Rock Clan

Tränke

Sc

Scratching Rock Cla

Tafelberg
(Table Mountain)

Goldschaka

Ngoro

See

Sumpf

Hyänen